记录中国铁路建设技术发展历程
凝聚智能、安全、绿色科技创新成果

百年京张　历史跨越

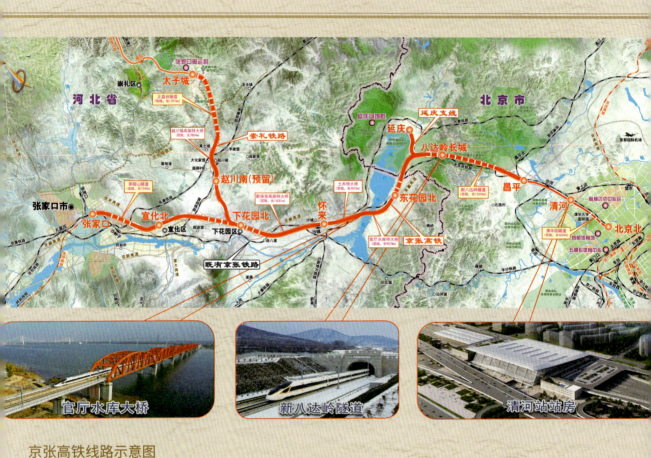

京张高铁线路示意图

　　京张铁路位于北京市西北、河北省北部，本线起自北京北站，经北京市海淀、昌平、延庆三个区，跨官厅水库，河北省怀来县、下花园区、宣化区，西迄张家口站，正线全长 174km。

INTELLIGENT DESIGN AND TECHNOLOGY OF BEIJING-ZHANGJIAKOU HIGH-SPEED RAILWAY

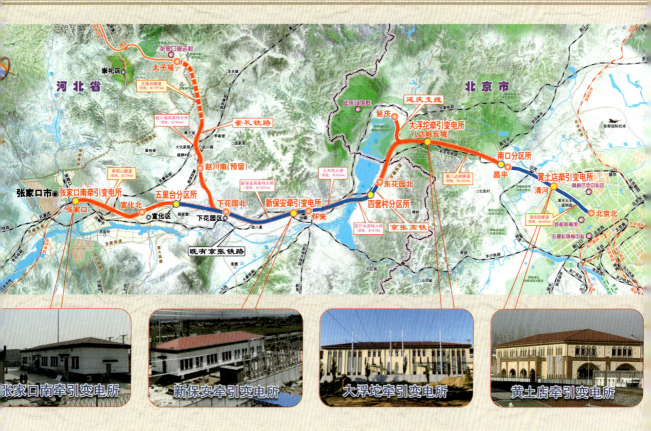

京张高铁牵引供电设施分布示意图

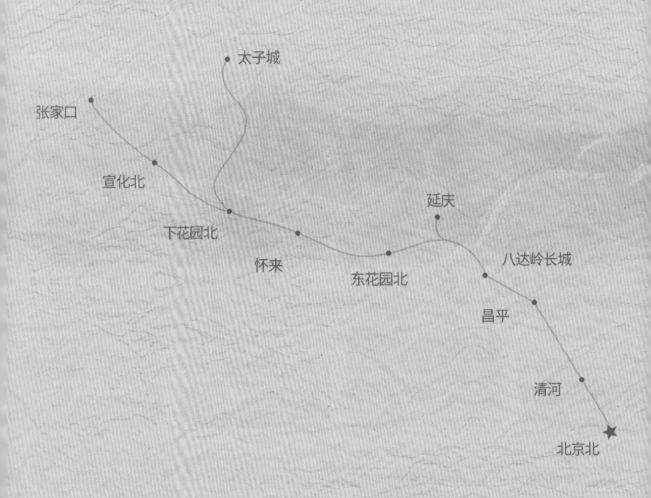

京张高铁
智能设计与技术

INTELLIGENT DESIGN AND TECHNOLOGY OF
BEIJING-ZHANGJIAKOU HIGH-SPEED RAILWAY

中铁工程设计咨询集团有限公司 / 组织编写

魏宏伟 李红侠 等 / 著

人民交通出版社股份有限公司

北 京

内 容 提 要

本书为"京张高铁设计与技术创新丛书"之一,在梳理总结京张高铁智能设计实践基础上,系统介绍了京张高铁的智能设计理念,深入阐述了京张高铁在土建、通信、信息、信号、电力、牵引供电系统等方面的创新性设计方法及应用成果,并对智能高铁设计进行了展望。

本书可供铁路行业设计人员、研究人员以及相关专业高校师生参考使用,也可供对高铁建设感兴趣的读者阅读。

图书在版编目(CIP)数据

京张高铁智能设计与技术 / 魏宏伟等著 . —北京:
人民交通出版社股份有限公司,2021.8
 ISBN 978-7-114-17270-0

Ⅰ.①京… Ⅱ.①魏… Ⅲ.①高速铁路－智能设计－
华北地区 Ⅳ.① U238

中国版本图书馆 CIP 数据核字 (2021) 第 081035 号

审图号:GS(2021)5373 号

Jing-Zhang Gaotie Zhineng Sheji yu Jishu

书　　名:	京张高铁智能设计与技术
著 作 者:	魏宏伟　李红侠　等
责任编辑:	吴燕伶
责任校对:	赵媛媛
责任印制:	张　凯
出版发行:	人民交通出版社股份有限公司
地　　址:	(100011)北京市朝阳区安定门外外馆斜街3号
网　　址:	http://www.ccpcl.com.cn
销售电话:	(010)59757973
总 经 销:	人民交通出版社股份有限公司发行部
经　　销:	各地新华书店
印　　刷:	北京印匠彩色印刷有限公司
开　　本:	787×1092　1/16
印　　张:	16.75
字　　数:	333千
版　　次:	2021年8月　第1版
印　　次:	2021年8月　第1次印刷
书　　号:	ISBN 978-7-114-17270-0
定　　价:	158.00元

(有印刷、装订质量问题的图书由本公司负责调换)

本书编审委员会

主任委员：魏宏伟

副主任委员：李红侠

编　　　委：（排名不分先后，按姓氏笔画排序）

于素芬	王文翼	王东方	王向东	王　健
王潘潘	方　媛	龙　鑫	冯小学	吕　刚
刘建友	刘　星	刘胤欣	孙　嵘	李亚辉
李茂蛟	李金冬	杨翰超	吴　茜	汪园园
张　婷	张　毅	陈世民	孟　强	赵一颖
张冬凯	赵春艳	赵博洋	胡祥杰	姜志威
程潮刚	靳　远	楚振宇		

主　　　审：蒋伟平

审稿专家：汪吉健　乔俊飞　赵巧兰

前言

　　随着新一轮科技革命和产业变革孕育兴起，科学技术的日新月异成为当代实践最突出的特征，人工智能、大数据、云计算、物联网、建筑信息模型（BIM）、北斗卫星导航等新技术不断发展，人类社会快速进入智能时代。

　　时代召唤着中国高铁大跨步前进。2016年4月，我国自主设计建造的采用云计算、物联网、大数据、人工智能、移动互联网、BIM技术等先进技术的京张高铁开工建设，中国铁路开启智能高铁新篇章。

　　京张高铁是世界上首条最高设计时速350km的高寒、大风沙环境高速铁路，也是我国首次采用北斗卫星导航系统的智能化高速铁路，随着京张高铁智能设计的成功运用和科技的不断进步，在中国高铁引领世界高铁道路上，如何进一步实现思维创造和技术革新成为智能高铁设计的重要课题。

　　作为京张铁路设计工作的承担者，中铁工程设计咨询集团有限公司倍感荣耀，不负使命，在智能京张高铁设计与实施中革新技术，总结经验，并组织启动了本书的编写和出版工作，希望能为中国高铁智能建设添砖加瓦，为中国高铁宏伟蓝图增光添彩。

　　本书共分为9章，主要内容如下：

　　第1章为绪论。阐述了智能设计产生与发展，智能设计在当代的广泛运用，以及发展智能高铁对于我国的现实需求和战略意义，提出智能化已经成为世界高铁的新战场，中国铁路信息化已经从自动化、数字化、网络化阶段走向智能化阶段。

　　第2章为京张高铁智能设计理念与目标。京张高铁正线虽不足200km，但是在路网中却起着举足轻重的作用，是百年铁路史的新标杆，是打造世界高铁建设典范和推动我国高铁技术新一轮创新的标志性工程。京张铁路是国家"八纵八横"铁路网干线之一的（北）京兰（州）通道的重要组成部分，是京津冀城际铁路网的重要组成部分，同时也是国家举办2022年北京冬奥会的重要配套基础设施，这意味着京张高铁有着高标准的建设要求。建设标准高，对设计的要求也会相应提高，需要设计单位对设计理念进行更新，对设计方法进行创新。设计理念的更新以一流设计标准为核心，以带动管理变革为手段，以建设精品工程为目标，建设"精品工程、智能京张"。设计方法的创新，则是通过基于 BIM 技术的协同设计，打破铁路建设中各专业、各阶段的信息断层，有效管理工程信息的采集、传递、交流和整合，为智能高铁建设提供可靠的数据基础。

第 3 章～第 8 章是本书的主体，分别从京张高铁土建智能设计、通信智能设计、信息智能设计、信号智能设计、电力智能设计、牵引供电智能设计六个方面，阐述了设计专业在京张智能高铁建设上的应用，从技术现状、智能设计、设计成效等方面展开介绍。高铁智能设计是一项复杂的系统工程，涉及多学科交叉、跨领域交融，涵盖多个应用场景，需要持续开展技术攻关，为国家提出的"交通强国""走出去"等战略的实施提供有力的技术支撑。

第 9 章为智能高铁设计展望。智能高铁已成为当前世界高速铁路发展的重要方向，展望新一代铁路运输系统，在京张高铁"精品智能"典范作用下，推动技术创新与实践应用，从而实现铁路更加安全可靠、更加经济高效、更加温馨舒适、更加方便快捷、更加节能环保。

本书是"京张高铁设计与技术创新丛书"之一，由中铁工程设计咨询集团有限公司电通院负责编写具体工作，40 余位同志参加了编写和审稿，受到多方领导的重视和支持。本书在撰写过程中，得到了西南交通大学张雪永教授、郭靖教授、高仕斌教授、于龙教授、陈德明教授、陈奇志教授、刘军教授，北京交通大学郭保青教授的悉心指导，以及中铁工程设计咨询集团有限公司科技处、建筑院、线站院、城交院、数字工程研究中心等单位的协助，书中也引用了大量参考文献和资料，在此一并表示衷心的感谢。

技术进步没有止境，智能高铁技术方兴未艾。限于作者水平有限，书中难免有疏漏和不妥之处，敬请读者严加斧正，不吝指教为盼！

作 者
2021 年 4 月

目录

第1章 绪论 ... 1

1.1 智能设计的产生和发展 ... 2
1.2 智能高铁的建设意义 ... 4
1.3 以智能设计推动智能高铁建设 ... 5

第2章 京张高铁智能设计理念与目标 ... 9

2.1 京张高铁在路网中的重要地位 ... 10
2.2 京张高铁总体架构及智能设计理念 ... 11
2.3 京张高铁智能设计技术 ... 12
2.4 京张高铁智能设计目标体系 ... 16

第3章 土建智能设计 ... 19

3.1 隧道智能设计技术 ... 20
3.2 地下车站智能设计技术 ... 27
3.3 地面车站（站房）智能设计技术 ... 50

第4章 通信智能设计 ... 59

4.1 概述 ... 60
4.2 一体化综合视频监控系统设计 ... 61
4.3 京张高铁北斗示范应用 ... 68
4.4 5G公网覆盖 ... 89

4.5	BIM 技术在通信设计中的应用	97

第 5 章　信息智能设计　　101

5.1	概述	102
5.2	地理信息系统（GIS）	103
5.3	客站旅客服务与生产管控系统	110
5.4	车站运营智能感知系统	123
5.5	站内导航系统	130
5.6	电子客票系统	138
5.7	沿线作业门实时监控系统	144
5.8	BIM 技术在信息设计中的应用	148

第 6 章　信号智能设计　　153

6.1	概述	154
6.2	高速铁路自动驾驶系统	154
6.3	智能调度集中系统	162
6.4	BIM 技术在信号设计中的应用	167

第 7 章　电力智能设计　　173

7.1	概述	174
7.2	智能在线监测运营维护管理系统	174
7.3	能耗管理系统	177
7.4	官厅水库特大桥景观照明系统	180
7.5	隧道智能照明及防灾救援设备监控系统	184
7.6	车站智能机电设备监控系统	187
7.7	BIM 技术在电力设计中的应用	191

第 8 章　智能牵引供电系统设计　　197

8.1	概述	198
8.2	智能牵引供电设施设计	201

8.3　供电调度系统智能设计 ………………………………………… 209
8.4　智能牵引供电运行检修管理系统设计 ………………………… 213
8.5　BIM 技术在牵引供电专业智能设计中的应用 ………………… 233

第 9 章　智能高铁设计展望 ………………………………………… 241

专业名词缩写中英文对照表 ………………………………………… 245

参考文献 ……………………………………………………………… 249

CONTENTS

Chapter 1 Introduction ··· 1

    1.1 The Generation and Development of the Intelligent Design ······ 2
    1.2 Significance on the Construction of the Intelligent High-speed Railway ·· 4
    1.3 Using the Intelligent Design to Promote the Construction of the Intelligent High-speed Railway ··· 5

Chapter 2 The Concepts and Objectives of the Intelligent Design of Beijing-Zhangjiakou High-speed Railway ··· 9

    2.1 The Important Role of Beijing-ZhangJiaKou High-speed Railway in Railway Network ··· 10
    2.2 The General Framework and the Philosophy of the Intelligent design of Beijing-Zhangjiakou High-speed Railway ·············· 11
    2.3 The Intelligent Design Technology of Beijing-Zhangjiakou High-speed Railway ··· 12
    2.4 The Intelligent Design Target Architecture of Beijing-Zhangjiakou High-speed Railway ··· 16

Chapter 3 The Intelligent Design of the Civil Engineering Construction ··· 19

3.1 The Intelligent Design of the Tunnels ·· 20
3.2 The Intelligent Design of the Underground Station ····················· 27
3.3 The Intelligent Design Technology of the Ground Station (the Station Building) ·· 50

Chapter 4　The Intelligent Design of the Telecommunication ·········· 59

4.1 Overview ·· 60
4.2 The Design of Integrated Video Monitoring System ························ 61
4.3 The Pilot Application of the Beidou System in Beijing-Zhangjiakou High-speed Railway ··· 68
4.4 The Design of the 5G Public Network Coverage ······························· 89
4.5 The Application of BIM in the Design of the Telecommunication ······ 97

Chapter 5　The Intelligent Design of the Information System ········ 101

5.1 Overview ··· 102
5.2 The Design of the GIS(Geographic Information System) ················ 103
5.3 The Design of the Passenger Service and Operation System in Station ·· 110
5.4 The Design of the Intelligent Perception System in Station ··········· 123
5.5 The Design of the Navigation System in Station ····························· 130
5.6 The Design of the E-ticket System ··· 138
5.7 The Design of the Real-Time Monitoring System of the Operation Door Along the Line ··· 144
5.8 The Application of BIM in the Design of the Information System ······ 148

Chapter 6　The Intelligent Design of the Signaling System ··········· 153

6.1 Overview ··· 154
6.2 The Design of the Automatic Train Operation System of the High-speed Railway ··· 154
6.3 The Design of the Intelligent Centralized Traffic Control System ······ 162

6.4　The Application of BIM in the Design of the Signaling System ············ 167

Chapter 7　The Intelligent Design of the Power System ·············· 173

7.1　Overview ·· 174
7.2　The Design of the Intelligent Online Monitoring Operation and Maintenance Management System ·· 174
7.3　The Design of the Energy Management System ································ 177
7.4　The Design of the Landscape Lighting System of the Guanting Reservoir Bridge ··· 180
7.5　The Design of the Tunnel Intelligent Lighting and Monitoring System of the Disaster Prevention and Rescue Equipment ································ 184
7.6　The Design of the Monitoring System of the Intelligent Electromechanical Equipment in Station ································ 187
7.7　The Application of BIM in the Design of Power System ···················· 191

Chapter 8　The Intelligent Design of Traction Power Supply System ··· 197

8.1　Overview ·· 198
8.2　The Design of the Intelligent Traction Power Supply Facilities ········ 201
8.3　The Design of the Intelligent PSCADA ·· 209
8.4　The Design of the Intelligent Traction Power Supply Operation and Maintenance Management System ································ 213
8.5　The Application of BIM in the Design of Traction Power Supply System ··· 233

Chapter 9　Outlook of the Design in the Intelligent High-speed Railway ··· 241

Chinese-English Comparison Table of Professional Abbreviations ······ 245

References ··· 249

# CHAPTER 1
>>> 第1章

绪论
INTRODUCTION

1.1 智能设计的产生和发展

1.1.1 智能设计的内涵

智能设计是随着当代科学技术发展，尤其是计算机技术发展而衍生的一门新兴学科技术。它以现代信息技术为核心，利用计算机模拟人类思维活动，延伸人类创造能力，使计算机能够更多、更好地承担设计过程中的各种复杂任务，成为设计人员的重要辅助工具。因而，智能设计本质上是对知识的自动化处理，换言之，智能设计集成设计人员的经验和知识，依托能够解决问题的专业知识库进行智能化设计，具有选择知识，协调工程、设计与图形数据库的能力，实质上是一种设计经验和知识＋学习＋推理的理论和技术体系。

从实践意义上来说，智能设计包涵两层含义：一是设计方法的更新，即在传统设计理论基础上，结合计算机应用技术发展，吸收其他相邻学科的最新成果，使设计不断实现智能化；二是产品智能化，其与智能工程紧密联系，可以认为智能设计是智能工程在设计领域中应用的结果。

智能设计包括以下三方面内容：①三个层面的集成——数据集成→信息集成→知识层集成，通过集成实现不同设备之间数据通信的交换，以数值计算程序及图形处理应用软件方式输出信息，最终实现知识处理与应用设计自动化；②以设计思维和方法为指导，以人工智能为手段，以大数据分析为基础，结合人工智能技术，支持设计全过程的智能化；③具有人机交互功能，使得设计者与计算机融合为人机智能化系统。人机智能化系统就是在专家系统基础上，研究如何提高计算机的智能水平，使计算机更好地承担设计中的各种复杂任务，在更大范围内和更高水平上协助收集信息、处理数据并准确做出相应决策，大幅度提高设计自动化的水平。

基于以上认识，可以看到智能设计系统是针对大规模复杂产品所设计的软件系统，目的在于实现决策与设计的自动化，它包括了设计过程认识与再认识、专家系统协同技术、多种推理机制的综合应用、智能化人机接口等关键技术。概括来说，智能设计系统要求相关设计人员对设计过程有深入的理解，提出适合于计算机处理的设计理论和设计模式，建立有效的理论模型和专业表达，通过专家系统协同合作、信息共享，进行多学科、多目标决策，不断对设计过程进行优化，要有良好的人机接口，以期在复杂的设计任务下，在设计专家的参与下，可以得到更好的设计效果，从而充分发挥人与计算机各自的长处。

1.1.2 智能设计的广泛应用

当今时代，新一轮科技革命和产业变革孕育兴起，科学技术的日新月异是当代实践最突出的特征，人工智能、大数据、云计算、物联网、建筑信息模型、北斗卫星导航、5G等新技术不断发展，人类社会快速进入智能时代。习近平总书记指出，人工智能是引领新一轮科技革命和产业变革的重要驱动力，正深刻改变着人们的生产、生活、学习方式，推动人类社会迎来人机协同、跨界融合、共创分享的智能时代。

人工智能在交通、金融、生活、医疗、教育、养老、环境保护、城市运行、政务等领域已经受到高度瞩目，其极大地提高了公共服务精准化水平和人民生活品质，愈发深刻地影响着人们的日常生活。正如习近平总书记指出，"科学技术从来没有像今天这样深刻影响着国家前途命运，从来没有像今天这样深刻影响着人民生活福祉"；"进入21世纪以来，全球科技创新进入空前密集活跃的时期，新一轮科技革命和产业变革正在重构全球创新版图、重塑全球经济结构"。作为新一轮产业变革的核心驱动力，人工智能催生技术、业态，重构经济活动，对经济发展、社会进步、全球治理等产生重大而深远的影响，深刻改变人类生产生活方式和思维模式，实现社会生产力的整体跃升。

在交通领域，智能交通已在城市日益普及。智能交通系统（Intelligent Transportation System, ITS）是以信息通信技术将人、车、路三者紧密协调、和谐统一，建立起大范围内、全方位发挥作用的实时、准确、高效的交通运输管理系统。智能交通本质上是将先进的信息技术、数据通信传输技术、电子传感技术及计算机软件处理技术等进行有效的集成，并运用于整个陆路、海上、航空、管道交通管理系统，是一个系统工程。

除了城市交通外，智能化趋势也引起世界各国铁路运输企业和相关研究机构的高度关注。日本于2000年提出智能运输系统（CyberRail）研发计划，通过强大的信息服务功能，实现铁路运输方式与其他运输方式无接缝、无障碍的衔接和运输。2015年，法国国营铁路公司提出数字化法铁（DIGITALSNCF）战略，通过加强工业互联网建设，构建连通列车、路网和站房的三大区域网络，一方面实现对运输安全、生产效率、能源经济、工作质量等的要求，另一方面满足旅客对准点率和舒适度的需求。2016年，德国铁路公司与德国联邦交通部、德国工业联合会联合签署合作协议"铁路数字化战略"（铁路4.0），包括运输4.0、物流4.0、基础设施4.0、信息技术4.0等八个方面举措，旨在实现智能化运营系统，形成以客户为中心的服务体系等目标。2018年，英国为了布局数字铁路未来规划，制定了数字铁路战略（Digital Railway Strategy），在列车运行控制、自动驾驶、交通管理与可靠性、移动通信数据互联、智能基础设施等领域布局，提出了数字化铁路三阶段发展蓝图。

如上所述，智能化已经成为世界高铁的新战场。所谓智能高速铁路是广泛应用云计算、大数据、物联网、移动互联、人工智能、北斗导航、BIM、5G等新一代信息技术，综合高效利用资源，实现高速铁路移动装备、固定基础设施及内外部环境间信息的全面感知、泛在互联、融合处理、主动学习和科学决策，实现全生命周期一体化管理的新一代高速铁路系统。

2017年，《铁路信息化总体规划》正式提出"智能高铁"的战略目标和建设"CR1623"标志性工程，这标志着中国铁路信息化已经从自动化、数字化、网络化阶段走向智能化阶段。

1.2 智能高铁的建设意义

1.2.1 实施创新驱动战略的需要

党的十八大报告提出实施创新驱动发展战略，该战略是我国在深刻把握当代经济发展特征的基础上，为未来发展打造核心驱动力做出的重大部署，是我国实现全面建成小康社会的必然选择。十八大报告同时明确指出，要实施创新驱动发展战略，科技创新是提高生产力和综合国力的战略支撑，必须摆在国家发展全局的核心位置，要以全球视野谋划和推动创新，提高原始创新、集成创新和引进消化吸收再创新能力。

从全球范围看，科技创新已成为推动经济社会发展的强大动力，而在众多科技创新中，最闪亮的星无疑是新一代人工智能。人工智能在人类追求智慧能力的反思中应运而生，在人类社会信息化与工业化深度融合中蓬勃发展。十八大以来，习近平总书记围绕发展人工智能作出了一系列重要论述，为我国加快发展新一代人工智能、掌握新一轮全球科技竞争的战略主动权提供了强有力的思想指导和行动指南。

构建智能高铁，就是瞄准世界最先进技术，依托人工智能，着力打造数字化、智能化铁路。发展智能高铁是深入实施创新驱动发展战略，实现中国铁路现代化，提高运输生产效率、服务水平和管理水平，保障运输安全的内在要求；也是我国高铁充分发挥创新主体作用，坚定不移走自主创新之路，形成"自主创新+智能创造"铁路技术创新体系，让高铁继续领跑世界的必由之路。

当前，大数据、物联网、人工智能等技术快速发展，形成许多新的发展机遇和创新成果，只有抓住这一机遇，加大科技创新力度，不断完善铁路技术创新体系，向智能化铁路迈进，才能实现铁路技术创新的新跨越和新突破，有力支撑保障国家重大战略实施，加快资源要素流动，提高资源配置效率，促进区域协调发展，依托高铁催生通道经济和枢纽经济，成为区域经济发展的新引擎和推动高质量发展的新动能。

随着自动驾驶、刷脸进站、5G网络等"黑科技"的普及应用，中国高铁已逐步实现智能化服务，基本形成了覆盖智能建造、智能装备、智能运营三大领域的智能高铁技术体系、数据体系和标准体系框架，并在基础理论和前瞻技术研究方面取得新进展。在未来通过云计算、物联网、大数据、人工智能等新技术的加持，中国将不断推动世界智能高铁的进程，引领世界铁路发展。

1.2.2 实施交通强国战略的需要

2017年10月，党的十九大报告明确提出要建设"交通强国"。2019年9月，中共中央、国务院印发了《交通强国建设纲要》，指出构建安全、便捷、高效、绿色、经济的现代化综合交通体系，并提出到 2035 年实现基础设施规模质量、技术装备、科技创新能力、智能化与绿色化水平位居世界前列，交通安全水平、治理能力、文明程度、国际竞争力及影响力达到国际先进水平。

中国国家铁路集团有限公司（以下简称"国铁集团"）提出了"不忘初心、牢记使命，交通强国、铁路先行"的任务目标，为深入贯彻落实党的十九大精神，建立新体制，展示新作为，实现新时代铁路企业高质量发展指明了方向。作为铁路人，要深刻领会铁路在党和国家大局中的重要作用和责任担当，要立足岗位，在"交通强国、铁路先行"中展示新作为。"十三五"期间，全国铁路营业里程由 12.1 万 km 增加到 14.63 万 km，高铁由 1.98 万 km 增加到 3.79 万 km，"四纵四横"高铁网提前建成，"八纵八横"高铁网加密成形；国家铁路完成货物发送量 157.8 亿 t、旅客发送量 149 亿人次，其中动车组发送旅客 90 亿人次；铁路总体技术水平迈入世界先进行列，高速、高原、高寒、重载铁路技术达到世界领先水平，推进智能高铁技术全面实现自主化，复兴号高速列车迈出从追赶到领跑的关键一步。

2020 年 7 月，国铁集团正式发布了《新时代交通强国铁路先行规划纲要》，向我们展示了未来铁路发展的新蓝图，并开启新时代交通强国铁路新征程。《新时代交通强国铁路先行规划纲要》提出：到 2035 年，率先建成服务安全优质、保障坚强有力、实力国际领先的现代化铁路强国；到 2050 年，全面建成更高水平的现代化铁路强国，全面服务和保障社会主义现代化强国建设。

中国铁路瞄准智能高铁这一前沿发展方向，在智能高铁发展战略指导下，持续开展智能建造、智能装备、智能运营等领域的技术攻关，为国家提出的"交通强国""走出去"等战略的实施提供有力的技术支撑。未来中国高铁在技术方面会朝着更安全、更高速、更智能以及更环保的方向发展，这不仅为百姓提供更加便利的交通工具，也为"交通强国"战略提供新样板，为中国的科技发展做出新贡献。

1.3 以智能设计推动智能高铁建设

2017 年，新时期铁路信息化总体规划发布，提出"智能高铁"的战略目标和建设"CR1623"标志性工程，即构建一体化信息集成平台，覆盖"战略决策、运输生产、经营开发、资源管理、建设管理、综合协同"六大企业级业务系统，"网络安全体系、信息化治理体系"两大体系，"客户服务、生产经营、开放共享"三大能力。中国铁路主数据中心建成并投入使用，一体化信息集成平台完成一期工程建设，铁路大数据和人工智能应用水平显著提高。

在 2017 年提出发展智能高铁，是根据中国高速铁路发展阶段和未来趋势做出的重大部署。自建成京沪高铁，形成中国高铁自主创新技术体系之后，中国高速铁路取得了快速发展，2016 年底，中国高速铁路里程达到 2.2 万 km，居世界第一。2016 年，《中长期铁路网规划》修编，提出到2025年建设3.8万km高铁的宏伟目标，目前该目标已提前完成。在当时，该规划除了延长里程外，在技术上也要求中国高速铁路更智能、更便捷，以适应国民经济发展要求，满足人民群众美好生活需要。其时京张高铁刚刚开工建设，以2022年冬季奥运会之机，将最新智能设计技术运用在京张高铁上，展示我国铁路的百年跃升，既有历史意义，更有现实价值。智能京张工程建设掀起了中国高铁智能化帷幕，也带来高铁设计理念和设计内容的革新。

首先，京张高铁设计革新并拓展了铁路设计的领域和范围，使得铁路设计进入了划时代的新领域。工程设计的水平和能力是一个国家和地区工业创新能力和竞争能力的决定性因素之一。所谓工程设计，是指对工程项目的建设提供有技术依据的设计文件和图纸的整个活动过程，是建设项目生命期中的重要环节，是建设项目进行整体规划、体现具体实施意图的重要过程。可以说工程设计是现代社会工业文明的最重要的支柱，是工业创新的核心环节，也是现代社会生产力的龙头，是科学技术转化为生产力的纽带，是处理技术与经济关系的关键性环节。打造"精品工程、智能京张"，设计是龙头、是关键。在设计过程中，设计单位全力以赴开展智能设计，以一流的创新设计为智能京张高速铁路建设工作奠定坚实基础。

其次，京张高铁设计革新了原有设计方法，引入BIM等国际先进设计手段，成功引导施工方法改进，保证质量和进度。通过BIM模型优化施工组织设计，实现了项目标准化的管理，三维可视化、构件化的设计，三维数字化模拟施工，为勘察—设计—施工—运营—管理提供了可视化、智能化的统一管理平台。通过可视化施工关键技术，搭建了基于BIM、地理信息系统（Geographic Information System，GIS）和互联网技术的隧道施工可视化管理平台，采用盾构施工全过程智能化、可视化动态监控与管理，实现对邻近建（构）筑物危险性的实时预测预报；采用经验方法和人工智能等方法，多角度综合实时预测地表及施工影响范围内的建（构）筑物的沉降及水平变形，推出不同地层条件和隧道几何参数对应的最优盾构施工参数指导施工。设计成果在八达岭长城站、清华园隧道等重点工程中运用，在施工组织的质量管理、进度管理、安全管理等方面发挥了重要作用。

最后，京张高铁设计革新了设计手段，应用于设计有关阶段，助力中国铁路信息化从自动化、数字化、网络化发展到智能化阶段。智能高铁包括智能建造、智能装备、智能运营三个部分。通过智能设计，实现了引领智能建造、衔接智能装备、支撑智能运营的目标。

高铁智能建造是一项复杂的系统工程，需要搭建一个有效的体系。依托高铁智能建造，提高建设各方交互的明确性、灵活性、效率和响应速度，让建设过程有更深入的智能化，从而助推中国高铁不断创新发展。高铁智能建造涵盖多个应用场景，主要有数字化工厂、自动化安装、动态监测、信息化管理等。数字化工厂是利用物联网技术和监控技术加强信息管理服务，提高生产过程可控性、减少生产线人工干预，以及合理计划排程。自动化安装是指充分利用智能化装配机器人，研发和应用预制装配式施工现场生产系统，由机器人精准安装并实现智能检测。动态监测是在生产过程中采用物联网数字化施工技术，实现生产过程中的数据监测；在施工过程中利用智能远程施工数据自动采集技术及现场施工智能纠偏技术帮助提高施工质量。信息化管理是应用信息化手段对施工进程和质量的实时化、精细化、智能化、协同化管理。在这些生产场景的前端和底层是精密测控和工程设计及仿真。精密测控是指在勘察设计、施工、竣工及运营阶段应用BIM、三维可视化技术及云平台等，通过自动化监控量测，实时掌握施工过程中的数据，确保施工安全。工程设计及仿真是通过高质量的BIM模型将整个建设项目所包含的数据，通过虚拟现实（Virtual Reality，VR）技术、增强现实（Augmented Reality，AR）技术等手段取得可视化体验效果，从源头深化设计方案。

智能高铁装备包括智能动车组、智能牵引供电系统、高速铁路自动驾驶技术（C3+ATO）、列车运行控制和新一代铁路无线通信等。这些系统的正常运行，都需要在智能设计阶段构建电力、接触网、通信、信号、信息、灾害监测、机械等专业的数字模型，合理预留接口。

智能运营包括智能高铁调度集中系统（Centralized Traffic Control System，CTC）、智能车站等。这些项目的实施，需要设计提前筹划，在主体工程的设备技术规格书、列控数据编制、专业间接口设计等环节为智能化项目的实施做充分的预留，为智能化项目的实施奠定坚实的基础。

CHAPTER 2
>>>> 第 2 章

京张高铁智能设计理念与目标
THE CONCEPTS AND OBJECTIVES OF THE INTELLIGENT DESIGN OF BEIJING-ZHANGJIAKOU HIGH-SPEED RAILWAY

京张高铁在路网中起着举足轻重的作用，是百年铁路史的新标杆和对外展示中国形象的窗口。建设标准高，对设计的要求也相应提高，需要设计单位对设计理念、设计方法进行创新。

2.1 京张高铁在路网中的重要地位

2.1.1 百年中国铁路史的新标杆

回望中国铁路百余年的风雨历程，一部京张铁路变迁史，就是一部中国发展史。作为流淌着中国血脉的标杆式铁路，作为百分之百的"原创精品"，京张铁路连接着过去与未来，见证着蝶变的历史和腾飞的中国。

1909年，中国人自行设计建造的第一条干线铁路——京张铁路建成通车，全长201.2km，蒸汽机车，时速35km，因总设计师詹天佑创造性地修建了"人"字形铁路而举世闻名，自此，开启了中国人自行设计、投资、运营的铁路建设时代。2019年，我国自主设计建造的世界最先进的智能高速铁路——京张高铁通车，正线全长174km，复兴号智能动车组，时速350km，京张高铁实现了智能化技术的全面覆盖。一百多年间，从自主设计修建实现零的突破，到全面智能化的先进水平，从时速35km的蹒跚到时速350km的高速，百年京张铁路见证了中国铁路的发展，也见证了中国综合国力的提升。

京张高铁在建设期间被原中国铁路总公司确定为"1号"工程，是继京沪高铁、青藏铁路之后又一个划时代里程碑式的铁路项目，是打造世界高铁建设典范和推动我国高铁技术新一轮创新的标志性工程，是中国智能高铁1.0版、中国高铁2.0版。作为我国首条采用北斗卫星导航系统的智能化高速铁路，京张高铁树起了中国高铁的新标杆，诠释着中国自主创新的生动实践，闪耀着中华民族的智慧光芒。

百年京张，记录了中国铁路从落后者到追赶者再到领跑者的华丽转身，见证了旧中国积弱不振和新中国奋发自强的沧桑变化，见证了中国铁路从无到有、从弱到强的完整发展历程，书写着中国铁路乃至整个中华民族爱国、奋斗、自强、创新的传奇。

2.1.2 串联京津冀一体化的动脉

铁路是国民经济大动脉，是国家重要的基础设施，承担着保障国家战略、国家安全和国民经济运行的重大社会责任。铁路更是民生工程，与人民群众生产生活息息相关，肩负满足人民日益增长的美好生活需求的神圣使命。

京张高铁是国家"八纵八横"铁路网干线之一的（北）京兰（州）通道的重要组成部分。本线西接大张客专、大西高速铁路，西北连张呼高速铁路、张集铁路、京包铁路集宁至包头段增建第二、三线工程，通过北京枢纽与京沈客专、京唐城际、京津城际、京沪高铁、京广客专等高等级快速客运干线相连，形成了西北、蒙西、晋北至京津冀、东北、华东等地便捷的快速铁路干线。本线是以承担西北与华北、东北等地区间及华北地区之间中长途客流为主的通道，对形成北京至呼包鄂便捷通道具有重要意义。

京张高铁是京津冀城际铁路网的重要组成部分，兼顾市郊铁路功能。对于进一步加强京张两地合作具有重要作用。规划的京津冀城际铁路网将以北京、天津为中心，以京津、京张、京石、京唐等城际线以及京沪、京广、京哈、京沈等省（区）际客运专线为主骨架；而京张高铁是其中最重要的线路之一，京张高铁的修建助力可形成京津冀铁路核心圈，从而为构建京津冀城际铁路网打下基础。京张高铁的修建，使京张两地间铁路旅行时间缩短到1小时左右，对于满足沿线地区日益增长的运输需求，改善沿线地区交通运输条件，促进京西地区旅游发展以及全面加强两地间经济联系等具有重要的意义。

2.1.3 展现国家科技实力的窗口

中国高铁代表着中国的高端制造，京张高铁代表着中国高铁的科技硬实力，实现了由"中国制造"到"中国创造"的跨越，将中国强大的科技实力和创新能力淋漓尽致地展现在世人面前。

京张高铁是我国智能高铁最新成果的首次集成化应用，并在基础理论和前瞻技术研究方面取得新进展，在速度等级、行车密度、运行能力、平稳舒适性和安全可靠性等方面，取得了一大批具有自主知识产权的技术创新成果。中国高铁成套技术水平稳居世界领先水平，已成为高铁技术创新的典范。

京张智能高铁进行了67项智能化专题科研，在列车自动驾驶、智能调度指挥、故障智能诊断、建筑信息模型、北斗卫星导航、生物特征识别等方面取得了重大突破。

京张高铁还是国家举办国际盛会——2022年北京冬奥会的重要交通配套基础设施。该线与崇礼铁路构成北京市区至冬奥会崇礼赛区的交通基础设施。为满足需要，整体动车组可以抵御零下40℃的严寒，并运用5G技术实现在列车上进行奥运赛事的直播。通过北京冬奥会的展示，世界各国的人民都能够实实在在地感受到中国的进步。

以高铁为代表的"国家名片"，让世界人民看到了中国人创造奇迹的能力。我们的高铁从引进、消化、吸收再创新到自主创新，一直到完全拥有自己的知识产权。我们一步一个脚印，从无到有，直至引领世界，中国人民通过自身的奋斗拼搏，让世界感受到中国跳动的强劲脉搏。

2.2 京张高铁总体架构及智能设计理念

2.2.1 智能高速铁路总体架构

智能高速铁路是一个复杂的系统工程，从整体上来看，由智能感知层、智能传输层、数据资源层、智能决策层、智能应用层等组成。

智能高速铁路设计的理念是基于总体框架，在各个智能层面，通过积极地采用现有技术和新技术，对这些信息和技术进行关联和分析决策，实现高速铁路技术先进、功能完善、管理科学、经济舒适、绿色环保、安全可靠的发展愿景。

2.2.2 京张高铁智能设计理念

革新设计方法，创造一流设计标准。BIM 从 20 世纪 70 年代提出至今，已经从概念进入到应用普及阶段，其在房建、水电等领域应用相对成熟，但在高铁设计中应用还不多。比较而言，高铁的突出特点是速度高、标准高、精度高、安全、准时、舒适、环保，接口更加复杂，要开展多专业协同设计，涉及专业多达二十几个，站前专业如线路、站场、桥梁、路基等，站后专业如暖通、给排水、机械、电力、通信、信号、电气化等专业。尽管有巨大难度，但设计单位还是提出了"设计水平达到同行业先进水平"的核心目标，旨在通过京张高铁设计，使 BIM 应用达到成熟水平。

革新设计手段，带动管理变革。BIM 技术是基于三维数字设计所构建的可视化建筑信息模型，同时也是一种先进的管理理念。京张高铁 BIM 设计是智能京张的先导工程，其本质是以 BIM、GIS 以及现代信息技术为基础，实现京张建设过程的全面数字化，推动组织形式、管理模式和建设过程的变革，以及工程建设过程和产品的变革。

引领智能建造，建设精品工程。对于京张高铁，国铁集团提出的要求是建设"精品工程、智能京张"。精品工程内涵丰富，首先是工程质量，要经得起历史的检验；其次是运用新的设计理念、设计技术、设计方法，主要是智能、绿色、环保三个方面。目标的实现，基础在设计，只有一流的设计才能保证精品工程建设。

2.3 京张高铁智能设计技术

2.3.1 智能高速铁路技术体系总体设计

智能高速铁路技术体系框架设计采用分类分层设计原则，自顶而下划分为板块、领域、方向、创新、支持平台 5 个层面，可概括为 3 大板块、10 大领域、18 个方向、N 项创新、1 个平台，如图 2-1 所示。

3 大板块指智能建造、智能装备、智能运营。

10 大领域指在 3 大板块框架下的勘察设计、工程施工、建设管理、移动装备、通信信号、牵引供电、检测监测、客运服务、运输组织和养护维修领域。

18 个方向指在 3 大板块、10 大领域框架下的空天地一体化工程勘察、基于 BIM 工程设计、桥隧路轨工程智能化施工、客运站工程智能化施工、四电工程智能化施工、基于 BIM+GIS 工程建设管理、智能动车组、智能综合检测车、信号、通信、智能牵引供电、智能检测监测、

京张高铁智能设计理念与目标

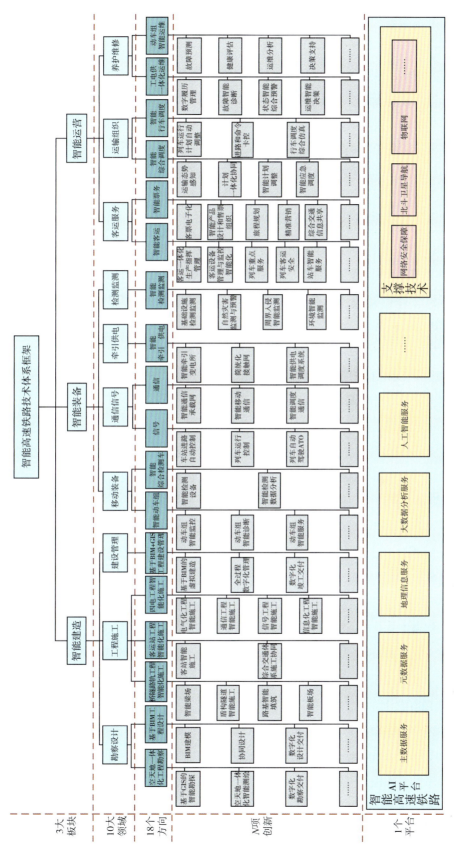

图 2-1 智能高速铁路技术体系框架

智能客运、智能票务、智能综合调度、智能行车调度、工电供一体化运维和动车组智能运维方向。

N 项创新指在 3 大板块、10 大领域、18 个方向框架下，基于 GIS 的智能勘探、BIM 建模、智能梁场、客站智能施工、电气化工程智能施工、基于 BIM 的虚拟建造、动车组智能监控、智能检测数据分析、智能牵引变电所、基础设施智能检测监测、站车智能服务、客票电子化、列车运行计划自动调整、运维智能决策等智能化创新。

1 个平台指为智能高速铁路技术创新提供支撑和服务的智能高速铁路 AI 平台。

◎ 2.3.2 智能高铁设计方法

以 "BIM 设计水平达到同行业先进水平，协同设计达到工程化应用程度" 为核心目标，全线分为 56 个 BIM 设计段落，涵盖 23 个主要设计专业，通过基于 BIM 技术的协同设计，为京张高铁工程建设提供贯穿于铁路全生命周期的全要素数据信息，形成完整、准确、实时更新的数字铁路的总体思路，打破铁路建设中各专业、各阶段的信息断层，有效管理工程信息的采集、传递、交流和整合，为智能高铁建设提供可靠的数据基础。

京张高铁 BIM 技术应用于以下方面。

（1）建立协同设计体系

首先，按照站场、路基、隧道、桥梁、动车所、信号等设计起始里程范围，把全线 BIM 工作划分成 56 个设计段落，并确定了模型总装的牵头专业。

其次，基于 ProjectWise 平台进行二次开发，形成符合高铁设计习惯及项目特点的设计协同工作管理平台，贯穿于项目设计过程中的信息以三维模型为载体进行集中、有效的管理，并按照以下方式进行管理：

①在协同平台上建立项目所需的模板库、单元库、材质库、线形库、特征库及标准配置。标准文件内容如图 2-2 所示。

②结合各专业工作内容分解，建立项目结构树，按规范命名并建立关键文档。模型按照项目总装、区域总装、专业分装、模型文件等层级进行划分。清河站模型装备结构图如图 2-3 所示。

③制定 BIM 实施流程，如图 2-4 所示。

（2）在勘察设计阶段的信息获取与利用

京张高铁勘察设计主要涉及地形、地物、地质、水文、气象、军事、电力、植被、经济、人文等基础数据的获取、处理以及融合工作。在京张高铁的数字信息获取中，利用了航天遥感、航空摄影、无人机、飞艇、倾斜摄影、近景摄影、机载雷达、地面三维激光、倾斜摄影、全球定位系统（Global Positioning System，GPS）、室内定位、工程物探、超前地质预报、各类传感器等现代信息采集技术，利用遥感判释、图像识别与信息提取技术，极大地丰富了传统勘

京张高铁智能设计理念与目标

a)

b)

c)

图 2-2 标准文件内容

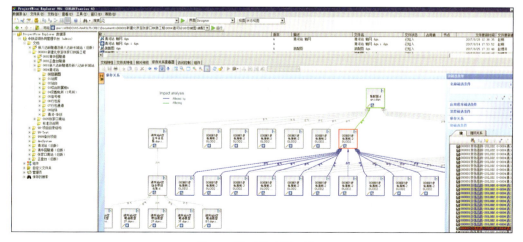

图 2-3 清河站模型装备结构图

察设计数据的获取手段。同时，针对勘察数据多元化的特点，采用了以传感网和信息平台为支撑，以大数据分析、云计算为手段，能对数据进行叠加处理、对各种数据进行融合处理的多源数据融合处理技术。融合后的数据可以使勘察信息更加直观，勘察人员可以获得更多的信息，勘察效率与质量都能够得到保证。

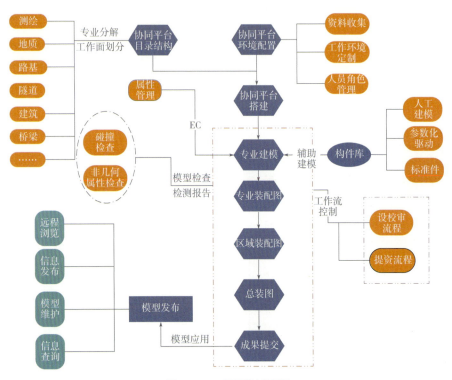

图 2-4　BIM 协同设计流程图

京张高铁数字建造基于 BIM 技术，采用了铁路行业的 BIM 标准体系，构建了包含线路、站场、地质、路基、桥梁、隧道、站房、电力、接触网、供变电、通信、信息、防灾、机械、动车、机务、车辆、轨道等专业的数字模型，模型各构件满足建立精度（Level of Detail，LOD）3.0 级，部分达到 LOD4.0 级及 LOD5.0 级的几何及非几何精度的要求，是我国首条全线、全专业基于 BIM 技术的数字化应用的铁路项目，为"智能京张"提供了充足的数据保障。

2.4　京张高铁智能设计目标体系

京张高铁是智能设计在高铁建设中的首次运用，设计者践行"革新设计方法，创造一流设计标准；革新设计手段，带动管理变革；引领智能建造，建设精品工程"的设计理念，大胆探索，构建了京张高铁智能设计目标体系（图 2-5），涵盖土建、通信、信息、信号、电力、牵引供电等方面，实现了高铁智能设计的高标准起步，有力支撑了"精品工程、智能京张"建设。

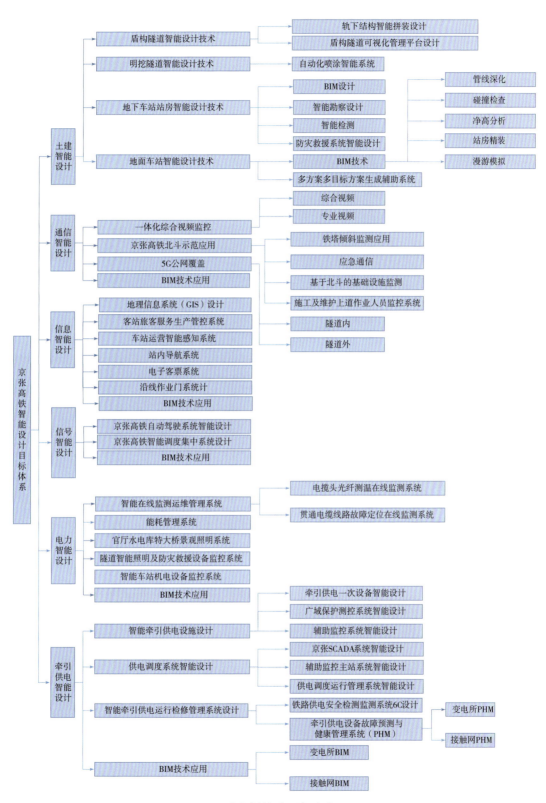

图 2-5 京张高铁智能设计目标体系图

CHAPTER 3
>>>> 第 3 章

土建智能设计
THE INTELLIGENT DESIGN OF THE CIVIL ENGINEERING CONSTRUCTION

京张高铁土建工程面临一系列经济、技术难题。有的是结构复杂，如京张高铁八达岭长城站是我国第一座深埋暗挖高铁车站，洞群结构复杂，清河站则面临复杂的钢结构，采用传统的设计方法难以满足工程建设的需要；有的是面临工期压力，如清华园隧道处在人口、经济、文化密集区，采用传统盾构掘进很难保证工期，东花园隧道则是我国目前已建成通车的最长的明挖隧道。在京张高铁土建设计中，设计单位采用BIM技术、可视化技术等智能技术，开展智能设计，有效地提高了施工效率，提升了施工安全可靠性，对提高复杂土建工程结构的设计效率和设计质量具有重要意义。

3.1 隧道智能设计技术

3.1.1 概述

随着智能化技术的发展，隧道智能化建造逐渐成为隧道发展的方向。智能设计是智能建造的重要组成部分，也是实现隧道智能建造的关键。京张高铁在盾构隧道轨下结构智能化拼装技术、盾构隧道可视化管理技术、明挖隧道自动化喷涂技术等方面开展了智能化的探索。

3.1.2 盾构隧道智能设计技术

1）轨下结构智能化拼装设计

目前大直径盾构铁路隧道轨下结构常用的结构形式有全部现浇与部分预制、部分现浇两种，但轨下结构采用全预制构件拼装的施工方法尚属空白。清华园隧道的支护结构、轨下结构和附属沟槽均进行预制机械化拼装建造，在国内首次实现了隧道结构全预制拼装施工，并针对隧道结构特点，研制了机械化自动拼装机器人，实现了隧道轨下结构建造的标准化、自动化、专业化、智能化，加快施工进度，节约工期，避免了大量植筋损坏盾构管片，提高结构耐久性和可靠性，减少外界环境对施工作业的干扰，改善作业环境，降低振动对周边环境的影响。盾构隧道轨下结构全预制工艺，由于其施工灵活、效率高等特点，取得了显著的经济效益及社会效益，是国内盾构隧道轨下结构施工的革命性创举。

（1）轨下结构智能化拼装的控制原理

轨下结构由1个中箱涵和2个边箱涵组成，其拼装智能化的关键在于拼装机器人的研发。拼装机器人主要由车架、行走车轮组、行走驱动机构、小车供电、横移机构、四点起吊三点平衡机构、旋转机构、U形吊具、箱涵件调整定位机构等组成，如图3-1所示。该设备可以将箱涵件从运输车吊起，并平移调整后放到指定安装位置，最终将箱涵件精确安装于隧道内，实现箱涵快速机械化拼装。

土建智能设计 CHAPTER 3

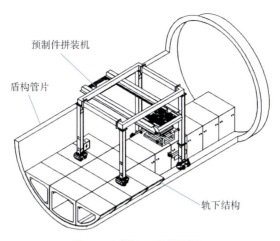

图 3-1 隧道箱涵预制件拼装机

箱涵件调整定位机构采用 2D/3D 机器视觉定位技术，通过摄像机采集视觉图像，并传输给中央控制系统进行图像识别分析、利用逆运动学求解得到箱涵位置误差值，并调整箱涵的位置消除误差，实现精准定位和调整。

（2）拼装精度控制

轨下结构拼装时先拼装中箱涵，之后拼装两侧边箱涵。由于边箱涵构件与中箱涵采用螺栓连接，其定位以中箱涵为基准，不再单独进行放样，整体拼装精度控制在 5mm 以内。当各构件之间螺栓连接并紧固完毕后，即完成整个构件拼装工序。拼装完成后进行嵌缝施工，将箱涵之间的空隙堵住形成密闭空间，然后对预制结构与盾构管片之间的空隙采用 M10 微膨胀水泥砂浆充填，最后对底部结构进行监测。主要监测内容为构件内部应力、应变和构件整体性的位移，包括沉降及沿弧面滑移。

清华园隧道轨下结构拼装时，为了加快拼装进度，中箱涵随盾构机掘进先拼装，而边箱涵滞后很长时间才开始拼装，这种先后拼装的模式无法实现中箱涵和边箱涵的同步精调，导致后期边箱涵拼装的错台较大。因此，建议今后工程的中箱涵和边箱涵同步拼装。

2）盾构隧道可视化管理平台设计

清华园隧道搭建了基于三维 BIM 模型、VR 技术和 GIS 漫游的可视化、信息化的智慧施工管理监控平台（图 3-2），实现对掘进、拼装、注浆等施工环节的全过程管理和监控，同时实现了对风险的可视化实时预测和分析。

（1）盾构可视化施工监控系统设计

盾构施工监控系统是一个集施工监测数据、施工信息以及施工管理信息于一体，能对海量施工数据进行处理分析，并通过数字化、可视化技术实现不同功能的智慧施工监控。盾构智慧施工监控系统界面如图 3-3 所示。

从图 3-3 可以看出，智慧施工监控系统包括首页、工程 GIS、盾构监控、监测数据、预测预警、系统管理以及信息上传七大模块。不同模块可以实现不同的系统功能，各模块之间也存在相互联系和数据交换，共同作用构成智慧施工系统；中间部分分别为二号盾构区间和三号盾构区间（可点选）的卫星地图，详细显示区间线路的地理位置关系以及和周边建筑物、市政道路和地铁的毗邻关系，同时详细显示了线路附近重要的风险源信息；右侧部分详细显示的是隧道掘进当前环的隧道详情、注浆管道、注浆压力和速度与位移信息，可实现对盾构掘进姿态和重要参数的实时监控，右侧还有两幅施工进度管理图，分别为盾构预设与实际进度比较曲线图和盾构完成进度饼状图，这可以方便管理人员直观地看到隧道掘进的完成情况以及与预设进度的差别，帮助及时进行施工进度的调整。

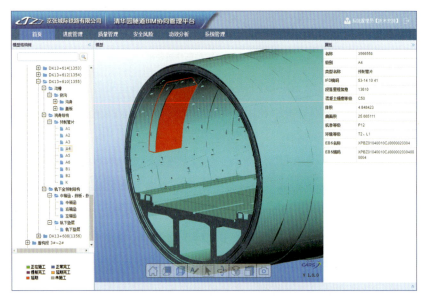

图 3-2 可视化信息化智慧管理监控平台

图 3-3 盾构智慧施工监控系统界面

界面中涵盖了详细的周边建筑物、市政道路以及地铁线路的地质信息，详细列举了线路施工过程中遇到的重要风险源信息，并在施工力学响应预测模块中转化为各类数字化信息来分析预测盾构隧道施工引起的地层响应和周边建筑物响应。同时，风险信息列表里详细列出了风险源的位置、风险等级以及沉降预测值和控制值，并据此判别安全状态，实现了重要建构筑物和主要风险源危险性的实时预测预报功能。

（2）可视化施工关键技术设计

①搭建了基于 BIM、GIS 和互联网技术的隧道施工可视化管理平台，采用盾构施工全过程智能化、可视化动态监控与管理，实现对邻近建（构）筑物危险性的实时预测预报。

②采用经验方法和人工智能等方法多角度综合实时预测地表及施工影响范围内建（构）筑物的沉降及水平变形，推出不同地层条件和隧道几何参数对应的最优盾构施工参数指导施工。

Peck 预测模型效果如图 3-4、图 3-5 所示。

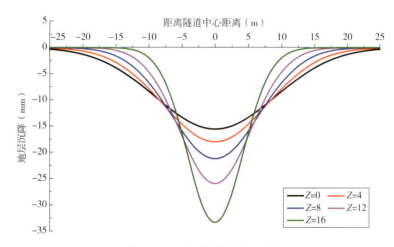

图 3-4　Peck 预测模型横断面沉降槽
Z- 地层与地面的距离

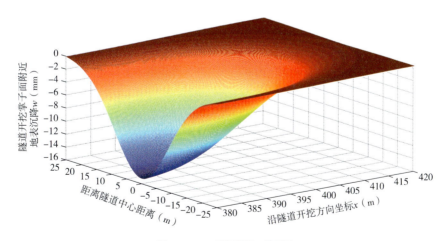

图 3-5　Peck 预测模型三维视图

③盾构监测平台能够将盾构掘进中的地质条件、周边建（构）筑物、工程措施数字化，包括隧道内部自身的盾构机参数——盾构机的姿态参数、压力参数及进出浆、注浆量参数从盾构机的传感设备采集，将其上传到监测平台量化实现数字化处理，如图 3-6 所示。

a）地质条件数字化

b）周边建（构）筑物数字化

c）工程措施的数字化

图 3-6　数字化施工技术

(3) 可视化施工技术设计的应用及其效果

目前该系统在京张高铁清华园隧道的应用十分可靠，成功实现了基于信息化、智能化、可视化等现代先进技术的清华园隧道科学化、精细化施工目标。在盾构穿越多个风险源的时候，通过 3D 模型提前展示隧道与周边环境的关系，并且能够通过软件模拟分析盾构掘进过程对周边环境的影响值进而推荐刀盘转速、土仓压力、油缸推力、螺旋输送机转速等盾构掘进参数，在盾构推进过程中结合地面测量数据，及时反馈地面沉降量，提前预警盾构操作人员，动态调整掘进参数。传统的盾构掘进参数和监测数据的统计，大部分需要人为分析数据并做出相应的对策处理，盾构可视化施工监控系统大大简化了人为干预的流程，不仅能够预警信息并进行自动判别，还加快了应对风险的响应速度和处理效率，降低了安全事故的概率，提高了隧道施工的风险管控能力，初步实现了盾构施工全过程的可视化动态管理。

3.1.3 明挖隧道智能设计技术

东花园隧道是我国目前已建成通车的最长的明挖隧道，本节以东花园隧道为例介绍明挖隧道喷涂防水的智能设计技术。

东花园隧道是国内首次采用速凝橡胶沥青喷涂防水材料的强富水深基坑明挖隧道，新型喷涂速凝橡胶沥青防水材料是一种绿色环保的水性涂料，从生产到使用均不产生有害物质，具有无缝搭接、完美贴合、工作环境要求低、施工效率高、附着力强、耐穿刺、抗酸碱盐、节能降耗等突出优势，能解决边角、裂缝、不规则结构的连接处渗漏等技术难题。对东花园隧道专门研制了自动喷涂机器人，有效提高了喷涂施工的质量、效率和智能程度。该机器人能精确地按照设定轨迹自动准确喷涂，使材料与基面全面高强黏附、喷层均一平整，有效减小了损耗量，极大地提高了工效，大幅度提升了施工的安全可靠性。

（1）自动化喷涂的智控系统的设计

新型速凝橡胶沥青防水的自动化喷涂系统包括工作平台、控制系统、供料系统、支撑系统、走行系统和喷涂小车六部分，如图3-7所示。

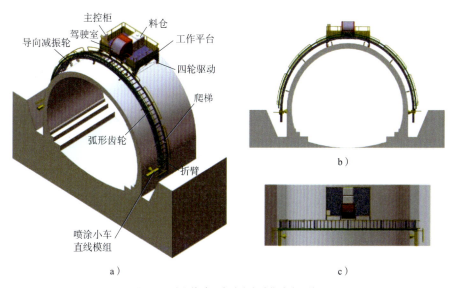

图3-7 速凝橡胶沥青防水自动化喷涂系统

①工作平台：根据结构外观尺寸进行定制，是存放控制系统和供料系统的操作平台，周围设置护栏。

②控制系统：主要包括主控制器、主电控制柜和变频器控制柜，主控制器采用可编程逻辑控制器（Programmable Logic Controller，PLC）控制，设置触摸屏+按钮两种控制，触摸屏可以实时输入数值进行设备基本参数设置，一键启动功能，自动运行喷涂、爬升、回位，支撑系统行走电动控制，自带纠偏功能。

PLC控制器是自动化喷涂的智控中心，其内置的微处理芯片可以计算分析并控制行走系统的速度和供料系统的供应量，以及喷涂小车上喷枪的喷速，从而精准控制喷层厚度。

③供料系统：喷涂速凝橡胶沥青防水材料为双组分涂料，防水涂料主剂A组分为棕褐色黏稠状的水性橡胶沥青乳液，固化剂B组分为无色透明的破乳剂，分别装入操作平台的2个容器中。通过增压泵泵送涂料，增压泵由主控制器进行控制，在支撑系统上设置坦克链对管道进行保护，直达喷涂小车，并跟随小车采用回卷式移动。

④支撑系统：根据结构外观尺寸进行定制，采用爬梯形式，可行走工作人员，并设置护栏。外侧采用上、下双层U形槽钢，在下层U形槽钢上设置两道齿槽作为喷涂小车的行走轨道，上层U形槽钢作为坦克链的行走轨道。

⑤走行系统：在工作平台下设置4个驱动轮，每个驱动轮由一个电机驱动，在主控制器控制下行走，并可进行纠偏，在支撑系统下设置可调节单向减振轮随工作平台的驱动轮进行移动。

⑥喷涂小车：在支撑系统上设悬挑梁，设置四个齿轮与支撑系统的两道齿槽进行连接，在悬挑梁上安装传动链和喷枪，设置两个电机进行驱动，一个电机驱动喷涂小车沿支撑系统行走，一个电机驱动喷枪沿悬挑梁行走。

新型速凝橡胶沥青防水自动化喷涂系统实现了施工阶段的管理、班组的智能施工。

（2）自动化喷涂关键技术及创新

①根据防水材料双组分液体喷涂方式的特性和结构物的外轮廓结构尺寸一致的特点，创新提出了按照结构物的几何尺寸采用钢结构定制喷涂机器人，该机器人自动上料、自动喷涂、自动行走，填补了铁路明挖隧道自动喷涂防水施工的行业空白。

②新型速凝橡胶沥青防水自动化喷涂对喷涂厚度的控制，是本智能化设备的核心技术，通过理论计算，固定喷涂压力，控制喷枪移动速率，实现设计喷涂厚度。

（3）自动化喷涂技术应用效果

东花园隧道采用了自动化喷涂技术，自动化喷涂机器人（图3-8）的施工工效是人工喷涂的4倍，按照东花园隧道喷涂22000m²进行计算，人工喷涂每日喷涂500m²，需要44天，机器人喷涂每日喷涂2000m²，需要11天，节约工期33天。自动化喷涂机器人只需2人一组，人工喷涂需要6人一组，减少现场作业人员数量66.7%。

传统人工喷涂需要人工手持喷枪进行作业，在倒弧形上高空作业，属于高危作业，作业人员危险性极高，自动化喷涂采用自动喷枪，无需作业人员高空作业，有效降低了作业人员的危险性。

图 3-8　喷涂机器人现场作业

自动化喷涂机器人能够精确地控制喷涂用量，操作简单，喷涂厚度完美均一，有效地避免了人工喷涂存在的喷涂厚度不一、搭接面处理不到位等误差，合格率 100%。自动化喷涂机器人对防水涂料的使用量控制更好，传统人工喷涂由于喷涂误差较大，使用量低于设计量时达不到防水效果，使用量高于设计量时，喷涂材料成本增加。自动化喷涂机器人有效避免了隧道渗漏水情况的发生，降低了洞内渗漏水对洞内设备和运营车辆产生破坏和影响的程度。同时减少了后期对隧道渗漏水进行处理产生的高额费用。

自动化喷涂机器人的应用有效降低了现场管理人员的工作量，按照验收标准采用针测法测厚仪对喷涂防水层进行实时监测，每 $100m^2$ 抽查一处，传统人工喷涂施工单位为了控制喷涂质量都是进行加密监测，同时需要对不合格部位进行加强处理，处理完成后还需要进行监测。

东花园隧道在自动化喷涂实现的过程中设计了专门的喷涂机器人及相应的控制系统，对装备的要求较高，在后续的推广过程中可能存在一定的困难。

3.2　地下车站智能设计技术

3.2.1　概述

八达岭长城站是京张高铁唯一的地下车站，也是我国第一座深埋暗挖高铁车站，本节将以八达岭长城站为例，介绍地下车站的智能设计技术。

3.2.2　地下车站智能勘察技术

八达岭长城站穿越地层围岩主要为花岗杂岩，发育闪长玢岩脉及花岗斑岩脉，总体围岩稳定性较好，但受岩脉穿插切割的影响，部分段落岩体软弱破碎，稳定性差。车站围岩级别变化频繁且突然，施工过程中易引起滑塌，因此超前地质预报尤为重要。通过研究复杂洞室群的综合超前地质预报技术，采用超前水平钻法结合数字式全景钻孔摄像系统观测和分析钻孔中地质体的各种特征，并充分发挥超前导洞或邻近洞室的作用，研发掌子面自动素描系统，实现了掌子面围岩等级快速准确鉴定。

（1）超前水平钻及孔内摄像超前地质预报技术

结合数字式全景钻孔摄像系统的超前水平钻孔法可快速、直观地完成风化槽等复杂地段的超前地质预报，本工程采用数字全景钻孔摄像系统对大跨北京端进行试验。

数字式全景钻孔摄像系统通过电缆将数字全景探头放入工程钻孔中，来获取钻孔内岩壁的光学图像。全景探头自带光源，对孔壁进行实时照明和拍摄，孔壁图像经锥面反射镜变换后形成全景图像，在连续捕获方式下，全景图像被快速地还原成平面展开图，并实时地显示出来，用于现场记录和监测。在静止捕获方式下，全景图像被快速地存储起来，用于现场的快速分析和室内的统计分析，所有的光电信号都可以通过电缆传输到计算机或其他存储设备，并利用系统自制软件进行分析处理，以观测和分析钻孔中地质体的各种特征和细微变化，为工程提供直观和丰富的地质信息。

（2）超前导洞法地质预报技术

八达岭长城站主洞数量多、洞型复杂，超大跨多导洞开挖，施工中辅助洞室也较多。因此，充分发挥超前导洞或邻近洞室的作用，采用以地质素描、加深炮孔为主，物探为辅进行综合超前地质预报的方法尤为重要。

在辅助导洞或超前导洞开挖过程中及时对导洞的工程、水文地质特征进行详细观察和编录，并反复核实和修正勘察报告内容，最终的勘察报告为车站提供设计与隧道正洞施工的指导。

①通过导洞地质构造形态的详细素描，提出正洞施工中的注意事项，如断层构造产状、性质、延伸等特征，指出这些构造在正洞可能出现的里程位置及其对开挖和初期支护的影响。

②通过导洞的水文地质特征提出正洞水文地质情况、节理裂隙的导水性，计算涌水量，从而使设计施工做好隧道水害的应急预案。

③通过导洞围岩级别、测定围岩有关的物理力学参数，分析正洞围岩级别分布情况及围岩的突变性。

（3）掌子面自动化素描系统

基于隧道掌子面地质工作的重要性及因其专业性强、劳动强度高、时效性强等因素导致该项工作难以开展，提出了掌子面图像识别代替人工素描的方法。受隧道环境的影响（光线、粉尘等），图像不清晰及二维图像缺失深度信息导致图像识别准确率受限，掌子面自动化素描系统采用多图像立体重建技术或三维激光扫描技术，实景复制（真实记录）隧道开挖情况，从三维宏观把控大的地质构造、二维微观深度学习两方面提高图像识别的准确率，如图3-9所示。其次，结合岩体质量指标RQD概念判识岩体完整程度，结合其他指标进行围岩分级。最后，将掌子面地质工作流程化、程序化，并研发了隧道掌子面地质信息系统TK-FGIS及掌子面地质素描工装设备CameraPad，实现自动三维地质重构、自动结构面参数提取、自动围岩分级、自动报表及三维成果展示等功能，如图 3-10 所示。

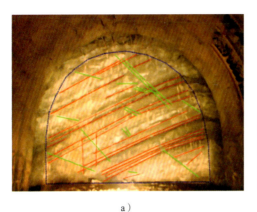
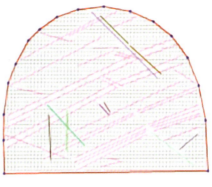

a)　　　　　　　　　　　　　　　　　　b)

图 3-9　图像识别效果（隧道掌子面）

图 3-10　沿里程方向隧道地质切片 3D 实景再造

经现场工程实践，该系统可普遍应用于隧道勘察，应用效果如下：

①完成隧道掌子面地质自动素描、自动围岩分级、自动报表，大大降低了隧道地质专业工程师的劳动强度，提高了生产效率，解决了人工素描工作流于形式的问题。

②通过网络平台或手机程序，实时推送隧道掌子面地质信息，让参建各方实时掌控隧道地质信息。

③隧道掌子面地质信息实时共享，便于及时、有效地调整施工工艺（支护参数、工法等）以适应地层变化，实现了隧道掌子面异常信息实时预警与处置等。

3.2.3　基于 BIM 的智能设计

为了准确表达设计施工中的三维空间信息，八达岭长城站应用 BIM 技术，从勘察设计、施工到运维，实现全生命周期的数字化智能化管理。车站 BIM 模型搭建了多专业协作的统一平台（图 3-11），使建筑、结构、暖通、给排水等各专业基于同一个模型进行工作，实现了真正意义上的三维集成协同设计，直观地呈现各专业的冲突。同时，BIM 模型优化施工组织设计，实现了项目标准化的管理，三维可视化、构件化的设计，三维数字化模拟施工，为勘察—设计—施工—运营—管理提供了可视化、智能化的统一管理平台。

图 3-11 八达岭长城站整体 BIM 模型

1）平台软件的选择

目前市面上主要的软件平台有 Autodesk、Bentley、Dassault 三家，其中 Autodesk 平台下的 Revit 主要应用于工民建领域，优点是建筑相关构件库较多，相关二次开发内容也比较完善，相关开发学习资料也较多，缺点是对于铁路工程这种长大带状工程支持较差，并且对于三维曲线元素的支持不足。Bentley 平台的优点是对于大体量工程支持比较好，并且支持三维曲线元素，缺点是资料较少，二次开发成果较少，二次开发难度大。Dassault 平台的优势在于建模能力、参数化及三维仿真能力，缺点主要为工业设计开发服务机械行业，缺少铁路行业相关配套软件支持，大体量模型处理效率低。因本项目为铁路项目，考虑到后期全线 BIM 技术应用的要求，综合各方面分析考虑，我们选择对大体量工程数据支持较好、可应用三维曲线元素、多专业格式可协同的 Bentley 软件作为 BIM 平台，通过表 3-1 软件实现 BIM 协同设计。

BIM 应 用 软 件　　　　　　　　　　　表 3-1

序号	软件名称	用途
1	MicroStation	Bentley 设计软件基础平台，支持二维绘图、三维建模、渲染动画等，可二次开发
2	PowerCivil	主要进行线位的三维曲线元素设计、基于廊道的 mesh 体模型建模，可二次开发
3	LumenRT，BIM 模型及环境渲染软件	利用逼真的数字化自然环境为基础设施模型创建电影级别的图像、视频和实时演示。借助易于使用的工具，可访问包含植物、树木、人物、车辆、建筑对象、土木工程元素等丰富内容的库
4	AECOsimBuildingDesigner	建筑专业三维设计工具，包含建筑、暖通、电气等专业模块
5	ProjectWise 协同工作平台	协同平台软件，可多专业、实时、异地、协同进行设计工作；基于项目模板，可以快速完成项目的初始化，包括项目卷册创建、参与人员权限设定、项目文件管理、校审流程管理等功能

2）BIM 协同平台建设

通过 Bentley 的协同工作管理平台 ProjectWise 建立本项目的项目文件，对工程各专业进行实体工程划分，形成适合信息化管理的单元，配置相关设计人员，给予各专业负责人、复核人员、设计人员不同的管理权限。项目内各专业人员同步进行设计，实现模型的实时更新，便于各专业间的交互与沟通，使各专业设计工作的数据文件一致、上下序专业间的设计工作衔接协同有序，节省工作时间，提高工作效率，确保设计工作合理、有序、高效地完成。

（1）协同平台工作环境建立

①在 ProjectWise 上建立项目所需的模板库、族库、资源及标准配置。

②建立项目结构树，按规范命名并建立关键文档。

基于《铁路工程实体结构分解指南》对项目模型进行分解及装配。

a. 模型划分规则。

模型的划分按项目总装、区域分装、专业分装、模型文件进行。

b. 模型的装配规则。

模型的装配按如下层级进行：

第一级为项目总装模型（总装，将区域分装文件参考至总装模型）；

第二级为区域分装模型（区域内，将专业分装文件参考至区域分装）；

第三级为专业分装模型（专业内，将各专业文件参考至专业分装）；

第四级为专业设计模型（模型文件）。

③建立项目组成员，并按角色设定相应的权限。

（2）工作流程管理制定

①制定设计阶段和施工阶段 BIM 实施流程；

②设定设校审工作流程，即提资流程等，如图 3-12 所示。

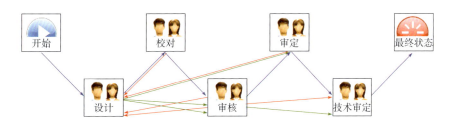

图 3-12 协同平台工作流程示意

（3）协同设计

①各专业之间的资料互用、共用；

② BIM 设计中各专业的关联引用与变更；

③各专业模型的组装及层次关系管理。

（4）模型及文件管理

①各专业的模型及总装模型的查看；

②模型及构件属性的查看；

③文件查看查找及版本历史管理。

（5）族库的建立

在建模过程中逐步建立各专业的族库。

3）BIM 模型建立

（1）建模精度要求

项目按照《铁路工程信息模型交付精度标准》（CRBIM 1004—2017）的规定与要求，模型精度采用铁路工程信息模型 LOD3.0 级精度进行模型设计，模型的单元实体的几何精度等级的划分应符合《铁路工程信息模型表达标准》（CRBIM 1003—2017）中模型表达等级的相关内容执行（表3-2）。

几何精度等级　　　　　表 3-2

等级	英文名	代号	等级要求
1级精度	Grade 1	G 1.0	满足符号化识别需求的几何精度
2级精度	Grade 2	G 2.0	满足空间占位等粗略识别需求的几何精度
3级精度	Grade 3	G 3.0	满足真实外观等精细识别需求的几何精度
4级精度	Grade 4	G 4.0	满足结构施工、产品制造等高精度识别需求的几何精度

模型单元属性的信息深度应符合表 3-3 中 N3.0 等级的要求：属性信息包括几何信息和非几何信息。几何信息包含构件长度，体积等信息；非几何信息宜根据实际应用需求进行分解，部分数据可采用非结构化方式进行存储，附加到铁路工程信息模型中，如环境评价、经济参数等。

信息深度等级　　　　　表 3-3

等级	英文名	代号	等级要求
1级信息深度	Level 1 of information detail	N 1.0	宜包含信息模型的基本信息、身份描述、项目信息、组织角色等信息
2级信息深度	Level 2 of information detail	N 2.0	宜包含和补充 N1.0 等级信息，增加实体系统关系、组成及材质、性能或属性等信息
3级信息深度	Level 3 of information detail	N 3.0	宜包含和补充 N2.0 等级信息，增加生产信息和安装信息
4级信息深度	Level 4 of information detail	N 4.0	宜包含和补充 N3.0 等级信息，增加资产信息和维护信息

对特别关注信息附加的应用场景中，如模型以轻量化方式进行项目建设管理，允许模型单元以低几何精度和高信息深度存在。

（2）建模工作

项目各专业根据本专业情况，具有不同的技术实施路线，但所有专业 BIM 模型的建模坐标应与实际工程坐标保持一致，如果采用轴网坐标系建模时，应提供轴网坐标系与实际工程坐标的转换关系信息。模型单元应以模型中心点或者特征点为原点建模。所有模型可基于工程坐标实现在协同平台的整体拼装。以下以隧道、环控通风专业为例。

（3）隧道专业 BIM 设计工作

隧道专业 BIM 设计首先将单个隧道拆分为多个工点，建立隧道专业单元库，建立模型并组装全隧道模型。

隧道工点的拆分依据设计工区的划分，从模型规模及计算机承载能力角度出发，将长度及复杂程度较大的模型分解为长度较小的模型,形成较小的工点。单元库包含隧道断面、辅助措施、初期支护、特殊构件。模型组装工作为依据设计图纸利用单元库形成各工点模型,最后形成全隧道模型。

①洞身模型建立

使用PowerCivil根据线路资料建立正线线路、斜井线路的三维曲线模型。

将线路三维空间模型参考进隧道模型文件,根据地质模型确定围岩情况,从单元库中选定参数化断面,使用二次开发工具,利用参数化驱动形成断面并沿线路敷设。其他单元库文件如锚杆、辅助措施、钢架等构件同样以线路左线为基准线按间距布置,最终生成隧道洞身模型,如图3-13、图3-14所示。通过BIM建模,可以精细化描述隧道支护措施间相互关系,传统二维设计时,超前小导管、钢架、钢筋网、系统锚杆等分为多个图纸分别设计,BIM模型可以将这些不同的支护结构统一设计在一个设计文件中,可以解决各个支护系统间协调问题,对设计参数的强弱更加直观明了。

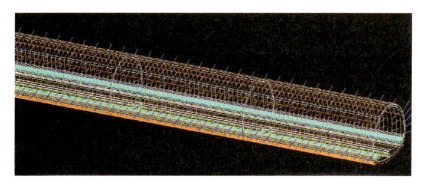

图3-13 完整隧道洞身模型

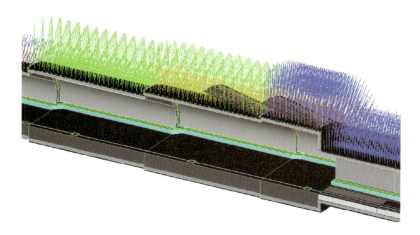

图3-14 隧道剖切模型

八达岭长城站以结构断面底板顶中线为基准点,先在模型上绘制出结构中线线位,将车站断面沿中线拉伸形成车站结构,然后使用替换面将结构连接处拟合到一起,并进行开洞操作,形成地下车站模型,如图3-15所示。长大扶梯模型如图3-16所示。

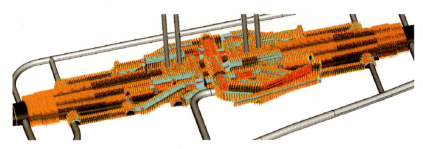

图 3-15 八达岭长城站结构模型

图 3-16 八达岭长城站长大扶梯模型

②大跨段模型

隧道设计提出了关于刚柔并济多重防护的围岩自承载体系的理论。该理论不同于我国隧道建设中传统的被动支护模式，改变了基于塌落拱理论计算结构荷载的方法，并主要靠二次衬砌承载的传统理念和设计方法，从而可实现设计使用超越 100 年的目标。通过 BIM 形象直观展示了支护体系的构成，展示支护体系间的相互关系，验证支护理论的完备性，如图 3-17 所示。

③洞门模型

由于八达岭隧道采用特殊洞门结构，因此未将洞门列入族库，而是直接进行建模。使用 Bentley 的实体建立、编辑工具建立特殊洞门结构模型，可以形象化表示设计意图，并可调整设计方案，更加直观地向施工单位传递设计思路，保证施工效果，如图 3-18 所示。

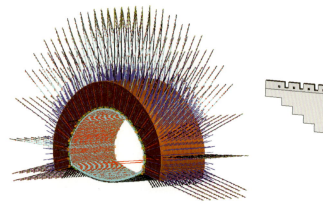

图 3-17 八达岭隧道大跨段 4.0 级模型

图 3-18 八达岭隧道出口洞门

④模型属性附加

作为 BIM 模型中的重要一环，信息对于 BIM 模型的使用起着决定性的作用，除了模型本身就能体现出的几何信息外，还有一部分非几何信息需要手动将它们附加到模型上。

根据《铁路工程信息模型交付精度标准》（CRBIM 1004—2017）中隧道模型基本信息中非几何信息、国际字典框架（International Framework for Dictionaries，IFD）编码的要求，整理出各构件需要附加的非几何信息和 IFD 编码，使用二次开发软件将它们附加到模型中，在查看模型时点开模型的属性，会出现新的一栏名为“附加属性”的信息（图 3-19），其中包含了在模型上附加的信息。根据不同断面里程，将同一里程范围内的全部构件使用二次开发软件划分到一个组中，建立模型树。

附加属性

IFD	53-14 10 25 10
段落地质信息	全风化砂岩，新黄土
段落里程信息	DK170+740~DK170+830
环境等级	T2/D2
混凝土强度等级	C40
抗渗等级	P10
类型名称	明洞拱墙衬砌
施工工艺	现浇

图 3-19 明洞拱墙衬砌附加属性

（4）建筑专业 BIM 设计工作

车站建筑专业的工作之一是车站轴线定位及内隔墙建立。八达岭长城站洞室布置、排水坡度复杂，建筑专业对各部分隧道接口处轴线进行准确定位，以便于隧道专业进行多洞室拼装模型。

①轴网建立：参照隧道专业的设计，建立八达岭长城站建筑轴网。充分利用 MicroStation 软件的“参考”功能，将隧道专业模型及 dwg 格式图纸参考进入模型，结合楼层管理器功能控制标高，保证楼板空间位置的准确性。绘制时，同时打开平面、立面和轴侧面三个视口，随时检查空间位置的准确性。

②模型建立：参照隧道专业，根据轴网定位及设计图纸，采用 BIM 建筑设计软件 ABD（AECOsim Building Designer）进行车站内隔墙及楼梯建模，如图 3-20 所示。

③管线综合：配合环控专业协调各系统（专业）管线布置，合理利用管线布置的有限空间，避免施工过程中各专业管线“打架”的现象，从而减少设计变更，提高设计施工质量。

④附加信息：对地下建筑专业 BIM 模型中隔墙的非几何属性和 IFD 编码进行附加。地下建筑 BIM 模型中的附加信息主要是隔墙材质内容。

（5）环控通风专业 BIM 设计工作

环控专业在八达岭长城站建模内容包括出站层通风系统、进站层通风系统、设备区通风系统、设备区空调系统以及隧道通风系统。

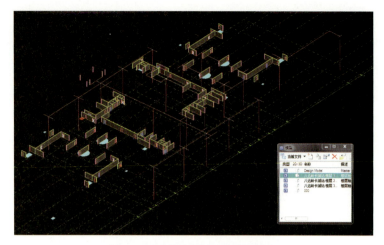

图 3-20　车站轴线定位及隔墙模型建立

①构件库建立：根据专业系统架构，并结合工程的实际需要，建立本专业的构件库（图 3-21）。

名称	图示	附加非几何属性
轴流风机		风机类型、是否变频、额定电压、额定电流、额定功率、额定转速、额定风量、风机全压、噪声、重量、生产厂家、设备型号
各类风阀		公称直径、公称压力、防火等级、阀门类型、连接方式、传动方式、阀体材质、重量、生产厂家、设备型号
多联机室内机		是否变频、额定风量、额定功率、额定容量、工作压力、水量、噪声、重量、生产厂家、设备型号
多联机室外机		是否变频、额定风量、额定功率、额定容量、工作压力、水量、噪声、重量、生产厂家、设备型号
机房专用空调室内机		匹数、是否变频、额定容量、额定功率、风扇风量、冷媒、重量、生产厂家、设备型号

图 3-21　环控通风专业构件库

②构件组装：根据站前及建筑专业提供的模型，将本专业的构件按照图纸设计方案进行布放和组装，如图 3-22 所示。

③附加信息：对专业 BIM 模型中的每一个构件附加非几何属性和 IFD 编码。

④模型优化：利用设备厂家提供的中标设备构件模型，优化专业总装的 BIM 模型。

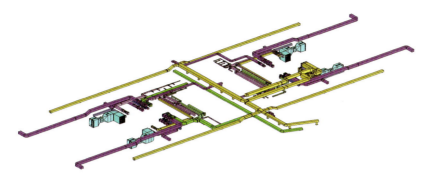

图 3-22 车站设备区环控通风 BIM 模型

（6）单专业模型检查

①文件名、文件编码检查。按照《文件命名及编码规则》检查本地文件名和编码是否符合规则要求。

②无用构件检查。分别在平面、三维等主要视图确定文件中是否有远离设计内容的无用构件，如发现此类构件，必须及时清除。

③坐标检查。将要上传（检入）文件与主文件进行坐标一致性检查。

④构造线隐藏。应在视图控制中关闭"构造"内容。

⑤重叠模型检查。在三维视图、光滑模式下旋转模型，检查是否有闪烁的部分，即常说的"破面"情况。如发现此类情况，需及时将多余模型删除或对模型进行修改。

⑥材质检查。在能够显示材质纹理的视图中检查材质是否有缺失、错误现象。

⑦文件内容报备。如果是上传文件，将文件名与文件内容提交专业负责人进行报备。

⑧IFD 编码检查。对所有构件进行 IFD 编码检查。

（7）多专业碰撞检查

总装模型文件通过 BIM 软件的碰撞检查功能，对碰撞点进行分析排除合理碰撞后，通过对碰撞点进行讨论，在施工前预先解决问题，提升设计质量，节省工时，减少因碰撞发生的设计变更与废弃工程的产生，如图 3-23 所示。

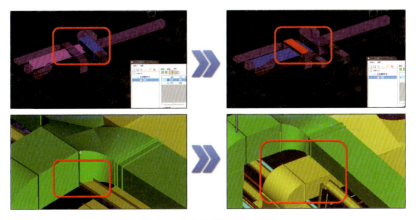

图 3-23 多专业碰撞检测示意图

(8)模型展示

使用LumenRT对模型进行渲染,在需要进行展示的位置创建关键视角便可形成整体的漫游动画,可进行隧道、车站内部模型漫游展示(图3-24),对隧道、车站情况进行更加直观的展示。建立展示列车模型、旅客模型可对旅客进出站行走路线、上下方向路线、救援通道逃跑救援路线进行模拟(图3-25),更加形象地展示设计者的思路。

图3-24 车站内部模型漫游

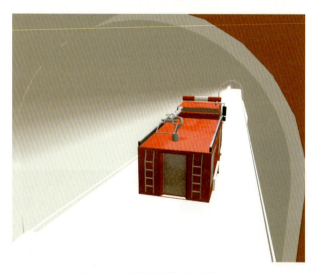

图3-25 环形救援廊道救援路线展示

(9)变更设计

在八达岭隧道施工过程中,出现了站台板宽度变更设计,根据工程的实际情况对原BIM模型进行了修改,保证BIM模型和实时项目情况相符,在模型交付时为下一阶段的使用者提供真实的模型文件,如图3-26所示。

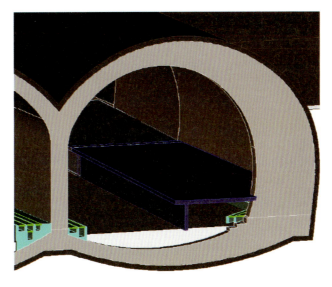

图 3-26 站台板变更设计模型

4）IFC/IFD 标准验证

（1）验证铁路 IFC/IFD 标准

IFC 为工业基础分类，英文全称为 Industry Foundation Classes；IFD 为国际字典框架，英文全称为 International Framework for Dictionaries。对隧道工程进行工程分解，创建基于铁路 1.0 标准的隧道构件库，完成现阶段《铁路工程信息模型数据存储标准（1.0 版）》（CRBIM 1002—2015）的验证工作。

①隧道工程分类

根据《铁路工程信息模型数据存储标准（1.0 版）》（CRBIM 1002—2015）和《铁路工程信息模型交付精度标准》（CRBIM 1004—2017）的要求，以隧道正洞为例，将隧道进行分解，其中隧道构件（Ifc Tunnel Element）组成中包含系统锚杆（Ifc System Ancher Bolt）、系统钢架（Ifc System Steel Frame）、初支喷混（即初期支护喷射混凝土）（Ifc Primary Support Shotcrete）、衬砌结构（Ifc Tunnel Lining Structure）、仰拱填充（Ifc Tunnel Invert Filling）、超前支护（Ifc Tunnel Advance Support）。

②属性信息

将铁路 IFC 中定义的属性集作为属性信息添加到模型中，实现模型和信息的绑定，以初支喷混为例，如图 3-27 所示。

根据《铁路工程信息模型数据存储标准（1.0 版）》（T/CR BIM 003—2015）上初支喷混属性列表的要求，在此基础上，补充 IFC 类别和属性描述，提出扩展意见，完善隧道领域的通用数据存储、调用，增加初期支护类型（Tunnel Primary Support Type）、混凝土强度的等级（Concrete Strength）、里程信息（Distance Kilometre）、地质信息（Geology）、喷射工艺（Process）属性。

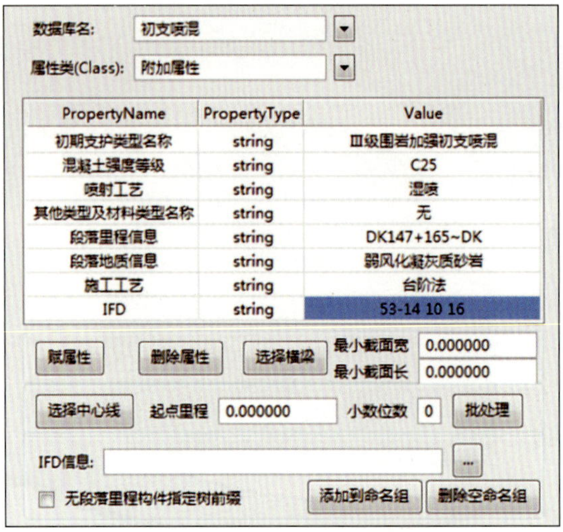

图 3-27　模型上附加属性信息

（2）验证铁路 IFD 标准

在专业建模及模型附属性过程中，存在铁路相关 BIM 标准中部分专业的部分构件模型精度分类不一致、IFD 编码缺失、构件分解不准确等问题，通过与国铁集团工程管理中心（以下简称"工管中心"）及中国铁道科学研究院集团有限公司（以下简称"铁科院"）的多次对接，对标准进行了修正及补充。

以隧道专业为例。

"隧道基本信息"中应当依据模型精度要求进行分类，1.0 级模型属性应当进行精简，例如初支喷混在 1.0 级模型中在标识混凝土强度等级就显得冗余。

"隧道基本信息"中，几何信息表示方式，几何信息基本都包含在模型自带属性中（Bentley 软件），个别几何信息需要间接量取，如小导管的间距等，若用表格表示，则失去三维模型直观的特点。此信息在二维图纸中表示更加直观、准确，建议模型交付标准中探讨三维模型结合二维图纸的可行性。

"隧道基本信息"中，个别构件划分不够准确。如型钢钢架，一般型钢钢架均包含多个单元，在施工中钢架制作也以钢架单元为最小单位制作，施工中统计数量以钢架单元也更为方便，建议将钢架单元单独编码。

"隧道基本信息"中，只列出了个别隧道常见构件的 IFD 编码，然而隧道构件千变万化，为保证构件 IFD 编码的唯一性及完备性，规范应探讨一种可实时申请 IFD 编码的方式，比如通过网络进行申请，并提供 IFD 信息的实时更新。

"隧道基本信息"中，缺少斜井相关要求。

5）隧道正向设计探索

由于目前 BIM 技术发展现状还很难做到完全意义上的 BIM 正向设计，应用 BIM 进行正向设计的目标是能够直接在三维环境下进行设计，即模块化参数设计、方案优化、图纸与模型相互关联，甚至可以与计算模型结合同步优化等。本次隧道专业进行了基于 BIM 技术的正向设计研究。

（1）首先建立标准断面，在 Microstation 中绘制出标准断面，根据断面的设计原则建立断面内部构件间的二维约束，在约束关系中设定"变量""变化"，使断面形成参数化模型（图 3-28）。

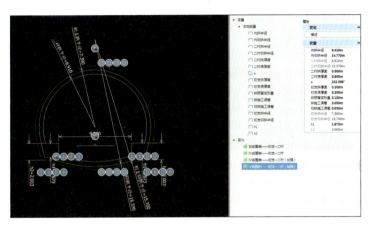

图 3-28　构建断面参数化模型

（2）根据适用的围岩等级不同，通过调整参数，直接形成不同围岩等级的断面形式（图 3-29）。

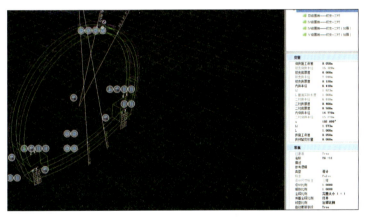

图 3-29　建立不同围岩等级下的隧道

（3）根据地质模型确定的围岩等级设定隧道衬砌里程，通过修改变量 L（衬砌长度变量）与衬砌断面类型形成隧道模型（图 3-30）。

在研究正向设计的过程中，同样发现了许多问题待解决，首先使用这种参数化模型建立隧道时，如遇到与辅助洞室连接，则需要对正洞模型进行开洞，将参数化单元转换为实体模型，失去了通过调整参数控制模型的条件。其次，在修改衬砌长度变量时，目前还不能选取一段三维曲线模型进行敷设，因此在曲线地段时这种方法无法使用。最后，目前衬砌断面的选取还不能和地质模型相结合，在之后的研究中可尝试通过二次开发使衬砌断面能自动接收地质模型的信息，从而自动调整为适合该地段的断面。

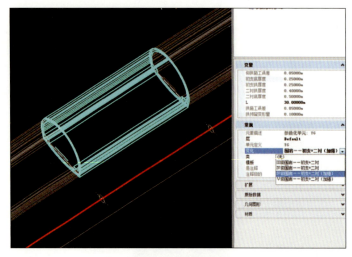

图 3-30 生成隧道模型

通过 BIM 技术的应用，从三维协同设计入手，逐步在协同平台上实现以阶段性结果为导向的模型文件状态流转；在上下序专业的模型内部实现深层次的信息传递和数据交换。通过加强二次开发力度，提高建模的自动化程度，实现参数化设计。促使设计从二维向三维转变，由粗放向精细转型，提升了传统设计的精细度，实现了设计成果的方案优化，同时设计阶段的成果可以有效地为后期深化设计、优化施工工艺做铺垫。

3.2.4 地下车站结构健康智能监测技术设计

超大跨隧道结构安全智能监测系统率先在八达岭长城站的建设中成功应用，该智能监测系统可以在隧道施工和运营期对围岩和支护结构的力学状态进行全寿命周期的实时监测，通过无线传输技术，将传感器采集的数据传递到服务器终端进行分析和处理，实现监测结果的实时反馈和潜在安全风险的实时预警，为施工期和运营期的隧道安全提供了保障。

1）智能监测系统的功能

隧道结构安全智能监测系统对锚杆、锚索、喷射混凝土、钢架、二次衬砌以及围岩进行应力和变形监测，对地下车站、隧道围岩及结构的各类传感器数据进行远程采集，并以各类图形化展示和显示，对各类传感器数据进行分析、评估，进行实时监测实时评价，当监测到地下车站、隧道结构发生异常时，及时给出预警，如图 3-31 所示。

2）智能监测系统技术构架

围岩及结构智能监测由单一的洞周收敛监测扩展为多角度的围岩及结构的变形与受力监测，做到了数据及时采集、分析、反馈、预警。智能监测系统为多层架构体系，分为用户界面、处理核心、数据结构底层、数据处理层、数据库层，共由数据采集模块、数据管理模块、曲线绘制模块、结构安全性评价模块、设备管理模块和用户管理模块六大模块构成，如图 3-32 所示。

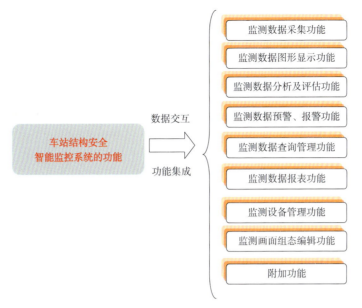

图 3-31 监测系统的功能

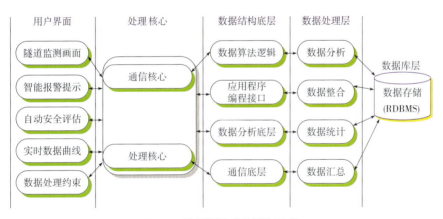

图 3-32 隧道围岩智能监测技术架构

3.2.5 防灾救援系统的智能设计

京张高铁新八达岭隧道全长 12010m，为单洞双线隧道；八达岭长城站为三层三纵的地下暗挖高铁车站，地下建筑面积达 3.6 万 m^2，轨面埋深 102m，旅客提升高度 62m，是目前国内埋深及提升高度最大的高速铁路地下站。该车站层次多、洞室数量大、洞型结构复杂、交叉节点密集，是目前国内最复杂的暗挖洞群车站，防灾疏散救援难度极大。

1）防灾救援硬件系统的设计

针对八达岭长城站的特点，土建工程设置有救援廊道、紧急出口、消防水池、消火栓等基础设施。八达岭长城站还设置了专门用于救援的立体环形廊道。环形救援廊道连接左右线站台和进站通道，共有 5 个连接口，提供了紧急情况下快速无死角救援的条件。环形救援廊道如图 3-33 所示。

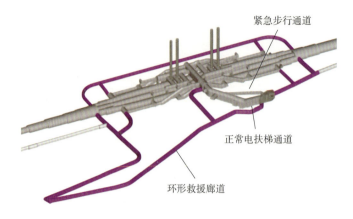

图 3-33　新八达岭隧道环形救援廊道

机电工程设置有应急通风、车站通风空调、火灾报警系统（Fire Alarm System，FAS）、环境与设备监控系统（BAS）、隧道防灾救援监控、隧道报警电话等硬件设施。

2）防灾救援软件系统的设计

地下车站各类监控、管理子系统众多，存在信息不集中、数据交互性差的问题，主要表现在以下几方面。

（1）各信息子系统众多，各司其职、相对独立，信息交互共享性差，存在"信息孤岛"。

（2）在防灾监测方面，没有集成和互联所有的防灾及预警信息。对防灾人员来说，防灾监测信息没有统一的汇聚点和一体化界面展示。

（3）在车站没有建立细化到防灾分区、分块的排烟、烟气控制、人员疏散的防灾预案。

（4）在防灾联动控制方面，防灾预案一般是文字和流程化管理制度，防灾预案范围较小，没有做到全程信息化、流程化。

（5）在防灾仿真培训演练方面，没有采用信息化的手段在灾害尚未发生前就做到各类灾害事件疏散和救援的仿真、推演。

鉴于八达岭长城站复杂的地下建筑结构，建立一个一体化防灾综合监控平台系统，实现与已有的各个防灾相关系统进行数据对接；研究深埋高铁地下站防灾救援联动控制预案，防灾仿真培训、应急事件演练非常必要。

整体设计思路是：八达岭隧道及地下车站防灾救援疏散的土建工程已很完善，完全能满足应急情况的需要，机电设备系统设置基本完备。应用于防灾救援的各系统独立设计，信息共享和协同控制能力差，强化设计旨在为提升八达岭隧道及地下车站的防灾疏散救援能力和效率，对现有防灾救援设施进行补强，通过新设防灾综合监控平台系统有效地进行运营安全监控，信息联动，制订信息化的防灾联动预案，全面提高防灾救援疏散智能化水平。具体内容如下所述。

（1）消防控制室功能强化设计。

在消防控制室原设计基础上，设置一套"基于三维可视化的防灾综合监控及仿真演练平台"（以下简称"防灾综合监控平台"）。把各类防灾信息进行了综合、集中、三维可视化展示，实现车站消防控制室的日常智能化综合监控功能；提升车站消防控制室灾害救援、疏散与联动控制响应的效率，可有效应对复杂结构的地下车站防灾问题。

（2）环形救援廊道增强设计。

环形廊道内补充设置广播系统、视频监控系统、诱导标识系统以提升防灾救援疏散时的系统能力；无线信号引入纳入公网覆盖工程统筹解决。

（3）中国铁路北京局集团有限公司（以下简称"北京局集团公司"）应急指挥中心系统扩容。

北京局集团公司既有应急指挥中心系统已经实现了局内各专业应急信息融合显示功能，可以保证各级领导在不影响正常行车指挥前提下，了解现场情况、科学处理突发事件。防灾综合监控平台监测及视频数据复示至北京局集团公司应急指挥中心系统，实现本系统与应急指挥中心功能的融合。

（4）防灾救援联动控制预案设计。

建立八达岭长城站救援联动控制预案，能够在灾害发生时科学指导防灾、减灾、疏散处置；实现站内防灾救援预案推演、疏散救援协调控制，提供站外救援车辆及人员指挥调度信息服务，并将科学的联动控制预案植入防灾综合监控平台系统。

（5）三维可视化防灾仿真培训、演练示范。

防灾综合监控平台提供车站三维可视化防灾仿真培训、演练示范功能，可有针对性地进行防灾仿真培训、应急事件演练，把复杂地下结构图形化、三维化，利用VR等技术，进行可视化的3D仿真培训演练。为了充分利用既有资源，该功能同时部署在车站消防控制室和北京局集团公司应急指挥中心。

系统强化设计过程中遵守如下原则。

（1）集成、互联的原则。

设在车站消防控制室的防灾综合监控平台为解决各防灾系统众多、分散、防灾信息不集中的问题，原有的各系统各自实现自身功能，防灾综合监控平台系统不取代原有系统。

（2）独立运行、融合统一的原则。

设在车站消防控制室的防灾综合监控平台系统独立运行，不干涉既有防灾救援疏散各系统工作；防灾综合监控平台系统作为北京局集团公司应急指挥中心系统的一个独立接入对象，与应急指挥系统有机结合。

（3）既有防灾管理模式不变的原则。

将防灾救援联动控制预案植入综合监控平台，使平台具备防灾联动协调控制能力，实现科学高效的防灾联动应急机制。

（4）资源共享原则。

充分利用已有的应急资源，将演练、培训功能同时部署在北京局集团公司应急指挥中心，共用大屏、培训席位等资源。

3）防灾综合监控平台设计

（1）系统集成互联方案

防灾综合监控平台系统对各相关既有系统的接入可分为集成、互联、界面集成三种方式。

集成是将某系统的全部或部分设备、功能纳入综合监控平台系统中；互联即与某系统通过数据接口、硬线接口连接，获取数据或测控信号，综合监控平台系统并不包含互联系统自身的设备及功能；界面集成即将某系统的人机界面功能纳入综合监控平台系统中，界面集成不含被集成系统的现场级设备、后台设备，仅包含被集成系统的部分人机界面功能。

借鉴目前国内轨道交通综合监控系统设计经验，可对监控机理相似的系统采用深度集成方式进行设计，即环境与设备监控系统（BAS）可以集成到统一的监控平台上，作为综合监控系统的一部分，同时保留 BAS 单独子系统设备作为应急备用。

防灾综合监控平台与既有各系统的集成与互联关系分为两个部分，分别是与车站级控制系统集成互联关系（表3-4）和与调度所既有系统集成互联关系（表3-5）。

与车站级控制系统集成互联关系　　　　表3-4

序号	既有系统名称	系统功能简介	集成与互联关系
1	综合视频监控系统	综合视频监控主要包括：车站视频、环形通道及周边视频，通过高清摄像机对车站、环形通道等进行视频实时监控。平台对各种视频流进行统一编码压缩，能够进行流媒体转发、解压上墙，对外提供视频流服务	界面集成
2	BAS 系统	在车站设置保障正常运营的照明设备、通风空调设备、给排水设备、安全门系统、自动扶梯等机电设备。实施这些系统和设备相互间有序联动控制和监视	集成
3	FAS 系统	通过设置现场的火灾探测器，感知火灾发生、自动监测、自动判断、自动报警，实现火灾早期预警和通报。FAS 系统主机能够与气体灭火主机之间联动，与门禁系统联动，与电梯联动，在火灾确认后能够进行灭火及自动控制	界面集成
4	广播系统	属于客站智能大脑系统中的子系统，主要满足防灾综合监控平台在各类应急事件情况下，对车站各广播进行应急事件联动发布、诱导通知等	互联
5	综合显示发布系统	属于客站智能大脑系统中的子系统，主要满足防灾综合监控平台在各类应急事件情况下，对车站 LED 信息屏进行应急联动诱导发布，还包括对环形救援廊道的进出人、车流控制发布日常与应急发布诱导等。这些诱导和发布控制均在防灾联动预案的统一指挥下，针对分时、分块、分区发布不同诱导信息	互联
6	客站应急管理系统	属于客站智能大脑系统中的子系统，满足防灾综合监控平台应急情况的集成监视与联动需求。通过该系统互联，实现应急值守、应急资源、监控预警和应急处置流程等管理与监测数据共享。在应急情况下对该子系统站内设备提供协调控制建议和方案，做到设施统一调度，实现车站应急的一体化指挥与处置	互联
7	客站设备智能监控与能源管理系统	属于客站智能大脑系统中的子系统，实现对站内运营环境、设备运行状态、能效消耗情况等数据进行实时监测，对客站环境、设备故障、预警报警进行监测，应急情况下能够综合各类信息及客站作业信息，对客站设备提供协调控制建议和方案，平台接入部分设备运用和维护的管理数据	互联

续上表

序号	既有系统名称	系统功能简介	集成与互联关系
8	车站智能感知系统	满足防灾综合监控平台互联要求，接入该系统的统计、分析、预测站内旅客人数、聚集密度数据，实现非法入侵、异常聚集与扩散等异常行为的智能化分析、评价与决策等数据	互联
9	隧道防灾救援监控系统	八达岭隧道设置防灾救援监控系统对防灾通风风机、正洞两端消防泵、正洞和斜井的照明等设备进行监控	界面集成

与调度所既有系统集成互联关系 表 3-5

序号	既有系统名称	系统功能简述	集成与互联关系
1	自然灾害监测系统	实现风、雨、雪、异物侵限等信息的监测、预警	互联
2	地震监测预警系统	实现地震信息的监测、预警	互联
3	隧道报警电话系统	系统主要利用在高铁隧道内设置报警电话、报警主机等设备，实现消防控制室与隧道内的应急双向通话功能	界面集成

与车站既有系统的集成与互联采用网络互联方式。将各系统作为一个完全独立的系统考虑，各系统设有专用的服务器、工作站和组网设备，通过局域网联网技术，与防灾综合监控平台系统互联，以实现跨系统间的集成。

防灾综合监控平台采集调度所既有互联系统的防灾类报警数据、监测数据，其互联方式为：配置通信采集服务器，设置专门网络通道和安全防火墙，既有子系统能够向采集服务器报送数据，八达岭长城站防灾综合监控后台服务器从采集服务器读取数据，设置"一进一出"机制，防灾综合监控平台与既有系统之间不能访问，充分保障安全性。八达岭长城站防灾综合监控后台服务器得到数据后向车站系统转发数据。

防灾综合监控平台系统与车站、调度所各相关子系统的接口以采用原有系统的接口标准为原则，设置交互通信采集服务器，优先采用与各系统服务器/软件系统进行对接。数据的接口、通信协议以原有系统厂家为准，接口可以采用数据库、网络通信、Web Service 等多种方式，各系统厂家需要提供综合监控平台系统所需要的各类数据。

防灾综合监控平台除了与既有系统进行集成互联之外，新增北京局集团公司应急指挥中心复示终端、廊道视频监控系统、廊道广播/诱导标识以及仿真培训演练系统 4 个子系统及相关硬件，并集成全部功能，具体见表 3-6。

防灾综合监控平台新增子系统 表 3-6

序号	新增子系统	系统简要功能
1	北京局集团公司应急指挥中心复示终端	在调度所应急指挥中心设置八达岭长城站防灾综合监控的复示终端工作站，能够满足路局日常对长城站的全方位数据综合监控，在灾情情况下站内情况进行全方位掌握，提供防灾救灾参考。分别能够进行防灾综合监控数据、视频数据的应急中心监测
2	廊道视频监控系统	环形廊道增加摄像机设备，进行视频监视及远程监控
3	廊道广播/诱导标识	环形廊道增加广播设备，进行引导通知，增加静态引导标识，给救援指挥提供路线引导

续上表

序号	新增子系统	系统简要功能
4	仿真培训演练系统	建立3D仿真培训演练系统，可实现对日常与突发事件的各类仿真演练功能模拟，提前做到对防灾情况事前联动预案及处置培训、演练。车站消防控制室、调度所应急指挥中心均设置工作站，服务器设置在防灾综合监控机房

（2）系统构成

为八达岭长城站消防控制室新设防灾综合监控平台，系统后台服务器等设备安装在防灾综合监控机房，前端显示级工作站设备安装在消防控制室内，系统构成如图3-34所示。

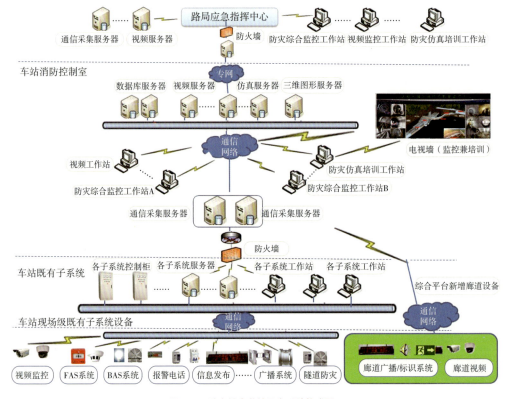

图3-34 防灾综合监控平台系统构成图

防灾综合监控平台设置在车站消防控制室，机房内的设备包括2台通信采集服务器、2台数据库服务器、1台视频管理服务器、1台三维图形管理服务器、1台仿真培训服务器和1台网络广播控制主机。通信采集服务器用于采集既有系统服务器、既有系统平台/控制柜数据，环形廊道新增设备由通信服务器直接与设备进行信息采集；数据库服务器用于防灾综合监控平台系统的数据库存储；视频管理服务器用于车站、隧道视频码流标准化，转码/流媒体服务、视频分发服务；三维图形管理服务器用于提供3D和GIS数据后台服务；仿真培训服务器用于防灾综合监控仿真培训系统的后台数据处理与服务；IP广播控制主机用于对救援通道广播的控制及信息发布。

在北京局集团公司应急指挥中心设置防灾综合监控复示工作站、视频监控工作站、仿真培训工作站、通信采集服务器和视频管理服务器各1台，负责与站消防控制室进行数据采集和通信，所需传输通道由通信数据网提供。

北京铁路局应急指挥中心网络是"基于网络的键盘、视频、鼠标（KVM）延长器系统"，目前该系统接入了各专业业务系统。将防灾综合监控平台系统作为一个专业业务系统接入应急指挥中心，实现平台系统与应急指挥中心的有机结合。

（3）防灾联动控制预案设计

八达岭长城站预案按照正常运营和紧急事故两种情况下控制的不同，主要分为正常运营预案、维修养护预案、一般事故预案和重大事预案四大类。

正常运营预案包括在日常运营中的节能控制，包括白天和夜间、高峰时段和非高峰时段。维修养护预案包括为维护正常运营的车站日常维护和维修，包括土建结构的巡检和机电设备的维修和维护。一般事故预案包括：列车晚点、区间堵塞、车站乘客过度拥挤、道岔故障、列车故障、沿线系统设备故障等条件下的处置。重大事故预案通常包括车站内发生的火灾、地震、出轨、相撞、爆炸、恐怖袭击、不明气体等涉及人员紧急疏散的突发事故的处置。

相对于正常运营来讲，任何一种突发事件的发生与发展都有复杂的背景和内在联系，因此，对各类突发事件，即一般事故和重大事故的处理和预案编制都应考虑到各个系统、各个要素之间的内在规律、机理、群发和伴生特性，以及突发事件在时间和空间上的变化规律等方面的内在联系。通过制订防灾联动控制预案，并植入综合监控平台，可以在应急状态下实现人流智能指挥、引导，设备智能运营管控，提升防灾疏散救援的能力。

（4）防灾仿真培训演练系统设计

防灾综合监控平台系统采用三维可视化仿真培训软件系统和3D虚拟仿真技术相结合，系统将场景虚拟出来，通过数据采集、数据转换、数据接入等方式在三维场景中进行定位、呈现，并可实现互相转换和生成。用户可在真实的虚拟场景中查看到应急事故的发生点、事故状况、事故等级、事故详情等，并可一键获取该事故地点周围的最佳救援单位，实时展现当前的应急处置情况、车辆运输情况、应急部署情况等。

在应急演练仿真系统中主要包括预案训练模式和突发事件训练模式两种，预案训练模式是指受训者按照预案规定的内容，各司其职，完整地按照预案执行救援的全过程。突发事件训练模式就是在训练的过程中，由系统操作人员进行干预操作，比如：突然设置一次"火灾"、突然增加客流量等等。突发事件训练模式主要训练参训者的反应和指挥能力。

4）八达岭长城站防灾疏散救援强化设计成效

京张高铁八达岭长城站在铁路工程中提出灾害提前预警、人流安全疏散、重大灾害及时救援的地下车站防灾疏散救援技术，形成防灾预案，并植入软件平台，达到联动控制、统一指挥、联合救援的效果。构建了三维可视化防灾综合监控信息化平台的演示软件，如图3-35所示，平台采集各个车站系统的所有防灾预警、报警信息，集中展示、统一管理，对防灾类机电设备的数据进行实时监控，形成一个综合集成所有防灾实时数据的大平台。

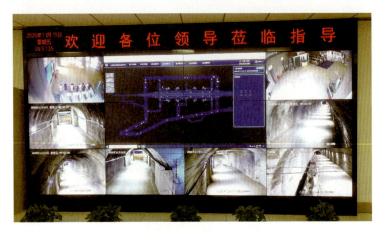

图 3-35　防灾疏散救援系统展示平台

防灾疏散救援系统的主要的建设成效如下所述。

（1）实现了原有系统的集成互联。

（2）把各类防灾信息进行了综合、集中、三维可视化展示，实现车站消防控制室的日常智能化综合监控功能；提升车站消防控制室灾害救援、疏散与联动控制响应的效率，可有效应对复杂结构的地下车站防灾问题。

（3）基于八达岭长城站和隧道群可能发生的突发事件的逃生、救援、多级处置模式分析，制订突发事件下的防灾救援联动预案及流程，结合信息化植入防灾综合监控平台，进行流程化的防灾处置，联动预案能够进行组态化的配置和调整，充分保证了突发事件的流程化、信息化处置。

（4）建立了3D仿真培训演练系统。

（5）采用三维可视化仿真培训软件系统和3D虚拟仿真技术相结合，系统将场景虚拟出来，用户可在视觉上真实的虚拟场景中查看到应急事故的发生点、事故状况、事故等级、事故详情等，实现对日常与突发事件的各类仿真演练功能模拟，提前做到对防灾情况事前联动预案及处置培训、演练。

3.3　地面车站（站房）智能设计技术

3.3.1　概述

京张高铁站房设计均采用BIM技术辅助方案设计、方案深化、管线深化及检查、净高分析、装修展示、漫游模拟等，其中清河站工程难度最为复杂，除高铁站房使用功能外，还兼顾地铁换乘及城市联通等功能，车站结构形式多样组合，站内设备管线系统复杂繁多。本节以清河站为例进行描述。

3.3.2 站房设计现状

目前站房设计大多采用 CAD 二维设计，通过对站房周边环境及站房本身功能需求进行平面布局，再通过剖面图、立面图、节点大样图等进行剖析描述。辅助软件及 BIM 技术在国内铁路领域的应用尚处于起步发展阶段，在行业内依然没有进行大规模地应用，其中 BIM 技术利用最多、相对成熟，BIM 最初就是从工程设计软件开发的过程中出现的概念。这些年我国在建筑行业利用 BIM 技术解决设计、施工等技术问题的应用上取得了长足的进步。但通过对 350 家设计与施工企业调查，国内各地区 BIM 与业务高度融合应用的比率分别为华北地区 28%，华南地区 26%，华中地区 23%，华东地区 17%，西南地区 10%，总体来看使用率并不高。

3.3.3 多目标方案生成辅助设计

1）软件研发背景

清河站方案推导过程需要综合考虑既有高速公路、既有城市轨道交通和既有建筑等狭窄用地条件下、对跨线式站房的多方面影响因素，方案设计之初的构思阶段便暴露了应用传统方案工作流程在本项目多项限制因素条件下的局限性，主要表现在以下方面。

（1）多种初始设计概念情况下缺少功能、间距等需求的定量比较（除美学、体验等主观影响因素外）。

（2）多次的方案对比使设计人员发现每个概念方案的方向都没有充分发挥其潜力，这表现在对方案落实后的缺陷理解并不全面。

（3）各项方案由于人工建模的考虑并不详尽，导致最终方案的选定往往是局部优化选项，或缺失、弱化了部分不利因素。

因此，在这一设计和理论短板的基础上在 Bentley 平台进一步开发了针对清河站（跨线式铁路站房）设计早期方案阶段基于多目标遗传算法的体块生成软件，并在研发早期提出了以下阶段性目标。

（1）提出一种在跨线式站房设计过程中实现多目标遗传算法的算法框架，并在清河站早期建筑方案阶段进行模型推敲。

（2）讨论多目标遗传算法在设计决策过程的早期方案阶段提供设计反馈的潜力。

（3）在这次软件开发中，根据软件开发过程探讨其在铁路站房方案早期阶段的潜力和局限性。

2）外部现状梳理

总体来说，站房工程非常复杂，特别是在周边环境复杂的情况下，需要考虑和协调的专业较多，需要根据复杂的条件进行不同工况的模拟，将大量的数据进行演算，以得到比较合适的评价参数，达到比较优的方案选择（图 3-36、图 3-37）。

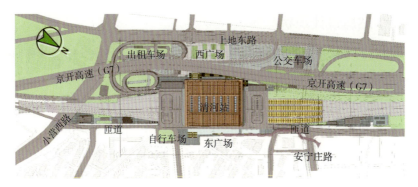

图 3-36 清河站平面现状示意

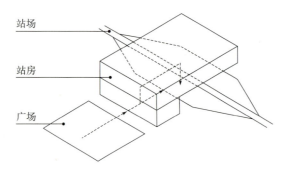

图 3-37 跨线式站房功能及流线布局

既有限制因素的数据化梳理如下所述。

（1）内部条件（红线内）

①站房站台层跨线区域纵断面面宽及净高——站场专业提资。

②轨行区直线段区间里程——站场专业提资。

③清河站用地红线南北端头里程。

④站房西侧进站大厅东西向进深区间。

⑤站房各层层高区间及总体高度控制。

（2）外部条件（红线外）

① G7 高速与站房退距。

② G7 高速与站房间的采光问题。

③东侧既有建筑影响下的站房东侧高度。

④下穿道路影响下的站房生成里程区间。

3）软件工作框架研究

软件工作框架如图 3-38 所示，在本次工作框架中，深色部分标识子模块用于清河站设计实验。模块中的白色背景代表了子模块在工作框架中的潜力，但并未添加到设计实验中。模块的数量、参数和细节可能根据设计的环境和范围而变化。

4）运算成果综述

多目标遗传算法和动态模块化框架的使用有助于建立与铁路设计领域相关的设计经验，并且结果的数字化特征可以避免传统设计方法依赖经验获取设计概念的方式。特别是在铁路高架站房设计过程的早期阶段，动态模块化的多目标遗传算法（Multi-Objective Genetic Algorithm，MOGA）框架有潜力探索设计的可能性，并在有限的时间内为设计者提供获取数据和满足设计要求的快速反馈。

软件 V1.0 操作界面如图 3-39 所示。

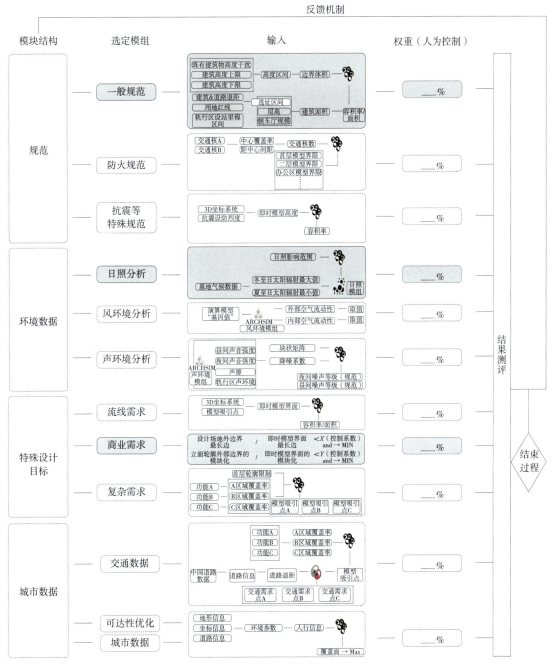

图 3-38 软件工作框架

图 3-39　软件 V1.0 操作界面

3.3.4　BIM 技术在站房设计中应用

1）区域化建模

清河站 BIM 项目全专业建模，依据专业设计内容采取不同形式的单元划分形式。在同一坐标下通过模型区域进行工点划分，最终进行模型总装，这样划分有利于在大型项目中快速建模，便于协同设计，减轻计算机数据处理等。

铁路站房建筑具有功能分区明确，各分区属性形体特色不同，分区间独立组合成整体站房的特点。因此，不同于普通民用建筑以楼层分级方式，站房建筑专业以站房功能分区为依据，划分独立设计单元，如车站候车厅、售票厅、办公设备区、出站通廊及站台等；每单元再按墙体、屋面、楼地面、门窗等构造层次进行子级单元划分，各构件再细分为基层、面层、防水、保温、踢脚等细部。建模完成后，按照以上依据对各单元赋予 IFD 编码及相应非几何信息。

清河站根据建筑体结构形式及模型需求共分为 17 个工点，具体内容见表 3-7。

清河站划分工点表　　　　　　　　　表 3-7

序号	部位	工点名称	序号	部位	工点名称
1	站房	高架候车厅	10	站房	东下沉广场
2		高架平台	11		西下沉广场
3		预留商业、设备区	12		出站下沉广场
4		设备夹层	13		B1 层售票厅
5		西站前平台	14		快速进站厅、出站厅及出站通道
6		西进站大厅	15		地下车库
7		东站前平台	16		地下办公、设备用房
8		地铁付费区	17	站台	站台层
9		城市通廊			

各专业根据换分原则同样进行 17 个工点划分，并最终完成模型总装（图 3-40）。

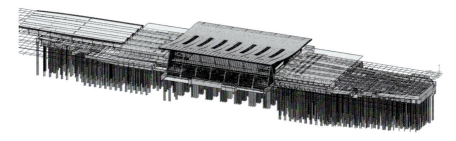

图 3-40　清河站 BIM 总装模型

2）设计优化

（1）管线深化设计

清河站的设备管线系统繁多，易出现管线之间或管线与结构之间的碰撞问题，造成施工的麻烦，引起返工及其他安全隐患。基于 BIM 技术的管线深化设计能将施工团队各专业工程师与设计团队分工合作，解决设计中存在的问题，迅速对接、核对、相互补位、提醒、反馈信息和整合到位。在施工前期有效解决设备管道空间问题，避免在施工阶段发生冲突而造成浪费，有效提高施工质量，加快施工进度，节约成本，如图 3-41 所示。

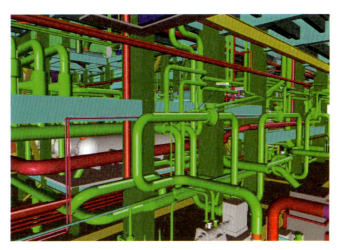

图 3-41　管线深化设计

（2）净高分析

清河站的管线交叉密集复杂，通过 BIM 技术，能够在虚拟的 3D 环境下直观地发现各专业构件之间的空间关系是否存在碰撞冲突，并可通过软件自动检测出碰撞点的位置、数量等相关信息（图 3-42）。这样便可针对这些碰撞点进行设计调整与优化，不仅能及时排除项目施工环节中可能遇到的碰撞冲突，显著减少由此产生的变更申请单，还降低了由于施工协调造成的成本增长和工期延误。

（3）站房精装

清河站作为大型铁路综合交通枢纽，规模大，复杂程度高，建成后人流量大，对精装的效果尤为关注。通过精装专业 BIM 施工深化设计，对室内装饰工程设计图纸具体构造方式、工艺做法和最终施工安排，通过 BIM 精装模型进行优化，保证深化后施工图纸完全具有可实施性，对室内装饰工程的精确施工，使建筑室内空间的各项功能和装饰效果满足业主要求，如图 3-43 所示。

图 3-42　碰撞检查图

图 3-43　清河站精装效果

3）碰撞检查

通过使用 BIM 综合管线设计功能，可以利用软件布置并查找模型中综合管线的所有撞点，出具碰撞检查报告，可较好地解决传统二维设计下无法避免的错、漏、碰、撞等现象。根据结果，对管线进行调整，从而满足设计施工规范并符合维护检修空间的要求，优化设计，减少设计变更，如图 3-44 所示。

图 3-44　清河站房 A 区的三维综合管线整体模型

4）漫游展示

通过对清河站进出站路径，安全逃生路径，办公环境放置进行方案模拟，使得站房使用率得到最大程度利用（图 3-45）。例如，在车站内的漫游模拟应用中，通过模拟原设计方案的乘客进出站，发现安检机和行李安检机不同向的问题，原方案容易造成乘客和行李分离，高峰期可能扰乱安检秩序。

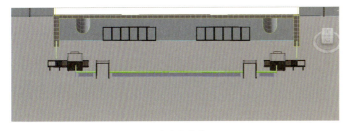 

a）方案优化前　　　　　　　　　　　　　　b）方案优化后

图 3-45　漫游模拟后方案优化前后对比图

5）应用成效

京张高铁站房智能设计采用 BIM 技术，形成了集建模、分析检测、模拟、数据集成等工作为一体的三维建筑信息管理工程，在施工运维平台前提下，这项工作可覆盖工程设计、深化设计、施工管理乃至后期运营管理的建筑全生命周期。

从 BIM 技术的广泛应用层面上，本次设计包含从建筑、结构、设备到内外装修、屋面、雨棚等专项设计。

从 BIM 分析检查和模拟层面上，本次设计通过分析检查提升设计品质，解决实际问题。通过模拟，直观展示项目施工各环节流程，可以为指导和管理施工进度提供参考依据。

从 BIM 协同设计展示层面上，本次设计利用协同设计平台实现了便捷的项目管理、协调、内容浏览及信息共享。

# CHAPTER 4
>>> 第 4 章

通信智能设计
THE INTELLIGENT DESIGN OF THE TELECOMMUNICATION

通信网是智能高铁的神经网络。在京张高铁通信设计中，设计单位采用 BIM 技术，首次在铁路一体化综合视频监控系统中将综合视频与专业视频进行了整合，优化了视频监控系统与铁路各专业具体业务的融合，促进了铁路视频大数据应用的研究与落地。实现了京张高铁全线无缝北斗高精度定位，建设了基于北斗的各类智能应用系统。设计了国内首条高铁隧道公网 5G 覆盖试验段，实现了全球首创的时速 350km 高铁隧道公网 2G～5G 全覆盖，突破传统设计，打造"双铁共建共享"典型案例。这些创新性设计，极大提升了高速铁路通信的智能水平。

4.1 概述

智能高铁采用云计算、物联网、大数据、人工智能、BIM 等先进技术，通过信息的全面感知、安全传输、融合处理和科学决策，打造智能车站、智能列车、智能线路，实现旅客智能出行、铁路智能运输。作为承载所有信息传送的通信网，需将智能高铁感知采集到的各类信息实时传送、泛在互联，全面支撑智能运输、智能运营等铁路场景。

通信网由承载网、业务网、支撑网和通信线路四大部分组成，其中承载网和支撑网选择的技术方案与传统高铁保持一致。考虑到京张高铁站、车、线路上各项信息化服务及监控系统将全面提升，作为承载所有信息传送的通信传输系统，在总体带宽及接入需求上会有很大提高。京张高铁构建了骨干层、汇聚层、接入层的三层组网结构，骨干层采用了 OTN 光传送网技术组网，打造了高可靠、大带宽、广覆盖的信息传送平台。业务网方面将传统综合视频监控系统升级为一体化综合视频监控系统，采用了云节点和云存储等新技术；同时增加了北斗示范应用、八达岭长城站智能防灾疏散救援及 5G 公网覆盖等工程，整体通信系统构成如图 4-1 所示。

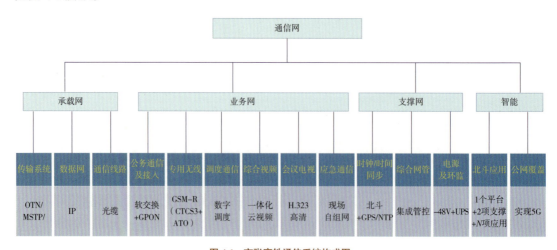

图 4-1 京张高铁通信系统构成图

4.2 一体化综合视频监控系统设计

4.2.1 综合视频监控系统现状

铁路综合视频监控系统是铁路运输指挥、生产作业及公安保卫的重要手段，也是铁路行车设备的重要组成部分。综合视频为铁路运输生产、抢险救灾等提供实时图像信息，同时为打击盗窃铁路物资、破坏铁路设施等违法犯罪活动提供证据。铁路视频系统涵盖了车务、机务、工务（及道口办）、车辆、公安、信息等诸多专业，监视内容与运输生产、调度指挥和行车安全密切相关，主要监控区域包括车站、重要机房（含通信、信号、信息、牵引供电及电力）内外、重点线路、桥梁、隧道、分界口等，为铁路各部门业务正常开展及服务保障提供了有力的技术支持手段。近年来，随着铁路综合视频监控系统的深化应用，相关业务部门对系统的需求不断增加，要求不断提高，既有视频监控系统由于建设时间不同，资源及功能分散且缺乏统一规划，难以满足各业务部门的实际应用需求，存在的问题主要包括：

（1）综合视频监控系统未充分吸纳专业视频监控系统资源，视频业务融合一体化能力不足。铁路视频监控系统分为综合视频监控系统和专业视频监控系统。其中，综合视频监控系统主要覆盖高铁车站及沿线区间，部分铁路局也将个别普速线路纳入了综合视频监控系统；专业视频系统主要覆盖各动车所、部分存车场及站段生产场所等区域。各类型线路、综合与专业监控分隔，导致视频资源不能共享，给用户使用带来不便。

（2）总体架构层级过多，串行化特征明显。当前铁路综合视频监控系统主要采用 IP-SAN 的连接方式，存在架构不够扁平、单点故障多、扩展不灵活、设备间无法进行负载均衡等问题，影响系统可靠性及利用效率，存在进一步简化和优化的空间。

（3）缺乏统一规划，维护管理困难。因铁路视频监控系统的建设年代、建设主体不同，采用的标准各异，造成系统层级多、节点分散、存储设备可靠性差等问题，使得可管理性、可维护性差，加大了网络安全防护的难度。运维管理入口过多，导致管理工作散布于多处，运维工具与手段参差不齐，运管数据无法进行统一集中，无法开展运管优化评比、大数据分析工作，缺少开展智能运维、统一运维的架构基础。

针对上述情况，京张高铁针对目前铁路视频监控系统应用中存在的各类问题与不足，开展一体化综合视频监控系统应用研究，实现铁路视频业务的统一应用、统一管理、统一呈现和统一防护，显著提升铁路视频业务的运用水平，促进视频监控系统易用性、可管理性、可维护性、安全性及经济性的进一步提升。

4.2.2 京张高铁一体化综合视频监控系统设计

1）系统架构

（1）系统总体架构

伴随视频监控技术的不断发展和成熟，京张高铁综合监控视频系统按照"平台一体化、架构扁平化、前端定制化、运管智能化"目标构建京张高铁视频监控一体化平台，提升智能应用水平。北京局集团公司区域节点和国铁集团核心节点按照《铁路综合视频监控系统技术规范》（Q/CR 575—2017）的相关技术标准构建，为了满足一体化综合视频监控系统与既有网络的互联互通，京张高铁对区域节点和核心节点暂未进行改造，对本线的视频节点采用云平台＋云存储的方式进行升级，其总体架构如图4-2所示。

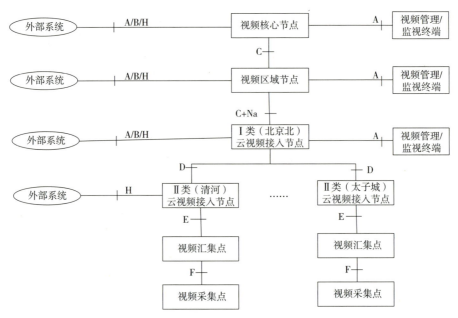

图4-2　京张高铁综合视频监控系统平台架构

（2）视频云业务逻辑架构

京张高铁综合视频监控系统一体化平台采用软件定义思想来进行逻辑架构设计。通过软件定义的方式，将分布于路局范围内的，各个接入节点，构造融合成一个逻辑统一、灵活高效、弹性扩展、灵活分布的一体化视频监控平台。通过一体化平台进行资源整合，通过统一标准的调用接口，对外提供多样化、定制化的应用服务。为了实现铁路综合视频监控一体化平台的设计目标，结合一体化平台的技术特点，一体化平台需要通过云计算技术实现，云计算的虚拟化、资源集中管理、弹性分配等特征非常契合一体化平台的逻辑需要。

京张高铁综合视频监控系统一体化平台逻辑架构如图4-3所示，分为接入层、设备层、服务层、应用层、展示层五个部分。

①接入层实现了各种视频信息、事件信息、报警信息等的结构化归纳抽象，并接入到平

台进行统一管理、组织和调度。接入设备包括网络摄像机、DVR、CVR、编解码设备、智能分析设备等。

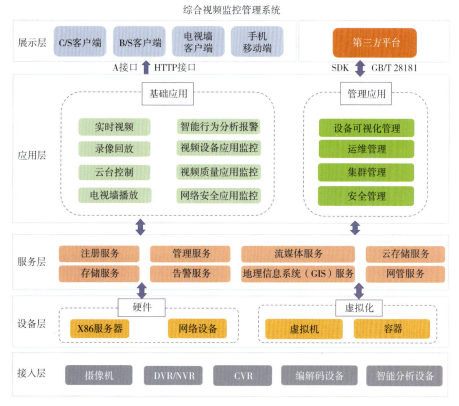

图 4-3　京张高铁综合视频监控系统一体化平台逻辑架构

②设备层包括用于底层计算的硬件设备和虚拟设备，为服务层提供目标资源。

③服务层是软件平台系统的核心，采用高性能的微服务、组件、智能引擎和管理工具，为应用层提供基础服务、管理服务。同时按照所提供的服务来管理、组织、调度服务资源。

④应用层给用户提供基础专业化、个性化综合管理的应用服务，提供实时视频、录像回放、云台控制、电视墙播放等基础应用，提供设备可视化管理、运维管理、集群管理、安全管理等管理应用。

⑤展示层是用户层和应用层之间的桥梁，支持多种客户端模式，支持不同的业务应用。可以为客运组织、指挥抢险、乘客疏散、治安维稳、反恐突处等提供完整的监控服务和高效的办公手段。

采用软件定义思想设计的铁路综合视频监控系统一体化平台既能支持云存储，也能支持传统的文件系统存储。可以针对铁路目前网络建设状况，在平台逻辑架构设计过程中，灵活地选择部署方案，可以实现与既有《铁路综合视频监控系统技术规范》（Q/CR 575—2017）技术条件中规定的三级架构兼容和无缝对接，也具备云平台的功能特性，保持向后兼容。

2）云视频的特点

①动态路由：摄像机导入后仅需挂载分组目录即可实现摄像机接入。

②负载均衡：能有效集成业务系统入口，负载业务流量，提升集群可用性。

③在线扩容：云系统服务及存储可实现在线添加，动态扩容，不影响业务的正常运行。

④故障恢复：云系统服务及存储发生故障时，服务自动接管，存储自动迁移，录像及视频无任何影响。

⑤支持多协议：支持《公共安全视频监控联网系统信息传输、交换、控制技术要求》（GB/T 28181—2016）、HTTP、RTSP、ONVIF、视频铁标。

⑥可视化运维：可以实现对软、硬件系统状态的一体化监控。

3）云视频云能力

（1）视频数据全局共享

视频数据的全局共享可以加强各节点之间的协作，提高了作业的运行效率。同时，视频数据的统一管理也方便用户统一管理，并简化了应用系统的开发。

（2）海量数据高效管理

支持能够在单个目录下高效管理海量文件的云存储系统，能够提供每秒数万个的视频检索效率。系统支持拍字节（PB）级及以上，单个文件的大小对存储性能无影响。

（3）视频数据读写性能

云视频系统通过云存储系统节点设备，能提供并行的数据存取服务，以满足大量前端摄像机的并发存储需求。通过数据在存储节点集群中的条带化分布，实现高效、全面的负载均衡功能，充分利用硬件和网络的性能，发挥出最高进出吞吐量（IO 吞吐量）。

（4）系统可扩展性

视频云系统可以支持动态的扩展云存储容量，而无须中断应用的运行。用户可以通过视频云系统的配置工具动态添加存储节点设备以扩大系统的容量和规模，而且随着存储设备数据的增多，整套系统的聚合带宽也会线性增长，完全可以满足业务不断发展所产生的容量和性能需求。

4）视频采集点设计

（1）综合视频采集点

摄像头均采用 1080P 高清摄像机，视频编解码技术采用 H.264 协议，但预留升级为 H.265 的条件。线路区间按照《关于发布设计时速 200km 及以上铁路区间线路视频监控设置有关补充标准的通知》（国铁集团建设〔2016〕18 号）的要求设有区间线路巡视摄像机。区间线路巡视摄像机能够覆盖路基、路基和桥梁结合部以及长度 6km 以上的桥梁等区段。为合理控制投资费用，区间线路增设的摄像机充分利用基站铁塔进行安装，在各 GSM-R 移动通信铁塔上各安装 1～2 台长焦距激光高清 IP 摄像机（1080P）和 1 台红外一体化球型高清 IP 摄像机（1080P），挂高距轨面 15～25m，不同的监视距离可采用不同焦距的摄像机。

除线路区间外，京张高铁在重要场所，如隧道口、咽喉区、区间基站/中继站/直放站室外、桥梁疏散通道等区域进行辅助监控,提升安全防范的效率和视频监控的价值。

区间巡视及重点监控区域摄像机均具备行为分析功能。焦距750mm摄像机满足覆盖距离单侧不小于1.5km,焦距350mm摄像机满足覆盖距离单侧不小于800m,焦距100mm摄像机满足覆盖距离单侧不小于200m,球形摄像机满足铁塔下盲区的覆盖要求。激光摄像机和红外摄像机具备云镜控制和防抖动功能,采用的补充光源应无红曝,摄像机成像器件的有效像素不低于1920×1080。接入视频汇聚点超过90m的摄像机采用FE(o)接入,90m范围内的摄像机采用6类网线接入。

(2)专业视频采集点设计

①沿线作业门监控采集点。

将沿线作业门状态实时监控系统视频纳入综合视频监控系统,每处沿线作业门的外侧设置视频监控摄像头由通信专业设置,安装位置结合作业门吊杆安装,沿线作业门系统通过与综合视频监控系统Ⅰ类节点互联实现联动功能。

②接触网及供电设备地面装置采集点。

按照《接触网设备视频监控装置暂行技术条件》(工电函〔2017〕24号)文件要求,在接触网分相、牵引变电所上网点、隔离开关处新设视频监控装置进行监测。通信专业根据接触网专业需求,在相关处所设置视频监控终端。按照国铁集团工电部的要求,接触网专业与北京局集团公司供电处共同确定了接触网视频监控装置设置的数量和位置。

沿线上跨电力线处所利用综合视频监控系统摄像机进行监控。接触网分相、隔离开关处的摄像机采用变焦距式摄像机,分辨率为1080P;摄像机应配备不低于10倍光学变焦镜头;摄像机应具备夜视功能;接触网设备视频监控装置安装位置如图4-4所示。

图4-4 接触网设备视频监控装置安装位置

③其他专业视频采集点。

除上述专业视频外,站房公共区、票务视频、智能感知、安检视频、动车所视频前端摄像机均由信息专业设置并纳入综合视频监控系统统一存储和管理。

5)视频节点设计

(1)视频区域节点设计

利用北京局集团公司既有的视频区域节点设备,负责本线范围视频信息的调用、分发/转发、系统管理、用户管理和与其他系统互连等,并可对节点内的告警信息、重要视频信息进行存储。对既有区域节点设备互联互通平台(增加接口服务器、管理、分发服务器及相应软件等)进行扩容。与云视频节点的接口标准采用《铁路综合视频监控系统技术规范》

（Q/CR 575—2017）。

（2）视频节点

视频节点设计采用云平台+云存储的云视频节点。采用相对集中部署方案，将动车所、东花园北、宣化北、延庆站接入的摄像机接入邻近的车站视频云，全线共部署8朵云。

（3）视频云存储

云存储是一种高可用、高可靠、可横向扩展的数据存储系统，是以软件整合网络系统内多个计算节点的存储资源，向用户提供具有单一文件接口的数据存储服务。云存储可将实时视频流接入应用服务器，通过应用服务器进入云存储资源池，由云存储设备对存储资源池空间按负载均衡分配。当存储空间不足，需扩容存储容量时，云存储扩容不影响既有存储业务。当一块硬盘故障、一台云存储设备故障时，均可以将视频流存储到本地其他硬盘或其他云存储设备上。云存储结构如图4-5所示。京张高铁一体化综合视频监控平台采用云存储方案。

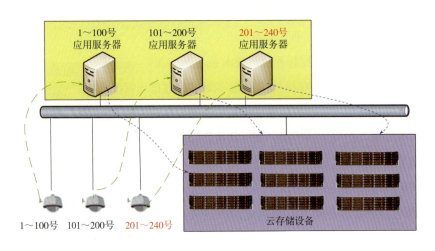

图4-5 云存储结构示意图

6）京张高铁一体化综合视频监控系统接入铁路数据服务平台

北京局集团公司综合视频监控区域节点提供2台一体化安全网关用于视频数据交换，并具有网络安全防护能力和负载均衡能力对外提供VIP地址；同时提供2台消息接口服务器用于视频资产数据交换。使用安全网关可以对外使用私有网际互连协议（IP），保护综合视频网IP不直接对外暴露。主数据中心的数据服务平台提供2台前置机用于获取北京局集团公司铁路综合视频监控系统的元数据和视频流数据。所有数据交换均由数据服务平台前置机发起请求。网络逻辑结构如图4-6所示。

7）防灾系统与综合视频互联

在北京局集团公司调度所灾害监测中心部署边界防火墙、接口服务器、接入交换机等设备；综合视频区域中心部署视频安全网关、交换机等设备；通过在调度所敷设2条光缆线路，形成冗余网络连接，如图4-7所示。

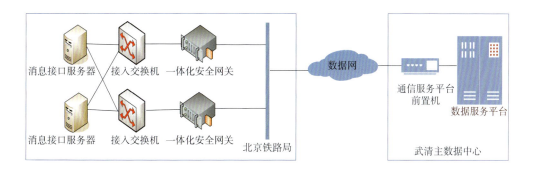

图 4-6　综合视频系统网络逻辑结构

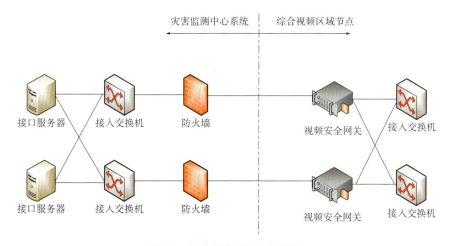

图 4-7　防灾与综合视频互联拓扑图

灾害监测系统在数据网中使用一个虚拟专用网络（VPN）号，综合视频系统在数据网中使用另一个 VPN 号，防火墙用于灾害监测网络边界的安全隔离和网络地址转换。

视频安全网关集成了防火墙和视频网关属性，具有视频网络边界的安全隔离和网络地址转换，同时具备视频接口服务的能力进行系统交互。

◎ 4.2.3　京张高铁一体化综合视频监控系统建设成效

京张高铁一体化综合视频监控系统首次将综合视频与专业视频进行了整合，并采用了云平台+云存储的系统架构工程，有力推动了铁路视频监控系统的发展与技术进步，优化了视频监控系统与铁路各专业具体业务的融合，拓展了视频系统的应用范围与应用深度，促进了铁路视频大数据应用的研究与落地。通过视频一体化统一模式，探索了视频智能分析及智能运维应用，为提升业务智能化、自动化水平提供保障。基本上形成了以视频为核心的应用框架体系，丰富了铁路视频业务的内涵。其主要的工程效果如下：

（1）通过一体化视频监控系统平台整合软硬件资源，实现资源共享，方便统一管理与运维。

（2）提出了一套满足用户要求的且符合当前实际的一体化综合视频监控系统体系架构。

（3）积极探索了云计算、云存储、人工智能等新技术在一体化综合视频监控系统中的应用与融合，并取得了一定的成果。

（4）借助于新技术，一体化综合视频监控系统的可靠性、可扩展性、易用性等关键特性具有了显著的提升。

（5）为提升视频数据价值，发挥视频监控系统价值，积极配合大数据中心开展数据分析与挖掘工作，进行探索与创新，为其他线路视频系统大数据应用提供样板与参照。

（6）基本形成了以视频应用为核心的总体框架体系，促进了视频应用规范化、标准化、体系化，为智能高铁智能运营提供良好的支撑作用。

4.3 京张高铁北斗示范应用

4.3.1 京张高铁北斗示范应用背景

北斗卫星导航系统（以下简称"北斗系统"）是我国着眼于国家安全和经济社会发展需要，自主建设、独立运行的卫星导航系统，是为全球用户提供全天候、全天时、高精度的定位、导航和授时服务的国家重要空间基础设施。北斗三号系统已完成全球服务核心星座部署，服务性能全面升级，进入"产业化、规模化、大众化、国际化"全面发展新阶段。我国交通、民航、电力、国土资源等关键行业领域已广泛应用北斗系统，北斗系统的经济效益和社会效益不断显现。截至2020年末，全国铁路营业里程达到14.63万km，高铁营业里程达到3.79万km。在铁路网规模不断扩大、高铁大量投产、列车开行数量尤其是高速列车大幅度增加、自然环境和治安环境更为复杂的情况下，运输安全面临的风险不断加大，急需在安全领域开展技术创新。同时，党的十八大以来，习近平总书记对国家卫星导航深度发展做出了一系列重要指示，明确国家卫星导航的方向、目标、任务和途径，北斗系统应用于铁路能够很好地实现军民深度融合。

2018年初，国铁集团组织开展面向全路的卫星导航应用调研及北斗卫星导航应用需求分析，涉及工务、电务、机辆、供电、运输、工程建设、房建及其他等领域，对铁路北斗卫星导航的高精度定位、短报文、授时等均提出明确需求。同年12月，国铁集团科技和信息化部对铁科院编制的《铁路北斗应用服务平台总体技术方案》进行评审，为北斗系统在铁路的应用奠定基础。

2020年1月17日，《铁路北斗综合试验环境建设方案》完成专家评审，明确了铁路北斗综合试验环境的总体建设目标、系统设计、建设方案及建设规划等内容，为后续设计及建设工作奠定了基础。

京张高铁北斗示范应用是智能京张的重要组成部分，是京张高铁运营与安全的基础保障条件之一。依托铁路北斗应用服务平台，为京张高铁提供全天候、全天时、高精度的定位导航、同步授时和短报文通信服务；通过北斗铁路地基增强网络播发差分信息，为各专业应用提供高精度位置服务；通过高精度定位，实现通信铁塔的倾斜监测，有效预防安全风险隐患；通过北斗短报文通信与天通卫星构建的应急通信网络，在应急情况特别是极端灾害与重大事故导致地面网络不可用时确保有效通信，实现列车与人员装备的应急调度指挥；配置北斗高精度智能作业终端，实现施工及维护上道作业人员实时定位、监控、轨迹回放，保障作业人员安全；配置基于北斗的基础设施监测系统，对沿线基础设施实现实时连续监测，为线路安全增加保障，为铁路现场维护相关部门提供辅助决策手段。

4.3.2 京张高铁北斗示范应用设计

京张高铁北斗示范应用包含"1个平台、2项支撑、N项应用"。依托铁路北斗应用服务平台，以北斗铁路地基增强网络、北斗铁路隧道覆盖增强系统为基础支撑，通过施工及维护上道作业人员监控系统、铁塔倾斜监测应用系统、基于北斗的基础设施监测系统、应急通信系统、时间同步及监测系统等多种应用实现京张高铁时空信息的综合监控。

京张高铁北斗示范应用总体架构如图4-8所示。铁路北斗应用服务平台为京张高铁提供全天候、全天时、高精度的定位导航、用时和短报文通信服务；通过地基增强系统播发差分信息，为各专业应用提供高精度位置服务；将卫星信号引入隧道等遮蔽区域，消除人员车辆定位盲区；通过配置高精度移动作业终端，实时监控施工及上道作业人员的位置信息，提前发布安全预警信息，保障人身安全；通过实时动态的位移监测，实现通信铁塔的倾斜监测、桥梁变形监测、路基沉降监测、隧道仰坡监测，有效预防安全风险隐患；通过天通卫星构建的应急通信网络，在应急特别是极端灾害与重大事故导致地面网络不可用时确保有效通信，为应急调度指挥提供有效支撑。

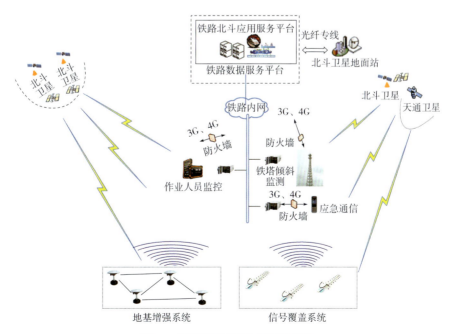

图4-8 京张高铁北斗示范应用总体架构

1)铁路北斗应用服务平台设计

铁路北斗应用服务平台(以下简称"北斗平台")是以北斗卫星导航技术为支撑,以铁路勘察设计、工程建设、运营维护等北斗应用为服务对象,提供位置服务、授时服务、短报文通信服务的信息化基础平台。

北斗平台是一体化信息集成平台中数据服务平台的重要组成部分[《铁路信息化总体规划》(国铁集团信息〔2017〕152号)],平台统一提供高精度位置服务、授时服务、短报文通信服务,统一管理铁路北斗应用设备,全面支撑北斗卫星导航系统在铁路应用。

北斗平台采用集中式部署,部署于中国铁路主数据中心。根据北斗平台的定位,其功能包括高精度位置服务、授时服务、通信服务、在网设备管理、运营管理和系统管理六部分,如图4-9所示。平台需与主数据、地理信息平台、观测站等通过接口互通,并为终端提供高精度位置服务接口、为业务应用提供短报文服务接口。北斗平台架构如图4-10所示。

图4-9 北斗平台功能

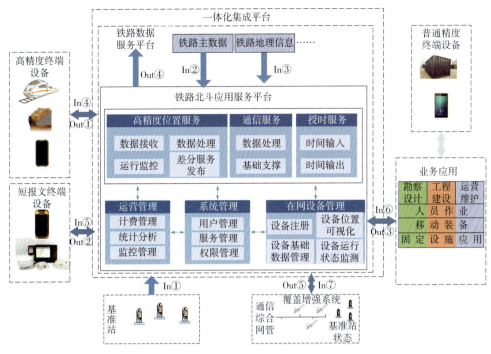

图 4-10 北斗平台总体架构

铁路北斗应用服务平台运行环境包括服务器、存储等硬件设备及操作系统、数据库等必要的支撑软件。目前系统的硬件设备及支撑软件纳入中国铁路主数据中心资源池,由其统一提供。

2)北斗地基增强系统

北斗地基增强系统是北斗卫星导航系统的重要组成部分,是国家重大的信息基础设施,用于北斗卫星导航系统增强定位精度和提供完好性的服务,是在一个系统内集成米级、分米级、厘米级和后处理毫米级四类高精度服务。京张高铁北斗地基增强系统由若干连续运行观测站(以下简称"观测站")、数据通信网络、数据处理中心和用户应用服务子系统组成,系统架构组成如图 4-11 所示。

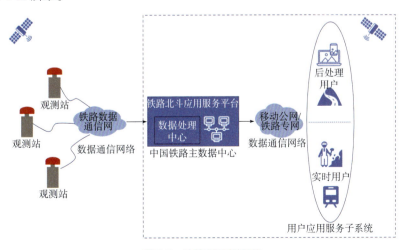

图 4-11 地基增强系统架构

各子系统的定义与功能见表 4-1。

北斗地基增强系统各子系统的定义与功能 表 4-1

子系统名称	主要工作内容	设备构成	技术实现
观测站	北斗观测站是地基增强系统的数据源；负责 BDS（B1/B2/B3）、GPS（L1/L2/L5）、GLONASS（L1/L2）、GALILEO（E1/E2/E5a/E5b）北斗卫星信号的捕获、跟踪、采集与传输；设备完好性监测	单个观测站［含全球导航卫星系统（GNSS）接收机、天线、不间断电源(UPS)、网络设备、防雷设施等］	京张高铁观测站子系统建设在沿线车站附近，共 8 个观测站
数据处理中心	主要实现观测站数据的获取、数据管理、数据解算、数据发布、系统运行监控、信息服务、网络管理、用户管理等功能	服务器、网络设备、数据通信设备、电源设备、数据处理软件等	由铁路北斗应用服务平台统一提供
数据通信网络	把观测站北斗/GNSS 观测数据传输至数据中心	有线网络	铁路数据网
	把系统差分增强信息传输至用户	无线网络/有线网络	移动网络/铁路专网
用户应用服务子系统	用户根据自身需求，可向北斗应用服务平台申请服务，得到授权后可享用相应等级的高精度差分服务	北斗/GNSS 接收设备、数据通信终端、软件系统	米级导航用户、区域厘米级精密定位、事后毫米级精密定位

观测站设置的点位均符合以下要求：

（1）距离易产生多路径效应的地物（如高大建筑、树木、水体、海滩和易积水地带等）的距离应大于 200m。

（2）应有 10°以上地平高度角的卫星通视条件；困难环境条件下，高度角可放宽至 25°，遮挡物水平投影范围应低于 60°。

（3）避开采矿区、铁路、公路等易产生振动的地带。

（4）应顾及未来的规划和建设，选择周围环境变化较小的区域进行建设。

（5）为保证信号接收质量，观测点位距离观测室距离不宜超过 100m。

结合上述观测站选址要求，京张高铁北斗地基增强观测站选址在沿线北京北、沙河、八达岭西线路所、东花园北、怀来、下花园北、宣化北、张家口南，共计 8 个站点。

观测站一般由观测、数据传输、供电、防雷等设备组成。观测站设备组成及连接关系示意图见图 4-12。观测站接收机等设备直接连接至路由器。

观测站室内设备利用通信机械室既有 UPS 供电，各观测站设置接入路由器设备 1 套，接入铁路内部服务网，实现与中国铁路主数据中心北斗应用服务平台共网运行。

3）北斗铁路隧道覆盖增强系统

（1）系统原理

系统的核心为导航信号模拟，能够完成卫星轨道仿真、卫星钟差仿真、电离层延迟仿真、对流层延迟仿真、地球自转效应仿真、相对论效应仿真、地面大气参数仿真以及用户轨迹仿真等，实时产生与卫星导航系统同步、一致的射频信号。

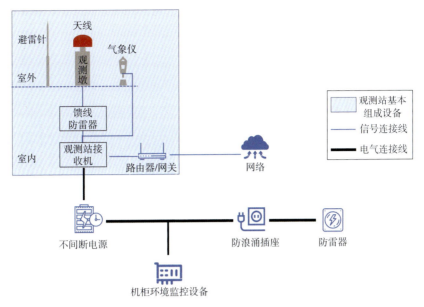

图 4-12　观测站设备组成及连接关系示意图

如图 4-13 所示，覆盖增强系统数学仿真技术包括涉及卫星导航系统信号与信息生成的卫星导航系统空间段数学仿真、环境段（传输段）数学仿真和用户接收段数学仿真三个部分：完成北斗、全球定位系统（GPS）等导航系统星座和轨道数据仿真，生成星座卫星的轨道数据和卫星钟数据；完成用户轨迹数据仿真，按指定的用户轨迹模型生成仿真用户的坐标轨迹数据；进行空间环境参数仿真，能够生成空间环境包括电离层延迟、对流层折射和多路径延迟对信号传播的影响参数。同时卫星导航系统空间段数学仿真需要根据星座和轨道、空间环境、差分与完好性等信息生成下行导航电文信息；需要根据卫星轨道、空间环境参数、地面站坐标、用户轨迹以及观测模型，实时生成地面站和用户接收机的观测数据以及星地、站间时间同步数据，观测数据包括伪距、伪距变化率、多普勒频移、载波相位等信息，最后根据上述信息生成导航信号由发射天线广播。

（2）系统构成

京张高铁北斗隧道覆盖增强系统包括网管系统、管理单元、基准单元、中继单元、避雷系统以及配套天线、感应模块和线缆。系统组成示意如图 4-14 所示。

网管系统主要由服务器、中心交换机、客户端等组成，通过铁路数据传输通道与布设在隧道内的基准单元相连，实现对基准单元所属链路系统设备的监控和管理。同时，网管系统可通过标准接口将设备状态等信息上传至铁路通信综合网管系统及铁路北斗应用服务平台等。

管理单元、基准单元设置在隧道入口，中继单元按一定间隔布设于隧道两侧的侧壁或洞室内。某一个中继单元发生故障时，不影响系统其他设备正常工作和提供服务。在传输通路故障时，系统通过网管系统发出故障告警。

洞口基准单元接收北斗卫星导航信号进行时钟驯服，并将驯服后的时钟进行传递，各级中继单元都需对链路零值进行补偿,以保证与基准单元时间同步。因此,一个基准单元可以串接多个中继单元,且都可以保证其完全同步。

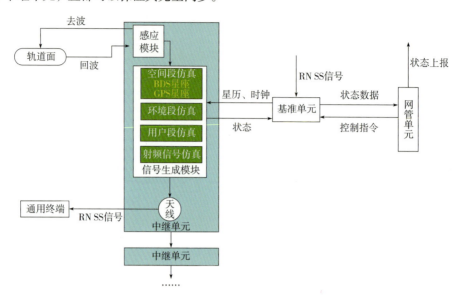

图 4-13　隧道覆盖增强系统原理示意图

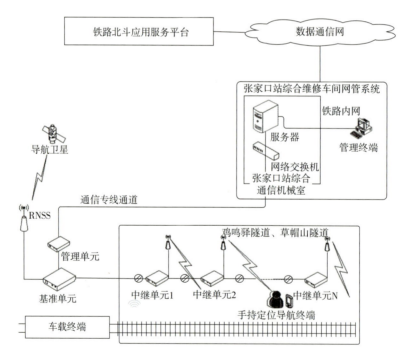

图 4-14　隧道覆盖增强系统构成示意图

一个通信链路需布设的终端主要包括基准单元、中继单元及配套天线和线缆。由于系统需要依据机车运行方向和速度完成速度补偿及北斗覆盖信号的发送,因此,不同来车方向需分别布设一条链路,每条链路需在来车方向布设独立的基准单元和管理单元。京张高铁隧道上、下行方向洞室内分别布设了一个通信链路,以实现对隧道内卫星信号遮蔽区的北斗卫星导航信号的覆盖。

（3）系统功能

京张高铁北斗隧道覆盖增强系统在铁路沿线隧道封闭区域形成全天候的北斗增强信号全覆盖，实现无实星信号环境下通用终端快速定位等功能，主要包括：

①静态模式人员定位功能。静态工作模式适用于对静止或缓慢移动的人员、设备进行定位。

当中继单元中的感应模块没有被触发时（默认速度 $v \leqslant 5\text{m/s}$，可根据需要设置），各中继单元按静态轨迹仿真场景进行信号播放，坐标为各单元安装位置的标定坐标。

②动态模式机车定位功能。动态工作模式适用于对以一定速度（默认 $v > 5\text{m/s}$，可根据需要设置）进入隧道的列车车载终端进行定位。

当隧道内区域有列车进入时，会触发中继单元中的感应模块，感应模块会将探测到的速度、位置等多普勒信息反馈至中继单元的信号生成模块。此时，中继单元根据所探测速度按动态场景进行仿真，仿真轨迹起止点为本单元标定坐标位置到下一单元标定坐标位置，各中继单元依次触发，以防止误差累计。为了保证信号能够被有效接收，信号频率进行多普勒补偿。

③机车感应与模式切换功能。系统具备静态、动态两种工作模式，静态模式实现人员定位功能，动态模式实现机车定位功能。机车进入隧道覆盖区域内时，系统能实时感知，自动从静态模式切换到动态模式。

（4）现场设备配置

京张高铁选择鸡鸣驿隧道（全长 4890m）和草帽山两座隧道（全长 7350m）进行部署，其中鸡鸣驿隧道为时速 350km 的隧道，草帽山为长大隧道，更具备覆盖系统部署扩大试用的意义，充分验证列车在长大隧道中高速运行条件下的系统可用性。

在单洞双线隧道场景下，管理单元、基准单元、中继单元及播发天线、感应模块安装在隧道内，卫星接收天线安装在隧道外，以上设备器件均采用分体式壁挂安装方式，保证重量分散、减小墙壁受力。

具体安装布点原则如下：

①每条隧道上下行需各安装一套基准单元和若干套中继单元形成两条单独链路。

②基准单元需距洞口 50m 以内，管理单元与基准单元相邻安装。

③如靠近隧道口无综合避车洞室且不允许隧道壁挂装设备，可将北斗管理单元、基准单元安装在抱杆上，北斗接收天线通过线缆连接，安装在抱杆顶端，在避雷针 45° 保护范围内，感应模块安装在隧道壁，感应模块和中继单元通过线缆连接。

④基准单元与本侧同一链路中的第一台中继单元距离需保证在 50～100m 范围内。

⑤后续中继单元之间单侧间隔约 500m，中继单元上下行交叉间隔约 250m。

⑥优先选择隧道洞室安装，如洞室距离无法满足安装要求，需在隧道侧壁安装。

⑦每条链路最后一台中继如距离隧道洞口超过150m，需增加1套中继单元。

设备布点位置示意图如图4-15所示，设备安装位置示意如图4-16所示。

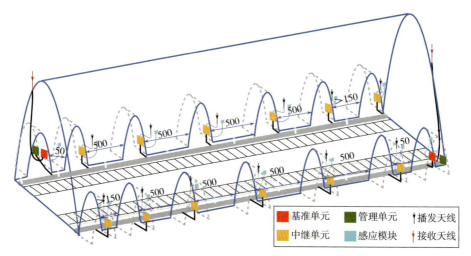

图4-15　隧道内设备布点位置示意图（尺寸单位：m）

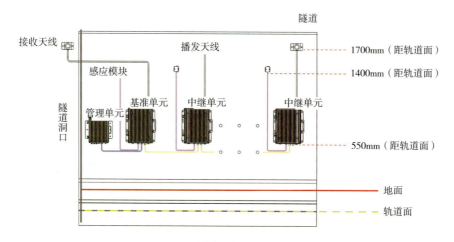

图4-16　隧道内设备安装位置示意图

（5）网管设备配置

根据隧道的所属管段，本工程将网管系统部署在张家口站综合维修车间，服务器设备安装在张家口站综合通信机械室。管理终端设备安装在张家口综合维修工区，通过铁路内部服务网与铁路北斗应用服务平台互联。

（6）系统组网

京张高铁北斗隧道覆盖增强系统隧道侧各管理单元采用主备2个FE（o）接口（带宽2M）接入就近基站传输设备，利用传输系统提供的通道接入邻近车站的数据网设备。

隧道侧管理单元与基准单元实时进行信息交互，隧道侧基准单元与各中继单元通过光纤组成链状连接，纤芯按照1+1冗余备份原则进行预留。网管系统通过管理单元对隧道侧基准单元进行在线监管和故障告警。

（7）供电与防雷

①电源系统。基准单元、管理单元及中继单元工作电压为交流电（AC）220V，设备最大功率不大于50W，每台主机正常工作电流小于0.5A。

②接地及防雷要求。设备采用$1×16mm^2$接地线就近接至综合接地端子。设备防雷措施应符合《铁路防雷及接地工程技术规范》（TB 10180—2016）的相关要求。

4）铁塔倾斜监测应用

（1）总体设计

依托北斗卫星导航系统，以北斗高精度监测技术为核心，在京张高铁沿线通信铁塔周围集成各类位置传感器，实时高频获取铁塔的位移数据，通过通信模块将各类位移数据发送回服务器，服务器根据已建成数据模型进行快速分析，并根据技术规范预设报警等级，根据不同的报警等级进行报警，将相关报警信息分发通知到相关人员；系统集成各类数据，可提前对铁塔的未来倾斜位移趋势做出分析，提前做好安全防范工作，为数字化京张高铁运营提供辅助决策信息，大大提高了京张高铁运营维护的信息化水平。

在京张高铁沿线54座通信铁塔建设基于北斗高精度定位技术的监测系统，监测系统依托于铁路北斗应用服务平台和铁路地理信息平台，并将监测数据回传至站段监测中心，进行预警信息发布。

（2）系统功能

根据《铁路通信铁塔监测系统技术条件》（国铁集团运〔2017〕23号）（以下简称《铁塔监测技术条件》）中对系统功能的要求，基于北斗的铁塔倾斜智能检测系统可以实现铁塔位移与垂直度监测、铁塔基础沉降监测、铁塔风速风向监测、温湿度监测、数据管理、可视化数据显示、数据分析与预警、GIS地图显示、台账管理等功能，下面分别进行介绍。

①铁塔位移与垂直度监测。铁塔位移与垂直度监测是基于北斗高精度定位实现的。借助北斗地基增强网络，位置固定的北斗接收机通过收集一段时间（数分钟）的定位数据，可得到高精度水平经纬度和垂直海拔数据，根据数据采集量和计算时间，其水平测量精度优于8mm，垂直精度优于10mm。

按照《铁塔监测技术条件》的要求，设铁塔高度为H，当铁塔位移超过$H/150$时要告警，位移测量精度要达到$H/1500$。铁塔垂直度表示为铁塔顶部偏移Δ与铁塔高度H的比值Δ/H，规定垂直度大于1/1000时要给出一般告警。3类不同高度铁塔位移分辨率及告警值见表4-2，4类不同高度铁塔垂直度告警值见表4-3。

不同高度铁塔位移分辨率及告警值　　　　表4-2

铁塔高度（m）	50	30	20
位移分辨率（mm）	33	20	13.3
位移告警值（mm）	333	200	133

不同高度铁塔垂直度告警值　　　　　　　　　　　表 4-3

铁塔高度（m）	50	30	20	10
Δ 告警值（mm）	50	30	20	10

北斗定位水平定位精度优于 8mm，垂直定位精度优于 10mm，因此，可以满足 20m 以上铁塔位移测量精度和 10m 以上铁塔垂直度测量精度要求。实际应用中，通过在塔顶、塔中和塔底安装三个北斗定位监测点，可以准确理解铁塔的形变和偏移趋势。垂直度计算时，由于铁塔结构是弹性结构，铁塔中心连线是一条曲线，可以通过塔底、塔中、塔顶两段直线的垂直度相对变化来表示铁塔的垂直度。

②铁塔基础沉降监测。通过在铁塔基础上安装北斗静态差分定位，测量精度可达 5mm，可以准确测量铁塔地基沉降变化，满足标准中对铁塔沉降的精度要求（表 4-4）。

铁塔沉降的精度要求　　　　　　　　　　　　　　表 4-4

铁塔高度 H（m）	基础均匀沉降重要告警（mm）	基础均匀沉降紧急告警（mm）
$H \leq 20$	200	400
$20 < H \leq 50$	200	400
$50 < H \leq 100$	200	400

③铁塔风速、风向监测。风速、风向测量采用室外型超声波风速风向传感器，风速监测范围为 0 ～ 60m/s，风向监测精度为 2°。

④温度、湿度监测。铁塔温度、湿度环境监测采用室外型温湿度传感器，温度监测范围为 –50 ～ +85℃，湿度监测范围为 0 ～ 100%。

⑤管理功能。由经过授权的安全网络接入时，能实现通信铁塔北斗监测系统的远程登录、远程访问、远程管理、远程控制和远程维护。

⑥可视化数据显示。如图 4-17 所示，系统可直观显示各项监测、监控信息数据的历史变化过程及当前状态，为通信线路安全生产管理人员提供简单明了、直观、有效的信息参考。

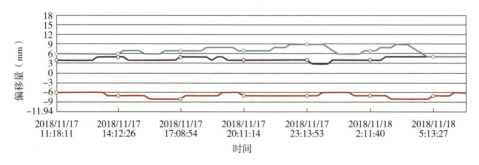

图 4-17　可视化数据曲线

⑦数据分析与预警。系统可对监测数据进行分析，并可以设置监测精度，设置风险区域，并对接近告警区域数据及时预警显示。

⑧GIS 地图。为了直观显示各铁塔的位置，系统提供线路铁塔站点的精确地理信息，采用离线 GIS 地图显示铁塔照片和相关铁路信息，可实现放大、缩小、查找、搜索等功能。

⑨台账管理。系统可登记、记录、查找、汇总管辖区段内的铁塔设施、监测设备和管理等信息，如铁塔属性、设备属性（生产厂家、产品编号、开通日期）、维护信息（维护内容、维护日期、维护人员等），可输出监控参数报表和曲线、日志报表、台账报表等。

（3）系统构成

铁塔倾斜监测系统由采集单元、监测单元、数据通信网络、铁塔监测服务器、管理终端等部分组成。系统架构如图 4-18 所示。

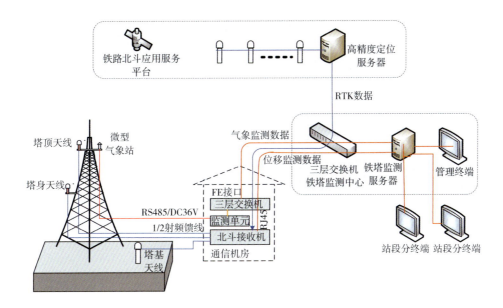

图 4-18 铁塔倾斜监测系统架构

（4）预警安全策略

铁塔倾斜监测系统采用三级预警策略，具体如下：

①一级预警值：水平方向上连续 5d 日平均位移速率超过 1mm/d 且位移方向基本一致；5d 累计位移超过 6mm、期间日平均位移速率超过 0.5mm/d 且方向一致并未见收敛。垂直方向按水平方向的 2 倍值控制。

②二级预警值：水平方向上连续 5d 日平均位移速率超过 1.5mm/d 且位移方向基本一致；5d 累计位移超过 9mm、期间日平均位移速率超过 0.8mm/d 且方向一致并未见收敛。垂直方向按水平方向的 2 倍值控制。

③三级预警值：水平方向上连续 5d 日平均位移速率超过 2mm/d 且位移方向基本一致；5d 累计位移超过 15mm、期间日平均位移速率超过 1mm/d 且方向一致并未见收敛。垂直方向按水平方向的 2 倍值控制。

④位移监测精度要求：水平 ±3.0mm，垂直 ±5.0mm。监测系统运行稳定后可将实际监

测数据报建设单位并对预警值进行重新计算和优化调整。

5）施工及维护上道作业人员监控系统

（1）系统原理

如图4-19所示，施工及维护上道作业人员监控系统通过接入铁路北斗应用服务平台获取高精度位置服务，通过移动公网收集智能作业终端位置信息，位置信息传输至作业人员监控系统，借助铁路地理信息平台提供的高精度地图服务，实时计算作业人员的位置，在出现危险源的情况下，实现预警报警功能。

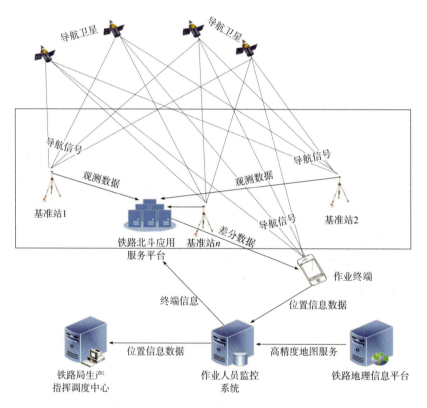

图4-19　施工及维护上道作业人员监控系统原理图

（2）系统构成

施工及维护上道作业人员监控采用铁路北斗上道作业人员辅助防护应用系统，以北斗高精度定位技术为依托，借助铁路地理信息平台提供的高精度地图服务来实现作业人员位置展示、位置监控和作业轨迹回放，利用便携式高精度移动作业终端实现安全预警、线路异常点、异常事件的时间位置追溯，实现巡线、维护及施工作业人员实时可视化，危险关系可量化，报警方式多样化、问责机制可溯化。同时，该系统通过共享列车定位信息、地面指挥信息、人员监控信息，形成车、地、人三位一体的协同防护机制，保障铁路运营维护系统的安全稳定运行。

京张高铁作业人员监控系统由智能作业终端，施工、维护上道作业人员监控软件及硬件，移动传输网络等部分组成。系统应用架构组成如图4-20所示。

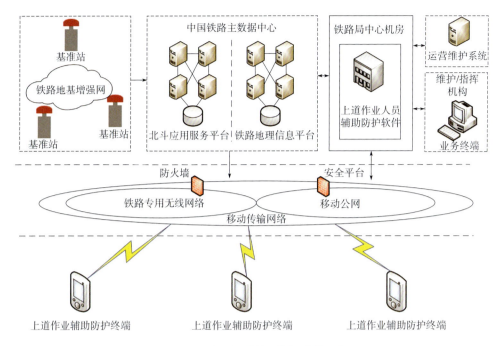

图 4-20　作业人员监控系统应用架构组成

作业人员监控系统部署于铁路内服网，智能作业终端通过移动互联网与系统进行数据通信和服务访问。北斗平台播发的高精度服务加密数据经由铁路计算机网络安全平台播发至智能作业终端。同时智能作业终端通过移动互联网，将作业预警数据发送至国铁集团级安全网关，经铁路内网和路局级、站/段级系统发生数据交互，实现统一的在网设备管理和运营管理。系统通过内部服务网接入铁路北斗应用服务平台及铁路地理信息平台，访问数据、获取高精度位置服务和高精度地图服务。作业人员监控网络架构如图 4-21 所示。

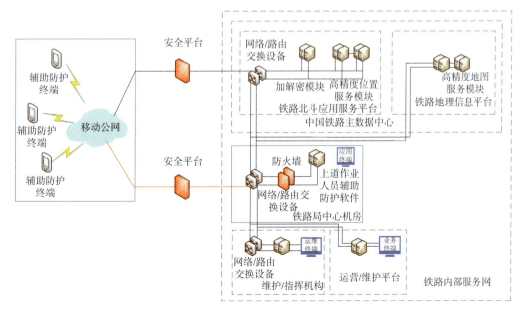

图 4-21　作业人员监控网络架构

(3)系统功能

施工及维护上道作业人员监控系统包括人员安全监控管理软件和铁路北斗上道作业人员辅助防护应用系统两部分。

人员安全监控管理软件具备地图展示、作业管理、大屏统计分析、预警信息管理、通信信息管理、人车用户管理、系统管理等功能。

铁路北斗上道作业人员辅助防护应用系统具备作业人员位置展示、作业人员实时监控、安全防护预警模块、作业人员统一管理、巡线/维护人员隐患上报、现场安全人员异常上报等功能。

(4)设备配置

①作业人员监控系统。

作业人员监控系统中心部署在昌平综合维修车间和张家口综合维修车间,其中,管理终端设备根据工务、电务、供电及通信专业的现场需求,安装在综合维修车间办公楼,系统服务器及相关硬件设备安装在昌平和张家口车站通信机械室。

系统的网络及接口应保证关键网络设备的业务处理能力具备冗余空间,满足业务高峰期需要;应保证接入网络和核心网络的带宽满足业务高峰期需要;应具备与铁路北斗应用服务平台的接入能力;应具备与铁路地理信息平台的接入能力;应具备与铁路生产调度指挥中心的接入能力。

②智能作业终端。

京张高铁设置昌平、张家口2个综合维修车间,全面负责京张高铁的线路桥隧设备、信号通信设备、牵引供电、电力给水设备维护工作。结合国铁北京局集团公司工务部、电务部、供电部实际需求,制订京张北斗示范应用终端配置原则为工务199台、电务45台、通信18台、供电55台,同时各专业按照5%设备冗余率及备品备件,全线共计334台。

智能作业终端为手持智能型移动终端,支持安卓移动操作系统,具备液晶显示屏幕,支持2G/3G/4G无线通信网络或铁路专用无线网络,支持北斗、GPS、GLONASS等多卫星系统高精度定位,支持接收北斗平台发布的高精度位置服务。设备具备开机自检与初始化功能,支持照相摄像、TF卡加密、蓝牙功能,支持集群对讲,支持通讯录设置、支持公网环境下软件单呼、组呼功能。设备电池常温时续航不低于8h,低温时不低于3h,具有防尘、防水、防跌落的等级要求,具备可拆卸背夹功能,便于上道作业人员携带。同时,设备具备加装UWB、RFID等预警防护装置扩展接口,可实现施工作业区域内作业人员的辅助定位及安全预警功能。

6)基于北斗的基础设施监测系统

(1)系统原理

基于北斗的基础设施监测系统主要面向隧道仰坡滑坡等的形变监测,采用北斗监测站作为技术手段,有效获得监测体的形变趋势信息,既能够保证监测的实时性和连续性,又能够保证高精度和自动化,为线路安全增加保障,并提供及时准确的灾害报警和预警功能,根据灾害严重程度采取相应紧急处理措施,减轻因灾害引发的损失,避免次生灾害,并为抢险救援、日常维护等工作提供数据基础。

(2)系统构成

基于北斗的铁路基础设施监测站系统由各类现场监测设备、移动传输网络、数据处理模块、运维终端等部分组成。现场监测设备实时监测的数据通过移动传输网络接入铁路北斗应用服务平台,由后端的基础设施监测数据处理模块进行数据分析处理并产生相应的预警与报警信息,并通过运维终端完成平台与现场人员的实时交互。系统组成如图4-22所示。

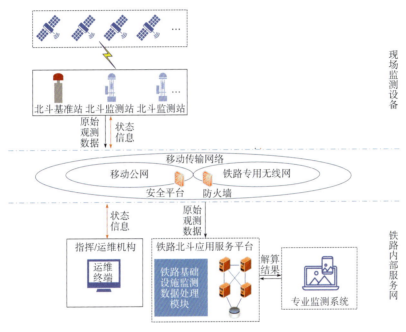

图4-22 基础设施监测系统组成

现场监测设备是基础设施智能检测的基础,主要是在仰坡等关键部位布设的北斗监测设备。

①北斗监测站。

北斗监测站设备安装时,需要在仰坡坡体制作钢筋混凝土基础墩、蓄电池预留坑及盖板。监测站采用太阳能蓄电池供电,蓄电池的后备时间不低于10d。北斗监测设备安装方式如图4-23所示。

②设备接地及防雷要求。

距离铁路综合接地系统垂直距离小于20m的设备设施均须接入铁路综合接地系统,采用$1 \times 16mm^2$接地就近接至综合接地端子。

距离铁路综合接地系统垂直距离大于20m时可不接入铁路综合接地系统,但应设置接地装置,其接地体应垂直铁路,并距离铁路综合接地系统不得小于20m。独立设置接地体时,要求室外设备接地电阻应不大于4Ω,特殊条件下,接地电阻不应大于10Ω。

设备防雷措施应符合《铁路防雷及接地工程技术规范》(TB 10180—2016)的相关要求。

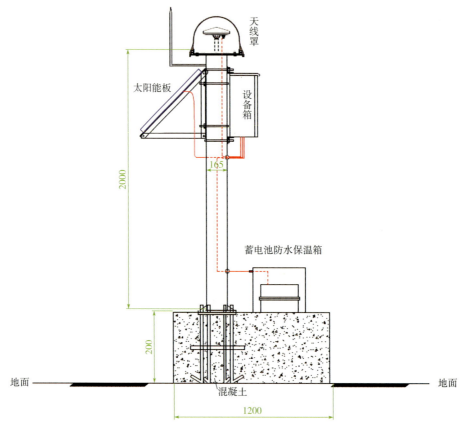

图 4-23　北斗监测站设备安装结构图（尺寸单位：mm）

（3）系统功能

基于北斗的基础设施监测系统采用分布式系统架构，结合物联网、大数据、云服务和数字视频等技术，可将系统结构分为五层，分别是监测层、数据传输层、数据汇聚层、数据处理层和应用层。系统总体结构图如图 4-24 所示。

基于北斗的基础设施监测系统包括各项监测数据的分析管理，建立形变阈值预警机制，自动管理监测点的位移形变情况，解决传统人工监测所不能完成的各项指标（监测频率低、人为误差大、人工成本高、效率低遇到极端天气无法获取关键技术参数、存在安全隐患无法避免）等诸多问题，为铁路的安全运营和信息化建设提供基础数据预警服务；其功能示意图如图 4-25 所示。

基于北斗的边坡监测系统通过测量坡体上监测点和基站的三维坐标，从而测出各监测点的水平位移和垂直位移变化情况；同时在地质条件较差的高边坡工点的代表性断面和关键位置，采用深部位移监测传感器进行自动化监测，实时监测路堑高边坡深部变形移动特征。

（4）典型基础设施监测工点设计

京张高铁利用京张北斗铁路地基增强网络提供的高精度服务对重点边坡、隧道仰坡等基础设施进行形变监测，在现场布设北斗监测设备。现场监测设备采集的原始监测数据先通过 3G/4G 公网传输至国铁集团网络安全平台，再利用铁路办公数据网传输至综合维修车间监测中心，进行数据解算处理、综合分析、集中展示及预警发布，系统部署架构图如图 4-26 所示。

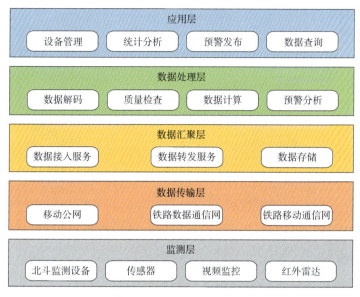

图 4-24　基于北斗的基础设施监测系统总体结构图

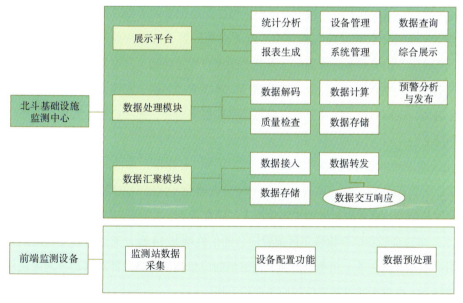

图 4-25　基于北斗的基础设施监测系统功能示意图

基础设施北斗监测中心部署在昌平和张家口车站，其中，管理终端设备根据工务专业的现场需求安装在综合维修车间办公楼，系统服务器及相关硬件设备安装在昌平和张家口车站通信机械室。

京张高铁沿线路堑高边坡数量众多，且地层岩性多以松散黄土和湿陷性黄土居多，部分区段有湿陷性黄土分布，在极端降雨工况下可能会发生滑动失稳等灾害。根据边坡地形地势和坡度大小，在地质条件差的边坡平台、坡体顶部的关键位置部署北斗监测设备。

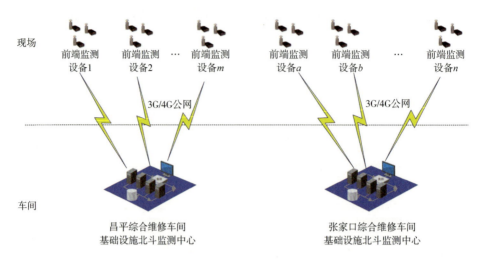

图 4-26　北斗基础设施监测中心部署架构图

7）应急通信

（1）总体设计

基于北斗卫星和天通卫星的应急通信应用是保证铁路安全运行的重要手段。根据铁路通信的实际情况，在路局既有应急通信系统中，增加天通卫星的应急通信方式。

目前北京局集团公司在应急指挥中心部署应急处置大数据智能平台及移动应用（APP），能够实现各级应急组织和事件现场应急人员之间进行快速联动，及时掌握现场情况，建立铁路移动应急平台，提供事件定位、乘客疏散路径、救援路径导航、资源查询、即时消息、语音对讲、视频直播、视频回传、图片上传、应急信息速报等功能，使应急处置人员可以第一时间掌握现场的情况。

利用天通卫星应急终端在不增加现有应急指挥中心建设工作的前提下，通过终端加装路局现有应急平台的移动 APP，实现与应急平台的数据交互，提升铁路应急通信系统的安全性、可用性和服务能力，以及应对极端灾害情况下的通信能力。

在京张高铁全线各综合检修工区配置应急通信终端共 14 套，通过移动互联网接入路局应急调度指挥中心，建立基于北斗卫星和天通卫星的应急通信网络。针对移动公网无法使用的极端灾害情况下，提供天通卫星通信的应急通信手段。

（2）应急通信终端功能

应急通信终端是为现场应急配备的设备，可借助天通卫星实现如下功能：

①导航定位功能：基于终端内置的北斗卫星模块，依托于铁路北斗应用服务平台，可获取高精度位置服务，实现现场应急人员的精准定位并在本机呈现实时位置。

②地面超短波数字集群对讲和辅助对星功能。

③地图服务功能：矢量地图、栅格影像、导航地图的显示，支持基于地图界面的信息在线支持与服务。

④语音通信功能：运营商公网语音通信、天通语音通信，能够发送/接收固定短信息及拨出/接听电话。

⑤多媒体信息采集与处理功能：支持高清晰照片和视频数据的采集和处理。

⑥用户交互功能：提供4英寸以上触摸彩屏，支持数字键盘与屏幕软键盘双重输入。

⑦支持APP定制，如一键报警、位置上报等功能。

（3）天通卫星功能

应急终端通过运营商网络的程控交换机呼叫应急中心的固定电话、也可通过三大运营商的移动通信网络呼叫普通移动电话；同时，应急中心通过公网电话也可呼叫应急现场的应急终端。短信通道类似于语音通信。天通手持终端都必备国际莫尔斯电码救难信号（SOS）功能，在终端上预先设定通信对方的信息，比如手机号码和文字信息类，在紧急情况下按SOS键，终端把当前的位置信息发到指定的号码上（此号码设定为北京局集团公司应急指挥中心的号码）然后拨通电话。整体流程如图4-27所示。

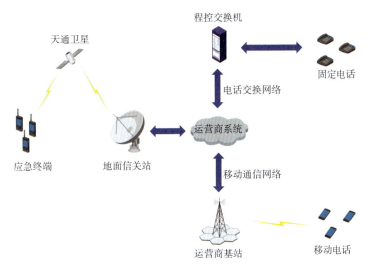

图4-27 语音通信流程图

（4）现场数据交互功能

基于北斗卫星和天通卫星的应急终端，通过安装北京局集团公司应急平台的移动APP，借助移动互联网可实现应急现场与应急指挥中心的数据交互，应急处置人员可以第一时间掌握现场的情况，实现各级应急组织和事件现场应急人员之间需要进行快速联动。整体流程如图4-28所示。

应急平台移动APP能够提供事件定位、乘客疏散路径、救援路径导航、资源查询、即时消息、语音对讲、视频直播、视频回传、图片上传、应急信息速报等功能。具体功能如下：

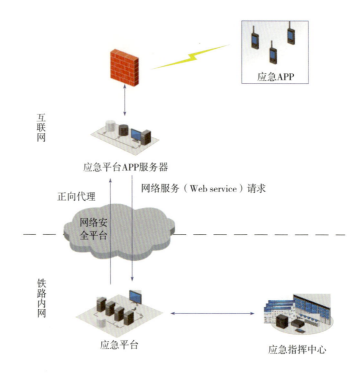

图 4-28　应急 APP 数据流程图

①地图展示。

APP 端展示北京局集团公司管辖范围基础地图、卫星地图，铁路工务、电务、供电、机务专业铁路要素地图。

②铁路资源检索。

APP 端提供对铁路应急资源、设备设施的检索查询；可以查询局管内任意线路的工务、电务、供电等专业资源；可以查询常用的如下资源：站段、车间、工区、通道门、作业门、桥梁、隧道、渠涵、公跨铁、铁跨公、油气管线、下穿管线、中继站、通信基站、变电所、分区所、AT 所、电分相等。

③路径导航。

默认事件点位终点，提供地图任意地点至事件点的路径规划；系统自动查询事发点最近的站段、工区位置，并规划路径导航至事件点最近的通道门；同时也显示当前的实时路况，便于应急人员选择最优救援路线；根据接收事件地点，规划至最近通道门路径。

④应急信息接收。

能够接受大数据智能平台发送的事件信息，应急响应后，即可定位事件地点；能通过 APP 进行接收中心发送的路线、指令和文件。

⑤现场信息回传。

可以通过 APP 上报事件信息，包括事件线路、公里标、事件概况等信息；实现事件现场上传图片和视频信息。

⑥视频直播。

能够通过现场视频直播提供现场实时图像至指挥中心，并通过现场视频实时掌握现场事件处置进展。

⑦应急通讯录。

提供应急通讯录，快速联系应急负责人员。

4.3.3 京张高铁北斗示范应用系统成效

京张高铁建设了地基增强系统，构建全线北斗地基增强网，建设了信号覆盖系统，将北斗信号引入车站和隧道等遮蔽区域，实现信号全覆盖、无缝定位，在此基础上建成了多个基于北斗高精度定位服务的应用系统并进行了示范应用。主要成效包括：

（1）实现了京张高铁全线无缝北斗高精度定位

通过京张高铁沿线构建地基增强网络实现了北斗高精度定位，通过构建北斗信号隧道覆盖增强系统实现了隧道内人员与列车的连续定位，从而实现了京张高铁沿线北斗信号的全覆盖、无缝高精度定位，为基于北斗的各类应用业务奠定了基础。

（2）建设了基于北斗的各类智能应用系统

基于北斗建设了铁塔倾斜监测应用系统，实现通信铁塔基础倾斜监测，有效提高铁塔维护监测能力；建设了应急通信系统，实现独立于地面网络的通信导航一体化，在应急特别是极端灾害与重大事故时确保有效通信；建设施工及维护上道作业人员监控系统，为作业人员配备高精度作业终端，实现上线作业人员的定位、监控及通信，有效保障安全、提高作业效率；建设了基于北斗的基础设施监测系统，开展实时动态监测，对隧道仰坡等基础设施进行长期监测，并提供报警和预警功能。

（3）提升了京张高铁的智能化水平

北斗卫星导航应用于铁路领域可产生巨大的经济效益，促进北斗本身基础产品、应用终端、系统应用和运营服务整个产业链的快速发展。同时，可提高铁路各领域监控管理水平，减少铁路安全事故，提升铁路服务质量，加强铁路市场核心竞争力，推动铁路快速发展。

4.4 5G 公网覆盖

5G 作为支撑经济社会数字化、网络化、智能化转型的关键新型基础设施，不仅能够传输更大规模数据，连接更大规模设备，并且速度更快，时延更低，可以为信息通信技术（ICT）基础设施提供更高效的连接能力，是人工智能、大数据中心等其他"新基建"领域的信息连接平台。因此，京张高铁的 5G 公网覆盖可以有效支撑智能京张的多元化应用。

4.4.1 京张高铁 5G 公网覆盖难点分析

在高铁隧道场景下，公网 2G ～ 4G 覆盖目前已有成熟的解决方案，即采用 13/8" 漏缆进行合路覆盖。但是，在公网 5G 覆盖使用的 3.5GHz 频段下，传统 13/8" 漏缆带来的百米传输损耗与耦合损耗会陡增，相比于 4G 公网覆盖使用的 1.8GHz 频段，信号损耗的增幅高达 17dB，无法实现有效覆盖。不仅如此，考虑到京张高铁为最高时速 350km 的高寒大风地区铁路，多普勒频带来的接收机解调性能恶化、站间切换频率增大、高寒型列车穿透损耗增加等，也都是公网 5G 覆盖设计过程中需要解决的难题。

由于没有铁路或通信行业的案例或经验可供参考，中铁设计经过研究比选，最终确定在隧道壁单侧贯通敷设两条具备分段耦合技术的新型 5/4" 漏缆的 5G 覆盖方案，着重优化 3.5GHz 频段的辐射性能。同时，还积极配合中国铁塔、中国联通、中国通号等单位，在京张高铁鸡鸣驿隧道共同设计建设了全国首条高铁隧道公网 5G 覆盖试验段，以掌握公网 5G 覆盖的第一手资料，确保设计方案准确无误。

4.4.2 京张高铁 5G 公网覆盖设计

1）无线网组成

京张高铁采用 "RRU ＋漏泄电缆" 或 "RRU＋天线" 的 5G 覆盖方式，使用铁路红线外的 BBU 作为信源，RRU 设置于隧道洞室内，以及隧道口场坪站钢杆上或铁路通信铁塔上，具备至少 4T4R 的输出端口配置。RRU 信号经直流（DC）阻断器后，直接馈入洞室两侧的四条漏缆实现隧道内的 5G 覆盖，连接示意如图 4-29 所示。

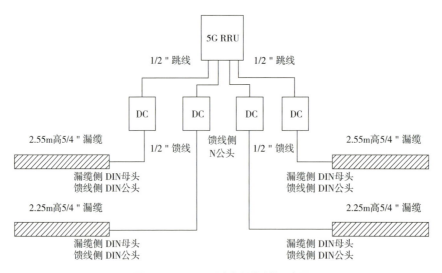

图 4-29　5G RRU 设备与漏缆连接示意图

根据运营商和铁塔公司确认的需求，鸡鸣驿隧道采用 5/4" 漏缆（支持 3300 ～ 3600MHz）双侧双缆方式进行 5G 信号覆盖。自隧道进口处，面向张家口方向右侧全部洞室采用 5/4" 漏缆贯通敷设的方式；自隧道进口处，面向张家口方向左侧前3个洞室采用5/4"漏缆断点（洞室两侧5/4"漏缆覆盖各180m，隧道进口至第一个洞室的距离为150m）方式覆盖，剩余洞室不增加信源点位且不做5/4"漏缆覆盖。为保证后续充分利用3.5GHz频段、兼顾未来无线承载需求，北京段全线隧道5G覆盖项目技术方案，按3400～3600MHz频段考虑，并采用5/4"漏缆双缆单侧贯通敷设方式进行5G信号覆盖，原则上与13/8"漏缆同侧敷设；河北段全线隧道5G覆盖项目（除鸡鸣驿隧道项目外）技术方案，按3300～3600MHz频段考虑，并采用5/4"漏缆双缆单侧贯通敷设方式进行5G信号覆盖，原则上与13/8"漏缆同侧敷设。

隧道5G公网覆盖工程各运营商覆盖系统及频率见表4-5。

隧道5G公网覆盖工程各运营商覆盖系统及频率   表4-5

序号	需要覆盖的通信制式	上行和下行频率范围（MHz）	备 注
1	中国电信5G（北京段）	3400～3600	使用双缆
2	中国联通5G（河北段）	3300～3600	使用双缆

各系统设备功耗与供电需求见表4-6。

各系统设备功耗与供电需求   表4-6

序号	运 营 商	需要覆盖的通信制式	RRU设备额定功耗（W）	供电负荷
1	中国电信（北京段）	5G（NSA）	785	三级负荷
2	中国联通（河北段）	5G	1550	三级负荷

2）无线网络设计指标要求

根据中国铁塔股份有限公司《1700～3700MHz 5/4"低损耗漏泄电缆技术要求》（Q/ZTT 3012—2019），由于漏缆设计的不同，不同厂家漏缆的损耗指标和衰减常数不尽相同，采用特定距离的系统损耗作为评判漏缆损耗指标的依据。结合实际应用需求，1700～3700MHz低损耗辐射型漏泄电缆规定200m、250m、300m、350m四种型号，代码见表4-7，综合损耗指标见表4-8。

漏泄电缆型号代码表   表4-7

序 号	产品代码	备 注
1	32L-200m	断点距离≤400m
2	32L-250m	断点距离≤500m
3	32L-300m	断点距离≤600m
4	32L-350m	断点距离≤700m

1700～3700MHz低损耗辐射型漏泄电缆综合损耗指标表（单位：dB）   表4-8

频率（MHz）	200m	250m	300m	350m
1700	78	84	86	89
1800	78	84	86	89

续上表

频率（MHz）	200m	250m	300m	350m
1900	80	85	87	89
2000	80	81	82	85
2200	80	83	83	86
2400	82	85	88	91
2600	81	84	87	90
2700	81	84	87	90
3300	81	84	87	90
3400	81	84	87	90
3500	82	84	87	90
3600	82	85	89	92
3700	90	95	100	102

漏缆卡具应符合《铁路通信漏泄同轴电缆吊具》（TB/T 3440—2016）及其他相关规定要求（以国家铁路局发布的最新标准规范为准）。

3）无线网络链路概算

京张高铁 5G 覆盖方案可支持中国电信和中国联通的 3.5GHz 频段的 5G 制式设备接入。由于 5G 设备的指标参数和覆盖需求运营商尚未明确，因此设计中以中国铁塔通信研究院提供的无线网络链路计算结果为依据开展设计工作，各指标见表 4-9。

无线网络链路概算表　　　　表 4-9

项　　目	单位	单侧布放—共享双缆 2T2R—下行			
设备总功率	W/通道	30	60	80	100
设备总功率	dB·m	45	48	49	50
基准功率	dB·m	9.85	12.63	13.88	14.85
跳线接头损耗	dB	1	1	1	1
3dB 电桥损耗	dB	3.3	3.3	3.3	3.3
宽度因子	dB	6.02	6.02	6.02	6.02
车体损耗	dB	36	36	36	36
漏缆长度（单边覆盖距离）	m	270	270	270	270
漏缆综合损耗	dB	85	85	85	85
工程余量	dB	1	1	1	1
覆盖边缘场强	dB·m	−122	−120	−118	−117

4）干扰分析

中国电信和中国联通 5G 系统使用的频段均为 3.5GHz，与铁路 GSM-R 使用的 900MHz 频段相距较远，且公网覆盖所用漏缆与 GSM-R 漏缆相距约 2m，只要运营商的设备射频指标等满足规范要求，其信号不会对 GSM-R 系统造成干扰。

5）无线网方案

（1）设置原则

①公网设备设置原则。

结合隧道既有洞室情况，隧道内 RRU 安装在洞室内，设备均挂设在墙壁上，设备安装的具体位置可根据现场实际情况确定，保证牢固安装和整体美观。如果洞室内设有专网设备，应保证公网设备与专网设备之间的物理隔离，即公网设备不与专网设备安装在同一面墙上。

根据中国铁塔股份有限公司的建设需求，公网专用隧道洞室不设置防火门，未设置防火门的洞室，馈线引出洞室沿墙壁布线；已设置防火门的与铁路设备合用的洞室，馈线采用下走线方式，利用防护钢管穿过洞室防火门后、再引上沿墙壁布线。

隧道口公网设备点是在隧道口附近（隧道与路基分界里程外侧的路基排水沟以外）设置场坪站，每处场坪站占地约 $20m^2$，选择合适的位置独立建设，或者考虑与铁路基站 / 直放站院落共享设置。根据前期的建设规划，本次变更设计的运营商 5G 设备安装位置已预留。

公网设备共享铁路铁塔的情况采用"设备上塔"方案，5G RRU 设备和 5G 天线挂放在预留的公网设备位置，荷载不得超过检算报告中铁塔为公网设备考虑的承载能力。塔上光缆、馈线、电源线等沿塔身内侧走线，并做适当的隐蔽处理，塔上设备接地利用塔身设置的接地扁钢。共享场坪站的光交箱、配电箱和手井等原则上均利用公网覆盖工程的已有设备。

此外，在隧道口无设备的地方，利用既有杆塔新设 1 面双极化尾巴天线，用于连接隧道内的两条 5/4" 漏泄同轴电缆，以补强隧道口的 5G 信号覆盖。

②公网漏缆设置原则。

根据调查，高铁列车车窗下沿距轨面高度约为 2m，车窗上沿距轨面约为 2.8m。考虑到 5G 系统的需求，结合动车组车窗高度和照明电缆高度，根据铁塔公司和运营商的需求，本工程每侧的两条 5/4" 漏泄电缆分别挂设在距轨面 2.25m 和 2.55m 的高度，漏泄电缆孔指向车窗。

工程中漏泄电缆卡具的形式、安装间距、防火卡具的安装应满足铁路施工的安装要求。漏泄电缆安装卡具间距为 1m，防火卡具的安装间距为 10m，每个隧道进出口先安装防火卡具，确保卡具安装牢固。隧道口和洞室口处的漏缆卡具适当加密。

（2）设置方案

京张高铁北京段覆盖 4 座隧道，隧道全长 24.896km，共在 52 个既有 2G～4G 公网设备点设置 5G 公网设备。八达岭长城站为地下车站，到发线为 2 条独立的单洞隧道，隧道长度约为 600m，由于建筑方案所限，不允许在到发线隧道洞壁上挂放漏缆，建议将此处的 5G 覆盖纳入车站室分统筹考虑；车站还有 1 条正线单洞隧道，隧道长度约为 600m，采用漏泄同轴电缆覆盖。

京张高铁河北段覆盖 6 座隧道，隧道全长 25.364km，共在 62 个既有 2G～4G 公网设备点，以及鸡鸣驿隧道 3 处面向张家口方向的左侧洞室内和草帽山隧道 1 处洞室内设置 5G 公网设备。崇礼铁路覆盖 5 座隧道，隧道全长 22.737km，共在 53 个设备点设置公网设备。

（3）防雷与接地方案设计

京张高铁 5G 覆盖工程新增设备、线缆的防雷措施均符合《铁路防雷及接地工程技术规范》（TB 10180—2016）的要求。

公网覆盖工程已设置接地排的洞室，新增的设备、线缆，以及设备箱体进行接地时均直接利用，其余的设备点洞室新设接地排。隧道口及场坪站的设备和线缆接地可直接使用已有的公网接地排。

需要新设接地排的隧道洞室内每个设备点设 2 个接地排，接地排按照 16 孔考虑（16 孔尺寸为 6mm×8mm×300mm，镀锌型，下同），分别从铁路洞室壁两侧预留的贯通地线端子引出（如专网洞室已使用一个端子，则一路引至槽道内专网综合贯通地）。在实际施工中，施工单位应测量洞室内预留贯通地线端子是否满足地阻要求。洞室中间靠左侧设保护接地排，主要用于运营商主设备及设备机壳接地，洞室中间靠右侧设防雷接地排，主要用于交流配电箱、光缆接地及出入洞室馈线接地。每个设备通过 16mm² 地线接至接地排的接地端子上，接地排通过 70mm² 地线接至贯通地线端子或电缆槽内的铁路综合地网贯通线。

接地体、避雷针及引下线的连接必须采用焊接，焊接处应补涂沥青防腐。所有防雷装置的各种金属件必须镀锌。

隧道口场坪站距离铁路综合接地系统垂直距离小于 20m 的公网通信设施均须接入铁路综合接地系统；隧道口场坪站公网设施距离铁路综合接地系统垂直距离大于 20m 时可不接入铁路综合接地系统，但应设置接地装置，其接地体应垂直铁路，并距离铁路综合接地系统不得小于 20m。

6）电源建设方案

（1）工程概况

本工程在隧道综合洞室新设置 5G 公网设备，5G 公网设备利用既有铁路电源供电，涉及新设供电设施、线缆以及京张高铁主体工程配电设备的扩容设计等。本工程新增 5G 公网用电负荷按三级负荷供电，公网设备原则上由铁路 10kV 综合负荷贯通线上的基站、直放站箱式变电站供电。

根据通信专业的用电要求，公网通信负荷按三级负荷供电考虑。给公网设备供电的低压供电回路均增设计费电能表。隧道内所有低压开关箱防护等级为 IP65，并要求防潮、防锈蚀、防腐、防振、防震，室外开关箱采取防水措施。铁路区间设备供电接地形式为 TN-S；隧道内电力设备利用隧道内贯通地线接地端子接地。充分利用铁路既有供配电设施，对不能满足新增负荷用电要求的进行增容改建。

（2）供电负荷需求及分布

京张高铁北京段新增公网 5G 设备均利用既有洞室，由于京张铁路公网覆盖工程原设计已完成 5G 公网设备用电量预留，故每处设备点 5G 用电负荷均利用既有供电设施。

京张高铁河北段鸡鸣驿隧道新增 3 个 5G 公网设备点，草帽山隧道新增 1 个 5G 公网设备点，太子城隧道新增 1 个 5G 公网设备点，其余新增公网 5G 设备均利用既有洞室。

（3）红线内公网隧道覆盖供电方案

对新增 5G 公网设备供电负荷按三级负荷供电。新增 5G 公网负荷从附近已设置的配电箱接引电源，对其负责供电的各负荷点分别设独立馈出回路。因京张铁路公网覆盖工程原设计已完成 5G 公网设备预留用电量，既有洞室内新增 5G 设备均利用铁路既有供配电设施。

（4）防雷与接地

防雷与接地是保障系统可靠运行的重要条件。防雷与接地采用 TN-S 接零保护系统。箱式变电站至公网总配电箱的保护接地导体线（PE 线）自箱式变电站接地端子接取，总配电箱内中性线和 PE 线不连接；在负荷点就地设置的分配电箱处做重复接地，设 PE 接地端子供通信设备接取 PE 线，分配电箱接地电阻不大于 4Ω，分配电箱距铁路距离小于 20m 的接入铁路综合接地系统，大于 20m 的设置独立接地系统。

所有设备都需要接地，接地电阻不大于 1Ω。负荷点分配电箱处设置等电位连接端子板，距地 0.3m，将 PE 线、通信设备及其他外露可导电部分和外界可导电部分通过等电位连接线接入等电位端子板。在每个综合洞室两侧壁下部已设置有接地端子，该端子接入铁路综合接地贯通地线上，等电位端子板通过等电位连接线（2×ZC-VV-1kV-1×16mm² PVC32）与已设置的接地端子采用压接方式连接。在总、分配电箱内设置浪涌保护器防止雷电波侵入。

人工接地网的敷设应注意人工接地网的外缘应闭合，外缘各角应做成圆弧形，圆弧的半径不宜小于均压带间距的一半。

接地线应采取防止发生机械损伤和化学腐蚀的措施。在与铁路或管道等交叉及其他可能使接地线受损伤处，均应用钢管或角钢等加以保护。接地线在穿过墙壁和地坪处应装钢管或其他坚固的保护套，有化学腐蚀的部位还应采取防腐措施。热镀锌钢材应在焊接处 100m 内做防腐处理。接地干线应在不同的两点及以上与接地网相连接。自然接地体应在不同的两点及以上与接地干线或接地网相连接。

每个电气装置的接地应以单独的接地线与接地汇流排或接地干线相连接。严禁在一个接地线中串接几个需要接地的电气装置。重要设备和设备构架应有两根与主地网不同地点连接的接地引下线。

7）光缆建设方案

（1）工程概况

根据北京段运营商要求，设计中每台 5G RRU 设备的纤芯需求按照 2 芯（1 收 1 发），并且 RRU 与 BBU 设备之间暂按全部采用星形的最大连接方式考虑。

根据河北段运营商要求，工程中每台 5G RRU 设备的纤芯需求按照 3 芯（1 收 1 发 +1 芯备用），并且 RRU 设备与 BBU 设备之间按照全部采用星型方式连接考虑。

（2）光缆建设方案

工程采用 GYTZA53 型低烟无卤、阻燃、防鼠长途通信单模光缆，光缆外皮颜色宜采用与铁路专网光缆不同的颜色，并做好铁塔标识，以便于维护。光缆盘长按 2km/ 盘设计。

隧道内光缆均利用铁路既有弱电槽进行敷设，与铁路通信光缆同槽。直埋段光缆引出、转弯、接头等直埋区段设置电缆标石，标石按平均 50m 一个设置，标石上按运营商和路局集团有限公司要求统一喷设标志。光缆过路、小桥涵采用钢管防护，特殊地段采用水泥槽防护，接头采用水泥槽防护，光缆沿杆引上采用钢管防护。光缆的加强芯、金属护层在接头盒中均不连通、不接地，处于电气悬浮状态。

光、电缆过轨原则上利用铁路已预留的管、槽。通信线路的防强电、防雷、防蚀等措施按电气化铁路有关规定、标准办理。

新设落地式光交箱与既有场坪站落地式光交箱相邻摆放。

4.4.3 京张高铁 5G 公网覆盖成效

2022 年，北京和张家口联合举办冬奥会，京张高铁、崇礼铁路将成为冬奥会的主力交通工具。5G 通信技术被誉为"数字经济新引擎"，5G 网络不仅信号更好、下载速度将更快，而且可支持 4K 高清视频通话、超高清多路视频回传、5G+ 高清新闻报道、铁路智能化物联应用等业务，将为旅客带来美好的出行体验、为铁路行业带来智能化的运维创新。主要建设成效包括：

（1）配套设计了国内首条高铁隧道公网 5G 覆盖试验段

配套设计的京张高铁鸡鸣驿隧道公网 5G 覆盖试验段为国内首例，测试的列车时速最高可达 350km。经过巧妙的设计构思，该试验段能够兼容测试多种高铁隧道场景下的 5G 覆盖模式，包括单侧贯通双缆、单侧分段双缆和双侧分段双缆等，能够有效支撑相关科技产业链，并为中国的高铁隧道 5G 覆盖建设提供第一手资料。

（2）实现了全球首创的时速 350km 高铁隧道公网 2G ～ 5G 全覆盖

首次采用高铁隧道四缆覆盖方案，通过 2 条 13/8" 漏缆实现三大运营商 2G ～ 4G 覆盖，以及中国移动的 2.6GHz 频段 5G 覆盖；通过 2 条 5/4" 漏缆实现中国联通、中国电信的 3.5GHz 频段覆盖，真正实现了三大运营商的 5G 全覆盖。经国内、外科技查新认定，该设计方案具有新颖性，能够起到行业引领作用。

（3）统筹优化高铁隧道"最高配"摘得全国首测桂冠

为实现三大运营商 LTE、5G 均启用 MIMO 技术的高铁隧道公网覆盖"最高配"，设计阶段统筹优化各项设备的关键性能，使 POI 三阶互调指标提升 3dB，首站定标三阶互调现场测试

达到 -159.1dBc，经中国铁塔股份有限公司认定，该测试结果位居全国最高水平。

（4）突破传统设计打造"双铁共建共享"典型案例

根据国铁集团和中国铁塔股份有限公司的战略合作协议，突破传统铁路红线内公网覆盖的独立建设模式，提出多种形式的"双铁共建共享"方案，包括公网场坪共享铁路 GSM-R 通信铁塔、公网用电共享铁路电力箱变、公网光缆共享铁路光电缆槽道等，得到双方建设单位一致认可，并且符合"合作建设、资源共享、绿色发展"的理念，既大幅缩减了建设成本，又加快了建设进度，目前已被建设单位作为典型案例在全国范围进行推广。

4.5 BIM 技术在通信设计中的应用

4.5.1 通信设备元件模块化建模

通信专业 BIM 工作内容的梳理按照"三点一线"的原则开展，即精度要求、设计内容、上序模型。首先，通过规范标准中对于待建模精度的要求，确定需要对那些通信专业设备进行建模；然后，将待建模的内容在二维图纸中进行定位，明确设计方案；最后，确定模型组装所需的上序模型条件，便于后续协同工作。部分通信专业建模成果见表 4-10。

通信设备元件模块化建模成果示例 表 4-10

归属	设备名称	IFD 编码	精度	数量	建模要求	模型名称	模型注释	存储文件	模型图片	实物图片
电源通信	蓄电池	53-15 75 96 50	LOD 3.0	1	100Ah、150Ah、300Ah、500Ah 各建 1 个模型	battery	蓄电池	TX-power		
	电源环境监控复示终端	53-15 75 45 30	LOD 3.0	1	共享 PC 机模型	computer	桌面计算机	TX-share		
防雷及接地	电源防雷箱	53-15 75 96 30	LOD 3.0	1	（无）	powerbox	电源防雷箱	TX-power		
综合布线系统	过线盒	53-15 75 98 70	LOD 3.0	1	86 型（86×86×50）	wirebox	过线盒	TX-cabling		
	信息面板	53-15 75 98 80	LOD 3.0	1	8 位模块式信息插座（六类）双口	panel_info	信息面板	TX-cabling		
	落地式设备机柜	53-15 75 98 60 01	LOD 3.0	1	尺寸按照 600×600×2000	cabinet_2000	落地式机柜	TX-cabling		
	壁挂式设备机柜	53-15 75 98 60 02	LOD 3.0	1	尺寸按照 600×450×350	cabinet_wall	壁挂式机柜	TX-cabling		
	抗震机座	无	LOD 3.0	1	无	base	抗震机座	TX-transmit		

4.5.2 通信优化设计

通信专业的模型组装有几个典型的场景，虽然各具特点，但有一个共同的特点就是找准与上序模型之间的定位，这也是建模过程中需要重点关注和优化的内容。

（1）隧道场景：主要是无线通信系统设备的组装，具体分为隧道壁组装、洞室壁组装。洞室壁组装的有直放站远端机设备、隧道报警电话、漏缆监测现场设备等，因为洞室壁为平面，所以模型组装相对简单。隧道壁组装的有漏泄同轴电缆和漏缆卡具，因为隧道壁为曲面，所以模型组装需要找准隧道壁的法线方向，以及与隧道壁接触的位置。不仅如此，漏泄同轴电缆还要与隧道壁的沿线路切线方向平行，并且恰好穿过漏缆卡具两个圆孔的中心点，如图 4-30 所示。

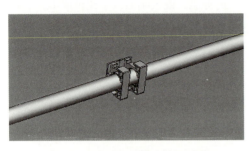

图 4-30　漏缆卡具与漏缆精确定位组装

（2）通信机械室场景：主要是各种通信子系统的设备机柜，以及配电箱、摄像头、电源环监等设备。在通信专业的二维图纸中有具体的机房平面布置图，只要找准机房所在位置和设备摆放位置即可。

（3）区间院落场景：主要是通信铁塔、GSM-R 天线和院落内的摄像头、视频钢杆等设备，需要根据通信专业的院落平面布置图，找准设备相对位置进行布放。

通信铁塔平台与平板无线定位组装如图 4-31 所示。

4.5.3 碰撞检测

通信专业的碰撞检测工作主要集中在隧道和机房内，检测重点是通信设备与安装场景之间是否存在越界的情况，如图 4-32 所示。由于通信专业涉及工点较多，既有室内、又有区间，坐标系转换频繁，容易导致匹配错误，碰撞检查可以有效减少专业间协同时发生的此类错误。

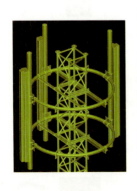

图 4-31　通信铁塔平台与平板天线定位组装

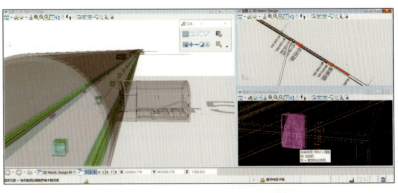

图 4-32　隧道内通信专业碰撞检测的重点关注区域

4.5.4 漫游展示

利用 LumenRT 虚拟建筑可视化软件的渲染功能，在全线模型总装完成后，可输出整体渲染效果图及三维动画，通信基站的总装展示效果如图 4-33 所示。

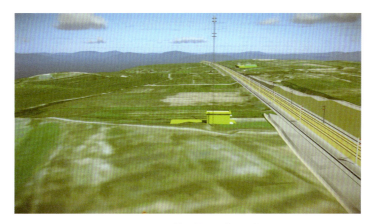

图 4-33　区间通信基站模型漫游展示效果图

4.5.5　BIM 技术应用成效

铁路通信专业具有设备种类多、专业接口复杂等特点，BIM 技术的应用能够大幅提升通信专业的设计便捷性，并且充分表达设计思路，具体体现在以下三个方面。

（1）直观可视化展示：借助 BIM 三维可视化和漫游动态展示的功能，通信专业的重要工点可得到更加全面的展示，既有助于提高审查工作的直观性，也有利于提高施工人员理解设计方案的准确性。

（2）非几何信息承载：借助 BIM 模型所承载的非几何信息，通信设备的技术参数与选型要求也能够同步呈现在模型中，打破了传统平面设计中通信设备仅用图例表示的局限性，便于施工现场指导和设备清单统计。

（3）接口及管线协调：借助 BIM 的协同设计能力，通信与路基、桥梁、隧道、站场、房建等专业的接口，以及站房综合管线的设计配合，都能够高效、准确、全面地在同一基准平台上完成，减少施工阶段的碰撞风险。

# CHAPTER 5
>>> 第 5 章

信息智能设计
THE INTELLIGENT DESIGN OF THE INFORMATION SYSTEM

信息系统既是高铁运营的大脑,也是乘客感知高铁智能运营的门户。设计单位通过构建完整、规范的京张高铁地理信息系统(GIS),为客站旅客服务与生产管控系统、车站运营智能感知系统、站内导航系统、电子客票系统、沿线作业门实时监控系统等业务系统提供可共享的地理信息空间数据,极大提升了高铁信息化水平。

5.1 概述

智能高铁是广泛应用云计算、物联网、大数据、物联网、人工智能、北斗卫星导航等新技术,通过综合高效利用资源实现高铁移动装备、固定基础设施及内外部环境信息的全面感知、泛在互联、融合处理、主动学习和科学决策,实现全生命周期一体化管理的新一代智能化信息系统。

铁路信息系统由客票系统、旅客服务信息系统(包括集成管理平台、综合显示系统、客运广播系统、视频监控系统、时钟系统、入侵报警系统和旅客携带物品安全检查等设备、设施)、办公管理信息系统、公安管理信息系统、门禁系统、综合布线、电源、电源及设备房屋环境监控等系统组成。

应用智能化后的铁路信息系统在传统信息系统基础上进一步升级、优化。目前,京张高铁信息系统的组成如下:客票系统、客站旅客服务与生产管控系统[包括铁路旅客服务与生产管控平台(旅客服务应用、客运管理应用、客站设备管理应用、客站应急指挥应用)、视频监控系统、时钟系统、入侵报警系统和旅客携带物品安全检查等设备、设施)]、车站Wi-Fi管理信息系统、站内导航系统、地理信息系统(GIS)、沿线作业门实时监控系统、办公管理信息系统、公安管理信息系统、门禁系统、综合布线等系统。京张高铁信息系统总体架构如图5-1所示,其中,粗实线部分为新增系统或功能,粗虚线部分为优化提升系统或功能,细实线部分为既有系统或功能。

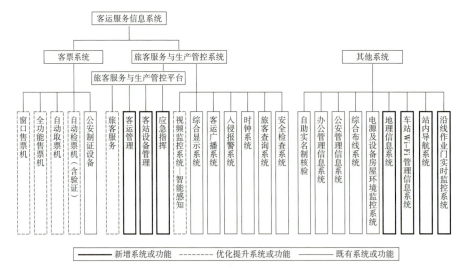

图 5-1 京张高铁信息系统总体架构图

5.2 地理信息系统（GIS）

5.2.1 铁路地理信息系统应用现状

地理信息系统（GIS）是在计算机硬、软件系统支持下，对整个或部分地球表层（包括大气层）空间中的有关地理分布数据进行采集、储存、管理、运算、分析、显示和描述的技术系统。铁路资源信息与地理信息存在紧密的关联性和依附性。因此，可将地理信息技术纳入铁路信息系统建设框架中，通过全过程动态、静态信息的高度融合，以及多层次、多粒度、多维度的信息汇聚与关联，实现资源信息的立体化、可视化，为管理与决策提供强有力的技术支撑。

铁路信息系统在不同程度上引入了 GIS 的概念：用直观的图形方式来管理、显示和分析与地理空间相关的各种数据。按照系统各自需求，对铁路空间数据进行收集、整理和利用，有些还建立了各自的 GIS 子系统，如工务部门 PWMIS、铁路应急平台、铁路用地管理系统等。受研发经费、技术支撑、组织方式等方面的约束，铁路地理信息应用系统普遍存在以下三个方面的问题：

（1）共享困难

由于没有统一规划，没有考虑和其他应用系统的交互，地理信息的格式、内容尚无统一的标准。各业务系统仅从本部门的需求出发，采用不同的 GIS 软件。另外，地理信息数据的加工格式也存在差异，造成业务系统间的地理信息不能共享。

（2）重复建设

为构建自己的 GIS 应用，各业务系统分别购置 GIS 软件，采购、收集铁路地理数据，造成人力、物力、投资的巨大浪费。

（3）维护困难

每个系统都要维护各自的铁路地理信息数据和 GIS 服务器，大大增加了维护人员的数量和维护费用。

为更好地服务京张高铁建设，发挥空间地理信息的基础支撑作用，将从统一、规范化的角度，建设京张高铁地理信息系统，为京张高铁各业务信息系统提供标准化的铁路地理信息数据和空间信息服务，实现铁路空间信息资源的共享和共用。

5.2.2 京张高铁地理信息系统设计

（1）设计思路

京张高铁地理信息系统符合国铁集团《铁路地理信息平台总体方案》（运信规划函〔2014〕541号）《铁路地理信息分类与编码》（Q/CR 520—2016）等相关标准规范要求，按照统一规划、统一标准、统一资源、统一管理的原则进行建设，构建了完整的京张高铁地理信息系统，建设了地理信息空间数据库，形成了京张高铁空间数据制作的标准规范，可统一管理京张高铁空间信息数据和服务，并对外提供标准空间数据和服务接口。

同时，为满足北京局集团公司信息化规划中基础数据的管理需求，通过基础支撑环境和系统站点扩展，可将北京局集团公司铁路地理信息数据纳入其中并进行统一管理，实现北京局集团公司地理信息数据的共享共用。

（2）系统架构

京张高铁地理信息系统是国铁集团铁路地理信息平台面向智能高铁的应用延伸。在京张高铁地理信息系统中，接入了国家基础地理信息系统，实现了国家地理基础数据与高速铁路地理数据的融合，形成京张高铁"一张图"。基于这"一张图"，可开展面向铁路多业务、多模式的空间信息服务共享。结合铁路业务的不同应用，搭建"一张图+多项服务"的空间信息应用模式，提供以空间信息为统一坐标的信息共享，为京张高铁智能时空分析提供数据基础保障。

"一张图"的数据来源主要为国家基础地理信息数据、京张高铁空间地理信息数据。其中，国家基础地理信息数据采用国家测绘地理信息局主导建设的"天地图"前置服务；京张高铁空间地理信息数据需自行建设，具体包括铁路线路、车站、四电、房屋、沿线设备设施的空间要素数据，以及专业设施设备台账数据，与设施设备相关的图纸、技术资料、图片、视频等，涵盖工务、供电、通信、信号、房建、给排水、旅服、土地、防灾等专业。

京张高铁地理信息系统地理空间数据的编制实现了多源异构空间数据的存储与管理，可保证数据的有效性；同时，面向京张高铁旅客出行便捷化、铁路经营服务精准化、技术装备运管修智能化、应急管理一体化的总体目标，结合京张高铁各业务信息系统和用户对铁路地理空间信息和服务的实际需求，对外发布京张高铁统一、标准的空间地理信息，并提供京张高铁GIS门户、在线地图、功能服务发布、空间服务管理、空间数据管理、系统管理与监控等功能。

基于"一张图+多项服务"的地理空间信息应用模式，采用了多种标准空间信息服务接口OGC、REST以及SOAP协议，以满足京张高铁工程建设、智能装备、智能经营和公众服务等各类业务的应用需求。同时，可通过"在线地图"为系统用户（京张公司维管人员和路局沿线各站段业务人员）提供资源搜索定位、专题业务数据分析展示等功能。系统构架如图5-2所示。

（3）逻辑架构

京张高铁地理信息系统采用分层架构，从上至下依次分为终端层、访问层、服务支撑层、交互层、中间层、数据层、硬件层和网络层共8层，可使系统结构清晰、分工明确，以达到松散耦合、逻辑复用、标准定义的目的，增强了系统的可扩展性和安全性。

应用系统采用集中式部署，依托铁路内部服务网，对京张高铁各业务应用系统和用户提供访问服务。对于不在铁路内部服务网的系统和用户，可以通过铁路安全平台或者其他安全防护设备等方式进行访问。

CHAPTER 5 信息智能设计

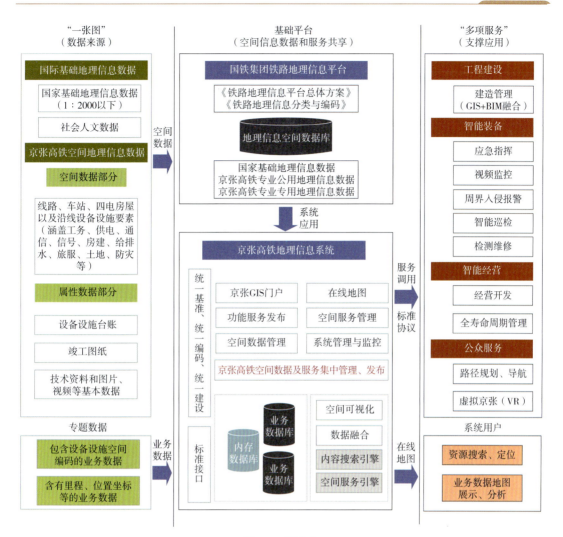

图 5-2 系统架构

在数据层，建设了空间数据库、属性数据库和文件数据库，实现了业务数据与空间数据的分离。同时，在这些数据库之上增加内存数据库，数据的访问可通过内存数据库进行，以最大限度降低数据访问的处理时间。中间层是整个系统的核心部分，其设计基于功能模块（每个模块的功能尽可能单一）。模块内部高内聚，便于功能的横向扩展；模块之间松耦合，可增强系统的容错能力。交互层支持多种方式的协议规范，包括 WebService、Ftp、DBLink 等，大大提升了系统的兼容性。对于空间数据的交互，采用业界通用的 OGC、REST、SOAP 等标准协议，能够覆盖大多数的空间数据交换需求。

服务支撑层是京张高铁地理信息系统的业务服务单元，包括京张高铁 GIS 门户、在线地图、功能服务、功能管理、数据管理、系统管理与监控 6 个部分，提供了京张高铁各业务信息系统和用户的空间数据访问、空间数据管理、在线地图应用等系统功能。访问层和终端提供了工程建设、智能装备、智能经营、公共服务等各业务系统，以及京张高铁公司管理人员、运营维护人员使用地理信息系统的各种方式和手段，如图 5-3 所示。

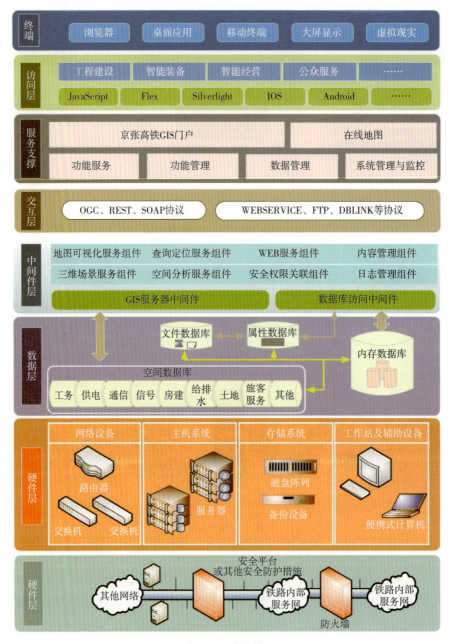

图 5-3 逻辑架构

（4）系统功能

京张高铁地理信息系统是京张高铁信息化系统的基础保障，为其他业务系统和系统用户提供了路地多源空间信息融合服务。系统用户主要由其他业务系统的开发人员（基于 GIS 服务进行二次开发的技术人员）和京张城际铁路有限公司维管人员、高铁沿线各站段业务管理及运维人员组成，可为用户提供基于 GIS 地图的业务数据可视化展示、分析等。系统功能模块设计如图 5-4 所示，包含京张高铁 GIS 门户、在线地图、功能服务、数据管理、服务管理及系统管理与监控等功能。

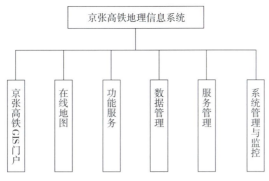

图 5-4　系统功能架构

京张高铁 GIS 门户主要用于展示京张高铁的各类空间信息资源，是用户登录系统的入口，也是京张高铁地理信息系统功能服务的集中展示模块。用户可根据实际需要，使用系统所提供的各类信息及功能，包括用户登录与身份认证、GIS 服务概览、GIS 服务资源列表、典型应用展示、开发接口示例及说明、新闻通告中心、资料下载中心等。

在线地图子系统可为京张高铁系统用户（京张城际铁路有限公司人员和高铁沿线各站段运维人员）提供全线"一张图"可视化、设备设施定位查找、时空关联分析、路地线路规划、专题数据分析展示、个人工作地图等功能，满足京张高铁各类用户的使用需求。

京张高铁地理信息系统提供的服务可分为四类：GIS 可视化服务、GIS 查询服务、GIS 分析服务及 GIS 专题服务。

数据管理子系统统一管理京张高铁地理信息数据，为全线提供标准地图及 GIS 功能服务，实现铁路地理信息数据的科学存储、有效管理。

服务管理子系统提供对各种类型服务的管理功能，包括服务发布、注册、启动、停止、删除、查询、统计等功能。

系统管理与监控系统可对用户、角色、权限等进行统一身份认证及授权分布管理。

（5）数据建设与部署

京张高铁的所有空间数据（即国家基础地理信息数据和京张高铁空间地理信息数据）集中部署于国铁集团铁路地理信息数据库。京张高铁空间数据建设内容包括国家基础地理信息数据和京张高铁空间地理信息数据两部分。

国家基础地理信息数据可提供京张高铁周边要素（地貌、植被、水系、交通、社会人文等）信息，是京张高铁空间数据建设不可或缺的部分。京张高铁地理信息系统中的国家基础地理信息数据为自行建设。为了节约成本，减少资源浪费，综合考虑建设经济效益，京张高铁的国家基础地理信息数据应与国铁集团《铁路地理信息平台总体方案》的要求一致，可为全路各业务系统提供国家公共基础地图服务。

京张高铁空间地理信息数据是京张高铁线路及附属设备设施空间数据和属性数据的统称，此部分数据为自行建设。根据《铁路地理信息平台总体方案》，京张高铁空间地理信息数据可划分为京张高铁专业公用地理信息数据和京张高铁专业专用地理信息数据两部分。其中，京张高铁专业公用地理信息数据用于铁路各专业之间的共享，依据《铁路地理信息分类与编码》（Q/CR 520—2016）进行分类；京张高铁专业专用地理信息数据是非铁路专业共享共用的数据，此部分数据主要面向京张高铁各专业系统的应用需求。为实现资源集中管理，优化资源配置，此两部分数据均放置在国铁集团铁路地理信息数据库中。

（6）接口方案

为满足不同业务系统对 GIS 服务的调用，京张高铁 GIS 系统将提供业界通用的 OGC、SOAP 和 REST 三种标准服务接口方式，并采用网络协议标准 TCP/IP、HTTP 来进行通信控制。

京张高铁地理信息系统二维可视化服务接口情况见表 5-1。

京张高铁地理信息系统二维可视化服务接口情况　　　　表 5-1

序号	专业	空间服务大类	接口支持		
			OGC	SOAP	REST
1	工务	线路、桥梁、轨道、路基、隧道、涵洞、管线、附属设施等	√	√	√
2	供电	接触网、变配电、电力、逻辑图等	√	√	√
3	通信	基站、监控点、逻辑图等	√	√	√
4	信号	室内设备、室外设备、逻辑图等	√	√	√
5	房建	构筑物、建筑物、附属设备等	√	√	√
6	给排水	给水所等	√	√	√
7	土地	用地红线等	√		√
8	旅客服务	机电设备、信息设备、自管设备等		√	√
9	防灾	防灾设备、监测点等	√	√	√
10	其他	矢量地图、影像地图、地形地图、注记等	√		

京张高铁地理信息系统三维可视化服务可实现铁路线路、沿线地形地貌的可视化和直观化，对外提供基于 B/S 架构、轻量化的三维可视化服务，在浏览器端就能实现三维服务的集成。京张高铁地理信息系统三维可视化服务接口情况见表 5-2。

京张高铁地理信息系统三维可视化服务接口情况　　　　表 5-2

序　号	服务名称	接口方式
1	DEM 高程服务	REST 服务接口
2	遥感影像服务	REST 服务接口
3	三维桥梁服务	REST 服务接口
4	三维隧道服务	REST 服务接口
5	三维路基服务	REST 服务接口
6	三维轨道服务	REST 服务接口
7	三维涵洞服务	REST 服务接口

续上表

序 号	服 务 名 称	接 口 方 式
8	三维接触网服务	REST 服务接口
9	三维所亭服务	REST 服务接口
10	三维通信服务	REST 服务接口
11	三维信号服务	REST 服务接口
12	三维附属设施服务	REST 服务接口
13	三维给水服务	REST 服务接口
14	三维车站服务	REST 服务接口

京张高铁地理信息系统功能服务设计的核心内容包括 GIS 功能服务类型和功能设计。目前，系统对外提供的地理信息功能服务包括参考性服务、网络分析服务、几何服务、三维空间分析服务、缓冲区分析服务、空间统计分析服务、空间查询服务及地图标注服务等。此外，系统同时提供在线服务的二次开发接口（API），见表 5-3。

地理信息功能服务接口 表 5-3

序号	服 务 名 称	接 口 方 式	实 现 功 能
1	线性参考服务	REST 服务接口	里程定位、区段定位
2	网络分析服务	REST 服务接口	路径规划、资源分配、连通分析
3	几何服务	REST 服务接口	计算查询空间对象的几何参数，如位置坐标、两点间距离、一个或一段线的长度、面状对象的周长和面积等
4	三维空间分析服务	REST 服务接口	水淹分析、信号覆盖范围分析
5	缓冲区分析服务	REST 服务接口	区域统计、最优资源查找
6	空间统计分析服务	REST 服务接口	统计查询
7	空间查询服务	REST 服务接口	POI 查询、设备设施查询
8	地图标注服务	REST 服务接口	地图标注
9	逆地理编码服务	REST 服务接口	根据位置数据获取要素数据

（7）网络方案

京张高铁地理信息系统部署在中国铁路主数据中心环境中，运行于铁路内部服务网。京张高铁用户可通过内部服务网直接访问，实现对京张高铁空间数据的管理、预览。

5.2.3 京张高铁地理信息系统成效

地理信息系统为铁路导航、定位及安全运营系统提供基础的地理信息，京张高铁地理信息系统建设成效包括：

（1）构建了完整的京张高铁 GIS 地理信息数据

京张高铁地理信息平台完整集成了国家基础地理信息数据、铁路专业公用地理信息数据，实现了"全线一张图",可为其他业务提供标准、规范的铁路地理信息数据。

（2）建设了多业务、多模式的铁路地理信息平台

提出了面向京张高铁多业务、多模式的铁路地理信息平台建设方案,提出了京张高铁地理信息平台标准体系框架,提供了 GIS 可视化、空间分析等功能服务,以及标准、规范、统一的接口,为铁路规划设计、工程建设、运营管理、客货营销深度应用打下基础。

5.3 客站旅客服务与生产管控系统

5.3.1 客站旅客服务信息系统现状

原有客运车站各客运系统独立部署,单独应用了铁路旅客服务系统集成管理平台、客运管理信息系统、铁路客运设备管理应用和客运站应急指挥系统,存在信息孤岛明显、软硬件资源相对独立、无法协同联动、生产指挥效率低下、维护升级困难、应急处置能力不高等问题,特别是铁路旅客服务系统需要专网运行,由多个服务商提供旅客服务平台软件,相互之间互不联通,且与其他系统间联通非常困难,成为客运车站智能化建设过程中的瓶颈难题。

为解决上述问题,全面提升车站整体管理水平,打破信息孤岛,提出了"京张高铁智能客站大脑"的概念。通过打造铁路旅客服务与生产管控平台（以下简称"管控平台"）,实现上述四个系统的功能全面集成、硬件资源的统一管理和动态分配、数据资源的实时共享和综合分析、生产资源的实时管控和协同联动、账号权限的集中管理和单点登录、程序界面的风格统一和操作流畅,为铁路客运车站的智能化发展提供有力的平台支撑。

管控平台的提出和建设,不仅将有效适应和把握信息化时代发展的特征和趋势,也为更好地在智能客站建设中利用数字化、网络化、信息化、智能化等先进技术提供了基础的平台保障,同时也是深入贯彻国铁集团"强基达标,提质增效"的工作主题的具体体现。

5.3.2 京张高铁客站旅客服务与生产管控系统智能设计

1）设计思路

紧密围绕为铁路客运车站智能化发展提供有力技术支撑的宗旨,以客运车站生产、服务和管理现状为基础,充分运用云计算、物联网、大数据、人工智能、增强现实、地理信息等信息技术,通过技术与业务的深度融合、智能技术的共享应用、功能的集成和整合,构建面向车站管控和服务的京张智能管控平台,实现对内数据统一存储、对外数据统一接口、服务器资源统一调配、算法模型深度应用、运营状况总体研判、作业—人员—设备统一指挥、账号权限统一管理、业务和数据集成展示,为客运车站的智能化提供有力的平台支撑。

2）总体架构

京张高铁管控平台采用集中部署三级应用的总体架构,统一部署于安全生产网,总体架

构图如图 5-5 所示。

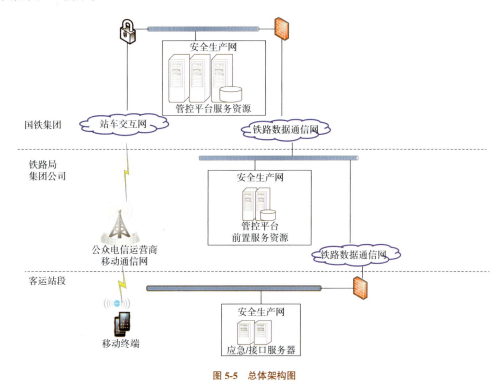

图 5-5　总体架构图

主数据中心资源配置分为公共服务区和业务服务区，公共服务区由公共数据应用服务资源、管理服务资源、移动应用服务资源、接口服务资源组成，业务服务区由业务应用服务资源和业务数据服务资源组成。主数据中心利用既有网络安全防护设备，实现与其他系统间的安全防护。通过统一的数据库实现旅客服务、客运管理、客站设备管理、应急指挥、环境舒适度监测、重点旅客服务、站内导航等业务相关应用的数据集成存储。

各铁路局集团公司配置前置服务资源，主要包括业务数据清洗、业务用户访问控制、时间分配，以及网络接入设备，支撑管控平台路径访问控制、车站环境监测及设备状态采集等数据的前置处理以及接口服务等功能；同时接入综合视频系统实时视频流数据用于集成化展示，为各铁路局集团公司相关用户提供所辖车站运营信息查询、一体化运营方案自动编制及优化调整、人员—设备联动指挥、设备状态监控及全生命周期管理、运营状态展示及辅助决策等功能，并从多维度形成分析报告。对于各铁路局集团公司既有系统，建立标准化的数据通信机制，实现与京张高铁管控平台的数据全面共享。

车站设置数据/应用服务器、接口服务器及相关网络接入设备。接入车站部署的外部应用及信息系统数据，并通过大屏进行集成展示。为了保证车站服务和生产的可靠性和稳定性，需对作业命令下发、执行效果反馈、消息通信等功能应用服务器进行高可用配置。

3）系统功能

管控平台对车站客运管理、旅客服务、客运设备、应急指挥等业务进行了深度融合，能够满足智能管控服务、集成数据展示、统一数据管理、智能服务、用户管理和资源调度需要，主要功能包括智能管控服务、集成化展示服务、数据管理与共用服务、数据分析与人工智能（AI）服务、用户登录及权限管理、资源管理及服务、旅客服务、客运管理与指挥、客站设备运用监控、客站应急指挥、智能音视频分析、环境舒适度监控等。京张高铁管控平台基于底层各类数据资源，建设可自主学习的旅客服务和生产协同模型，实时监控站内全生产要素的状态并及时预警自动生成辅助决策指令，实现客运车站的可视、可控和可学习，保障车站所有设备、设施、系统、人员、作业的高效运转。具体功能如下：

（1）旅客服务应用

旅客服务应用接收并解析调度系统的日计划、调度命令、压轨信号等信息，编制广播、引导、检票、生产作业等作业模板，自动生成或后台自动调整广播、引导、检票、生产作业等计划信息。

旅客服务设备终端接收系统广播、引导、检票计划以及作业指令，并实施控制设备工作状态，并反馈设备的计划执行状态。

旅客服务应用通过客调命令、调度日计划等动态数据，可实现系统客运模板的自动配置和自动化调图作业，大大减轻了现场人员的工作量；可接入途径各站CTC压轨信号，实现列车到发计划的精确修正；能实现"列车—人员—作业"计划的一体化编制与业务管控；能实现基于移动作业终端的人员作业和旅客服务作业的实时管控；能自动实现生产作业状态（例如广播、引导、检票、客运员到岗等作业）、车站旅客发送情况等多种生产要素的统计与集成展示；能提供中英文播报功能；能与站台安全门显示屏结合，动态显示车次信息，提供旅客服务引导服务。

（2）客运管理应用

以列车到发计划为基础，实现针对每趟列车和每个客运业务流程的旅客服务、设备监控、客运员上岗作业、应急处置、视频监控等计划的一体化编制，并将计划执行或变更的命令下达给各功能模块，结合列车正晚点、调度命令等接口的实时数据，进行作业执行，从而实现车站"旅客服务设备控制—客运员生产作业—客运设备监控—应急处置—安全防护"等业务的一体化协调联动。

通过智能派班、生产作业APP、自动监控等技术手段，对现有业务流程进行优化再造，实现对生产作业全过程的高效组织和精准管理。在生产作业过程中，采用生产作业APP进行辅助，该APP覆盖了客运生产作业全部业务流程，并提供准确及时的全路客运信息；采用消息智能推送机制，确保重要信息实时汇报，重点工作及时处理且主动高效，缩短了整个业务流的管理链条。使用过程中，经过授权的检票口工作人员使用自己的移动终端就可以根据现场实际情况调整闸机的开检时间，及时疏导旅客上车，包括：客调命令的自动化解析与流转、客运作业交接的信息化、客运作业任务与重点工作的提醒预警与查询、客运员到岗情况的实时追踪和落实监督、客运员接车作业标准的卡控等。覆盖客运生产作业流程，形成移动闭环，提供准确及时的全路客运信息，为客运工作保驾护航，现场情况及时处理，缩短管理链条，消息智能推送、主动高效。客运管理应用功能手持终端及综合监控室显示界面如图5-6和图5-7所示。

图5-6 客运手持客运管理信息显示页面

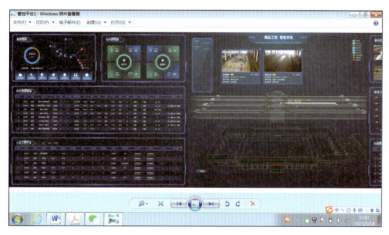

图5-7 综合监控室旅客服务信息显示页面

（3）客站设备管理应用

客站设备管理应用功能实现设备履历管理、运用管理、状态监测、智能控制与能源管理功能，后续将分别介绍。客站设备管理应用功能综合监控室显示界面如图5-8所示。

①履历管理。该模块可实现设备动静态履历的信息化管理。履历管理包括静态履历管理和动态履历管理，静态履历是指在设备开始使用时就具有的信息；动态履历是指设备在使用过程中产生的动态信息，主要有设备巡检信息、保养信息、故障信息、维修信息等相关信息。

②运用管理。该模块主要实现设备的全生命周期管理，主要包含巡检管理、保养管理、故障管理、备品备件管理等功能。

③状态监测。设备运行状态监测是指通过接口技术、传感器采集技术、谐波诊断技术等

先进技术对现场客票设备、旅客服务设备、机电设备的运行状态进行实时监测,包括设备自身状态(开启、暂停或关机等)和运行状态(正常、故障等)、网络连通情况等,便于用户实时掌握现场设备的运行状态。

图 5-8　客站设备管理应用功能综合监控室显示界面

④智能控制。设备智能控制以客运业务为基础,根据客运作业对暖通空调、照明、导向屏等能耗终端设备进行控制,满足工作人员与旅客的需求,分为自动控制和手动控制,手动控制的优先级高于自动控制。自动控制是结合控制策略以及运营参数等信息生成可自动执行的计划,当外界数据发生变化时可重新生成新计划,每条计划按照触发时间自动下发设备控制指令。

⑤能源管理。能源管理是针对客站能耗设备的用水、电、气、热等能耗进行管理,包括对用能的采集、统计、分析,制订合理的设备运用计划并合理控制设备,结合客站业务需求达到节能降耗和减员增效的效果。通过采集不同区域、不同设备的能耗相关数据,为能效评估分析提供数据支撑,同时根据历史数据制订一段时间内的能耗计划,超出阈值时报警提醒,提示工作人员进行查看设备的运行状态,达到降低能耗的效果。

(4)客站应急指挥应用

在对突发事件的应急处置过程中,客站应急指挥应用贯穿整个流程,涉及事前、事中和事后三个阶段。系统提供对各类应急业务的日常管理以及针对突发事件的监测监控、预测预警、决策分析、指挥调度等功能,其具体由安全环境监控及预测预警、应急值守、应急预案及资源、应急处置、模拟演练、应急评估等功能组成。应急管理功能手持终端显示界面如图 5-9 所示。

车站应急指挥子系统的具体功能包括:

①经停列车追踪。

列车是应急工作的重点监控对象。客站管控平台提供各站经停列车的追踪信息,便于车站人员及时开展相关应急工作。经停列车的运行信息,以电子地图的形式展示,主要包括列车当前的行驶位置、正晚点、值乘班组列车长联系方式、车内人数及本站上下车人数等信息。

a)　　　　　　　　　　b)

图 5-9　客运手持终端客站应急指挥应用显示页面

②安全监控及预测预警。

通过对旅客异常行为识别，环境、设备监测，晚点和客流信息统计，整合各类应急资源、重大危险源、关键基础设施和重点防护目标等的空间分布和运行状况信息，通过对事件现场及环境的信息进行分析，结合历史数据、统计数据，在专业预测预警的基础上，对突发事件进行综合分析，预测分析可能的次生、衍生事件及其后果，实现突发事件的早期预警、趋势预测。工作人员依据预警分级指标体系，开展对事件预警的分级核定和发布，将需要关注的事件信息下发到相关部门。

③应急值守。

应急值守实现突发事件的信息收集、传达、接警处警、记录和上报工作；各级应急管理处置部门通过本系统进行突发事件信息的接报处理、跟踪反馈等值守应急业务管理，加强与上下级单位及有关部门突发事件信息交流与合作。

④应急预案及资源。

实现对预案的分类电子化管理，和管理各类应急处置、紧急疏散、医疗救护等应急资源数据，为处置行动与辅助决策、应急评估提供支持；系统提供对各类应急资源查询、统计、分析的功能，根据预案级别、突发事件类别分类维护应急预案的功能。

⑤应急处置。

以突发事件为中心，以决策分析、处置流程为主线，基于相关预案与处置方案处置事件。应急处置系统辅助应急指挥人员了解突发事件发生、发展状况，通盘掌握应急处置情况，智能生成决策方案，创建并向各部门分发任务，协调任务执行的过程中出现的问题，并进一步采取相应的措施。

⑥模拟演练。

实现对应急知识、应急案例的电子化管理，为应急指挥人员在应急处置过程中提供有价值的场景模拟练习，提高应对突发应急事件的能力。

（5）智能管控

①运营管理。

运营管理功能模块对车站日常业务运营情况进行管理，包括基础信息管理、运营模板编制、运营状态监测及评价、运营模式管理等功能。

基础信息管理功能实现对站房空间结构、设备设施、广播分区、导向屏配置、列车到发配置、作业岗位配置等信息进行统一管理及维护。

运营模板编制功能实现对广播、导向、岗位作业模板进行统一编制及维护。

运营状态监测及评价功能主要对作业流程、人员状态、设备质量、环境舒适度等多个方面进行监测和评价，并通过对各生产要素状态信息进行综合分析来评价车站整体运行状况。

运营模式管理功能实现对车站运营状态划分正常、应急、节假日、节能、舒适等不同的运营模式，设定每个运营模式对应的详细参数和阈值，对运营模式可进行增删改查等维护管理，当车站运营状态发生模式变换时，进行必要的提示。

②协同控制。

协同控制面向设备、人员、环境、列车等生产要素，通过作业人员、各集成模块及设备的一体化调度指挥，实现客运业务的协同控制，主要包括列车到发管理、协同处置方案实时生成和优化、协同联动指挥、执行效果监测及反馈等功能。

列车到发管理功能可根据实时调度信息，将列车日到发计划自动调整为阶段到发计划，必要时可进行人工调整。

协同处置计划实时生成和优化功能可根据阶段到发计划，结合运营状况评价结果，实时协同调整一体化计划，并能够依据现场各生产要素实时状态变化对一体化计划进行优化。

协同联动指挥功能可根据一体化计划，将作业命令下发到广播、导向、闸机等设备，以及客管、客设等相关应用系统，联动调整相关客运作业，实现作业、人员、设备的一体化协同联动指挥。

站车信息交互功能结合客管系统的客运段管理子系统，实时掌握列车在途信息，通过站车交互通道实现站车之间客运台账、铁路电报、上水吸污需求、重点旅客、应急事件等信息的交互。

站间信息交互功能可实时交互相邻站间的车站运营状况、应急信息等，实现站间协同处置。

执行效果监测及反馈功能可实时监测协同作业过程，获取整体及单项任务的执行情况并分析效果，发现异常时及时报警，以支撑一体化计划的进一步优化。

（6）AI辅助决策

①人工智能库管理。

人工智能库提供统一的知识库/算法库/规则库/模型库，对知识、算法、规则、模型进行统一管理，具备自主更新及优化功能，并为各应用提供开放的接口调用服务，外部应用可根据标准对知识库/规则库/算法库/模型库进行补充优化。

②数据分析。

数据分析模块根据业务需求，基于分析主题设定分析场景，构建分析模型，实现面向业务场景的数据模型分析，主要包括分析主题管理、分析场景设定、分析模型搭建、分析模板管理等功能。

分析主题管理功能针对车站的应用需求，设置面向列车、面向工作人员、面向环境、面向设备、面向旅客等多个分析主题，对分析主题进行统一管理，具备对主题进行增加、修改、删除、查看等功能。

分析场景设定功能根据车站运营过程中的实际需求，在分析主题中设立日常运营、异常处理、应急处置等不同场景，针对场景特点进行相应场景的参数配置。

分析模型搭建功能可基于业务需求调用算法库和模型库中的一个或多个算法及模型，搭建针对应用场景中具体问题的分析模型，能够通过模拟分析获得科学客观的分析结论，同时可根据分析结果对模型进行优化。

分析模板管理功能可依据业务需求，结合不同的主题和场景，将一些通用的、使用频率较高的分析模型模板化，形成包括数据源、分析结果、调用方式、对外接口等的成套标准化模板，具备对模板进行增加、修改、删除、查看等功能；对外提供模板调用服务，只要符合标准，允许用户自定义数据模型和外部数据模型接入。

③智能化服务。

智能化服务基于数据分析算法、人工智能算法等，提供语音识别、智能问答与交互、人脸对比辨识、人流量分析、人员画像、运营分析等服务。

语音识别服务功能可对前端系统/设备输入的语音进行分析，实现不同语种的辨识、标准文字转换、情感识别等功能，可通过接入客服系统的语音识别平台提高服务能力。

智能问答及交互服务功能对以文字形式输入的问题进行语义分析，在知识库中进行智能匹配，获取匹配度最高的答案，并将答案以标准的文字形式传给前端设备/系统，实现人性化的智能问答和交互服务。

人脸对比辨识服务可对人脸图像/视频流进行识别与比对，快速辨识用户输入的视频或图片中的人物身份，可通过接入客票系统的人脸识别平台提供服务能力。

人流量分析服务可根据车站售票情况及购票人员信息，结合天气情况等信息，分析旅客到站时刻及到站乘车人数，对车站的进出站人流量进行预测；结合站内拥挤度情况、列车到发时刻及运输旅客量，对车站的承载能力进行预测，为客运指挥提供支撑。

站内工作人员画像服务可对站内不同岗位工作人员画像设置标签并分类管理，依据人员资料对工作人员进行实时/静态画像，依据画像结果安排和调整工作，做到"人尽其才、科学评价"。

信息关联服务可基于业务场景进行客运计划、列车运行状态、人员到岗信息、设备使用情况、环境状态、旅客信息等相关服务和生产要素的信息关联，提供业务相关信息"一点即出"服务。

每日报表服务功能根据车站历史及实际情况，结合模型及算法对车站运营情况进行统计分析，生成当日分析报告，同时自动生成新的运营报表，并给出次日工作建议。

运营瓶颈分析服务功能可统一管理车站运营过程中出现的瓶颈，并对瓶颈问题进行分析，帮助管理人员寻求有效的解决方案。

（7）集成化展示

管控平台与综合视频监控系统接口调取综合视频监控平台视频，对车站内不同区域的摄像头信息及实时监控视频画面进行展示，并提供基于客运计划的视频联动功能，通过选择客运计划，调用该计划涉及的相关车站区域的实时联动画面，并在三维（3D）模型上进行展示。

4）网络构成

京张高铁管控平台采用集中部署三级应用模式，三级之间通过数据通信网进行数据传输，同时与客票网、综合视频网进行联通，实现数据交互及共享。网络架构如图5-10所示。

5）系统设置

客站管控平台采用大站管理模式，全线设置清河站和张家口站两个管理站，清河站代管昌平站、八达岭长城站；张家口站代管东花园北站、怀来站、下花园北站、宣化北站。北京北站独立控制。

（1）国铁集团级硬件资源配置

客站管控平台依托中国铁路主数据中心分配硬件资源，包括数据库服务器、身份认证服务器、应用服务器、接口服务器、磁盘阵列、交换机、网闸、防火墙等存储、计算和网络资源。

（2）铁路局集团公司级硬件资源配置

管控平台在铁路局集团公司配置前端服务器、接口服务器、存储设备、交换机、综合展示大屏和监控终端。

在铁路局集团公司端设置4台服务器、1台视频接口服务器、2套磁盘阵列、2台SAN交换机、2台汇聚交换机、4台接入交换机、4台KVM交换机、1台图形工作站。具体设置方案为：从3楼通信机械室新增2条48芯光缆到3楼网络机房，3楼网络机房通过既有通道到4楼旅客服务机房，在4楼旅客服务机房内设置2台汇聚交换机、4台接入交换机，2台KVM交换机，通过新增2条12芯光缆到8楼配线间，在8楼配线间内设置2台KVM交换机。并在应急指挥中心，实现车站信息的3D综合展示。

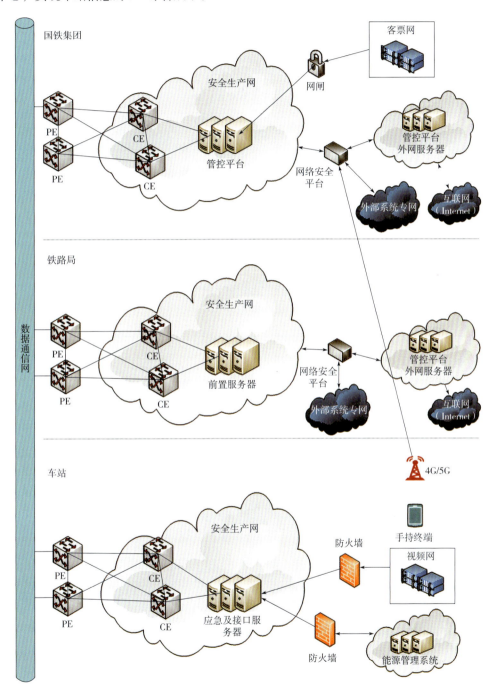

图 5-10　京张高铁管控平台网络架构

铁路局集团公司设置的4台服务器，通过虚拟化技术，实现前置服务器、接口服务器的硬件资源分配。服务器处理能力满足京张高铁的接入，并适当考虑预留。

（3）车站级硬件资源配置

①客站管控平台。

京张高铁管控平台在车站配置接口服务器、数据处理服务器、交换机、路由器、综合展示大屏和监控终端等设备。拼接电视墙作为视频展示设备，需增加视频拼接处理器，实现电视墙共享使用。

各客运站所需设备配置详见表5-4。

车站硬件资源配置数量　　　　　　　　　　　　　　　　　　　　　　　　表5-4

序号	车站	接口服务器	数据处理服务器	核心交换机	视频拼接处理器	CE路由器	防火墙	图形工作站
1	北京北	1	1	2		2	3	
2	清河	1	1	2	1	2	3	1
3	昌平	1	1	2		2	3	
4	八达岭长城	1	1	2		2	4	
5	东花园北	1	1	2		2	3	
6	怀来	1	1	2		2	3	
7	下花园北	1	1	2		2	3	
8	宣化北	1	1	2		2	3	
9	张家口	1	1	2		2	3	

②客运管理系统。

车站的客运指挥与管理移动终端设备，通过4G公网专用带宽进行数据传输，通过4G公网将车站级客运管理信息系统数据传至国铁集团。国铁集团通过隔离网闸与内网联通。客运管理信息系统手持终端设备具体设备配置详见表5-5。

客运管理系统设备设置表　　　　　　　　　　　　　　　　　　　　　　　　表5-5

设备名称	单位	车站									备注
		北京北	清河	昌平	八达岭长城	东花园北	怀来	下花园北	宣化北	张家口	
手持终端	台	80	80	40	60	40	60	40	60	100	其中北京北站、清河站为新增，其他各站均利旧使用

（4）软件配置

管控平台所需软件配置为：设置在主数据中心管控平台的国铁集团级硬件配套外购软件和工具软件以及管控平台有关的应用软件、设置在北京局集团公司的管控平台和各站设置的车站级软件资源，软件资源配置如下：

①主数据中心。

a.国铁集团级软件移植：在主数据中心移植管控平台国铁集团级基础数据平台，基础数据平台负责统一接入客票、调度、动车、客车等数据，以及局间数据共享，并对数据进行存储，统计和分析。

b.铁路局集团公司级软件移植：在主数据中心管控平台路局级后台设备移植路局级旅客服务、客运管理、客站设备管、车站应急应用软件。主数据中心软件资源配置详见表5-6。

主数据中心软件资源配置表　　　　　　　　　　　　　　　表5-6

序号	工程项目名称	单位	数量
1	国铁集团级基础数据平台软件及调试	套	1
2	管控平台—大数据中心—数据库—关系型数据库	套	20
3	管控平台—大数据中心—安全软件	套	38

②北京局集团公司。

在北京局集团公司信息机房管控平台路局前置服务器移植路局前置旅客服务、客运管理、客站设备管、车站应急应用软件。北京局集团公司软件资源配置详见表5-7。

北京局集团公司软件资源配置表　　　　　　　　　　　　　表5-7

序号	工程项目名称	单位	数量
1	管控平台—路局级—前置服务器软件移植	套	1
2	管控平台—路局级—数据库软件	套	4
3	管控平台—路局级—安全软件	套	5
4	管控平台—路局级—虚拟化软件 VMWARE CPU 许可	套	8

③车站级。

根据各站功能需求移植旅客服务、客运管理、客站设备管、车站应急等应用软件。软件资源配置详见表5-8。

车站软件资源配置表　　　　　　　　　　　　　　　　　　表5-8

序号	车站	旅客服务集成管理平台软件	客运管理应用软件	客站设备管理应用软件	应急管理应用软件	管控平台与综合视频监控系统接口	车站三维地理地图绘制	三维GIS引擎购置	集成化展示	管控平台相关信息接入	管控平台接入国铁集团	数据库软件	安全软件	智能管控软件
1	北京北	1	1	1	1	1					1	1	2	3	
2	清河	1	1	1	1	1	1	1			1	1	2	2	1
3	昌平	1	1	1	1						1	1	2	2	
4	八达岭长城	1	1	1	1						1	1	2	2	
5	东花园北	1	1	1	1						1	1	2	2	
6	怀来	1	1	1	1						1	1	2	2	
7	下花园北	1	1	1	1						1	1	2	2	
8	宣化北	1	1	1	1						1	1	2	2	
9	张家口	1	1	1	1	1					1	1	2	2	1

6）系统接口

京张高铁管控平台在主数据中心与路内调度系统、客票系统、动车管理系统、客车管理系统、客运段生产指挥系统进行单向/双向的信息数据交互，以支撑车站的客运业务，同时京张高铁管控平台向其他系统和应用统一开放数据接口。

京张高铁管控平台在北京局集团公司及车站分别与综合视频监控系统进行单向的信息数据交互，以支撑车站的客运业务。

5.3.3　京张高铁客站旅客服务生产管控系统成效

针对客运车站各业务系统存在信息孤岛明显、软硬件资源相对独立、无法协同联动等问题，京张高铁客站旅客服务生产管控系统通过功能全面集成、硬件资源统一管理和动态分配、数据资源实时共享和综合分析、生产资源实时管控和协同联动，实现对旅客服务信息、客站设备、客运管理、应急管理等方面的实时监控。客站设备管修一体化，全面提升了客运日常管理的工作效率、应急管理的系统化水平和旅客的出行体验。主要建设成效包括：

（1）实现了客运车站软硬件资源的统一管理和动态调配

打破客运车站各应用独立部署的局面，整合各应用的硬软件资源需求，进行统一管理和动态调配。计算和存储资源统一向国铁集团/路局的云计算资源池申请，减少硬件资源需求数量，同时对计算和存储资源进行监控和报警，避免由于资源配置不匹配导致的程序异常。对于各应用需要的操作系统、数据库、底层通信、数据共享等软件进行统一管理。

（2）客运车站相关数据的全面汇集和共享

结合车站的业务需求，实现站内、外客运数据的汇集、存储、融合和共享功能。建立统一的数据库，为客运车站相关应用提供标准化和规范化的数据存储服务，通过标准化接口获取各类外部系统数据，在对多源异构客运数据进行清洗和融合的基础上，构建开放的公共数据库，便于内部各业务应用之间调用和外部系统的接口调用。

（3）构建了基础算法和模型的统一管理体系

为便于智能管控平台和各应用利用数据分析算法和人工智能模型进行业务的智能化升级，保障客运服务和生产顺畅进行，避免重复开发降低相应的投资，对智能语音和视频分析算法和模型、旅客服务问答库、车站地图资源、各类统计和数据分析算法等智能化资源进行管理，通过开放式的标准的 API 为各应用提供智能化的服务能力，实现客运车站生产和服务所需要基础算法和模型的统一存储、标准化调用、统一维护和升级。

5.4 车站运营智能感知系统

5.4.1 车站运营感知系统应用现状

随着人工智能技术的快速发展，尤其是深度学习技术在视频监控领域的应用，国内视频智能分析技术已经取得了不少进展，已经有了相对成熟的产品和应用，并且目前正逐步进入实际应用阶段。另外，随着深度学习技术的发展，采用图形处理器（GPU）技术也已成为智能视频分析的解决方案之一，采用 GPU 并行加速计算处理芯片对海量视频进行并发分析处理、结构化数据存储及海量数据快速检索已经开始逐步推广应用。目前国内客运车站智能视频分析的应用也先后开展了一系列的试验试点工作。例如，2015 年合福铁路上海局管段车站及合肥南站进行铁路旅客服务系统视频图像分析试点，开展了越界行为分析与人群聚集扩散行为分析等视频分析功能试点。2017 年铁科院电子所围绕智能车站建设的总体需求在太原站开展了视频图像分析试点，先后开展了旅客人数、聚集密度、非法侵入、异常聚集与扩散等异常行为的智能化分析试验，进一步促进了智能视频分析手段在铁路客运车站的应用和推广。

5.4.2 京张高铁车站智能感知系统设计

1）设计思路

围绕客运业务生产管理和安全保障，以深度学习、边缘计算、智联网、大数据、云计算等技术为基础，构建旅客服务系统视频图像分析系统，实现人员、设备、环境的智能感知，包括统计、分析、预测站内旅客人数、聚集密度以及非法侵入、异常聚集与扩散等异常行为的智能化分析、评价与决策，车站客运设备运用状态的自动监测，以及车站环境的智能感知，同时支撑其他业务系统的音视频等数据的分析处理需求，满足智能车站提高工作效率和车站智能化水平的需求。

本系统可以为智能车站各业务系统提供音视频相关基础服务资源，各业务系统的具体需求见表 5-9。

车站各业务智能分析功能需求表　　　　表 5-9

序号	需求来源		分析功能
1	服务	旅客服务系统	①视频联动功能； ②进站口、检票口、出站口等的人脸识别； ③基于 OCR 的重点区域导向屏闭环检测； ④旅客服务机器人的场景理解
		无障碍服务系统	人脸识别

续上表

序号	需求来源		分析功能
2	安全	客运站应急指挥系统	①在列车即将进站时,自动统计越过站台电子围栏人数并进行提示和报警; ②旅客的性别、年龄等属性的识别; ③乘坐扶梯人员的逆行识别; ④关键区域(站台轨道、岔区、站台两端等)异常入侵检测; ⑤关键区域(候车厅等)遗留物检测; ⑥人群异常聚集、扩散等行为分析; ⑦八达岭安全疏散通道监控,保证疏散流线畅通; ⑧异常视频的检索和长期保存
		安检	①安检口行李跟踪和识别,从而防止错拿、漏拿行李; ②重点人员排查
3	生产	客管	关键岗位工作人员到岗、离岗检测以及分布情况
		客设	①自动检测车站主要客运设备数量、位置、类型(包括闸机、屏、电梯、安检仪、取票机等); ②客运设备运行状态识别(电梯、安全门、音视频采集设备、屏幕等); ③根据客设巡检计划实现设备管理人员巡视情况识别; ④根据维修计划实现设备检修视频的监控和长期保存
4	车站大脑		①重点区域(进站口、候车厅、站台等)车站人群分布情况; ②车站关键区域(进站口、出站口等)通过人流情况; ③关键服务岗位(进站口、售票厅等)排队人数; ④进站口、检票口、出站口、通道卡口等关键区域视频人像检索; ⑤分析旅客在车站关键区域之间的通行时间(例如从进站口走到检票口的时间等); ⑥大面积晚点等情况下的列车到发及股道占用情况监测; ⑦统计、分析、预测站内旅客人数、聚集密度; ⑧个体与群体异常行为的智能化分析、评价与决策
5	视频图像分析系统		系统自诊断(包括音视频质量分析、采集设备故障诊断等)

2)总体架构

系统以车站客运安全监控与管理的需求为引导,建立融合边缘计算、智联网、人工智能等技术的多维信息感知体系,实现安全状态主动感知、危险事件的主动发现、安全态势的智能分析评价与决策,研发统一的客运智能视频监控平台,为相关业务提供视频、图像等数据的高效接入、稳定存储、有效管理以及共享服务,系统的总体架构图如图5-11所示。

传统视频监控系统前端摄像头内置计算能力较低,而现有神经网络芯片等的快速发展,为我们提供了新的解决路径,因此本系统提出了"云+端"的智能视频监控技术,本系统具有两方面的优势:

(1)充分利用基于边缘计算的视频图像预处理技术,通过对视频图像进行预处理,去除图像冗余信息,通过计算前移降低整个系统对云计算平台的计算、存储和网络带宽需求,避免复杂网络条件下的高频、碎片计算和传输带来的延时、拥塞等问题,提高视频分析的速度。

(2)通过融合边缘计算的多维信息感知体系得到的报警信息通过专网、无线网络等传输方式传输到后台进行展示和存储,在后端构建基于结构化视频描述的跨域协同视频 Hadoop 平台,并以此为基础构建基于行为感知的视频监控数据弹性存储机制,可以根据行为特征决策功能，实时调整视频数据分析存储机制。既减少无效视频的存储，降低存储空间，又最大化存储"事中"证据类视频数据，增强证据信息的可信性，提高视频数据的存储空间利用率。

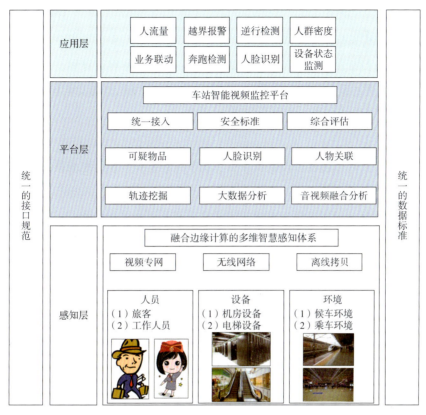

图 5-11　系统平台架构

系统可以实现客运站自建视频资源、铁路综合视频网、移动设备采集视频资源的整合，实现客运站局域网内视频监控资源统一接入和共享。同时为实现数据互联互通和信息共享，车站智能视频监控系统将视频应用的各种处理过程分解为若干标准接口部件，针对上层应用输出统一接口，实现针对服务的接口标准化。

3）系统功能

（1）视频监控和管理功能

可实现实时预览、历史回放、系统管理等功能，满足车站全方位实时监控分析的需求。

实时预览功能支持对智能视频报警响应，对报警摄像头进行实时预览监控；支持终端单画面和多画面模式的视频切换浏览，并支持终端 1/4/9 画面模式的视频切换浏览；支持快速摄像头检索、高清摄像头接入、云台控制和手动抓图等功能。

历史回放功能支持基于 Hadoop 平台存储，系统可靠性、安全性高；支持历史报警视频查询、单帧播放、录像、下载等功能。

系统管理功能支持摄像头管理，可动态增加、删除、修改摄像头；支持用户管理，可对不同用户进行权限管理；支持参数配置功能。

（2）视频发布及联动功能

系统针对客运服务管理相关业务的具体需求定义若干事件，触发后自动联动控制视频系统，对感兴趣区域进行视频监控，具体包括但不限于以下几项功能：

①与旅客服务相关业务的联动。

开停检时对开行车次相关视频的自动联动控制：结合列车客运计划，当有列车进站检票时，把从候车室、进站通道、站台的全路径视频自动切换到视频监控大屏上或者客户端上，达到旅客乘降全路径的监控要求。

②视频发布。

视频发布功能具体包括客运设备设施运行状态视频发布、求助终端视频发布和应急视频指挥系统视频发布。

客运设备设施运行状态视频发布功能可在客运设备设施出现异常时，提供视频流，以供客运实时联动调阅、控制视频画面查看客运设备设施的实际运行情况，快速排除故障。

当旅客在求助终端上进行求助时，求助终端视频发布功能可提供视频流接入，以供求助受理人员联动看到和控制求助人现场的视频图像，做出正确的判断。

同时，系统预留对应急视频指挥系统的接入，可为其提供视频流接口，以满足对特殊情况下，多级中心可对现场进行音视频交流的需求；满足紧急状态下的指挥、监控、调度一体化的功能；满足移动图像接入、远程控制、报警等需求。

（3）智能视频分析功能

①越界入侵检测。

针对不允许靠近的重点防护区域，例如站台等，通过在视频中设定检测区域，对目标进入或离开设定区域的事件进行检测，支持检测区域的自定义设置，形成高安全系数的入侵检测防范体系。另外，可以结合列车到发情况利用电子围栏对"越界"进行多种形式的报警或提示。

②人群密度估计。

针对人流密集区域，如候车厅等，通过在视频中设定检测区域，对该区域内人群密度进行统计，进而计算出人群密度分布特征、人群运动特征等聚集扩散数据，当结果超过设定阈值时进行自动报警。系统可开启人群分布热力图并可根据历史数据预测区域内人群密度情况。

③人流态势检测。

通过在视频中设定检测区域，对进入该区域的多个目标检测，检测类型包括逆行、快速跑动、人流速度、人流方向、人群排队长度、人群流量统计等。扶梯等场景重点检测人员逆行。进站口、出站口等人流量大的区域可进行人群流量统计。出租车区可检测人群排队长度，根据排队人数通知旅客排队时间，同时可以将信息发布给公共交通资源。

④人脸识别功能。

通过在进站口、检票口等位置安装具备人像抓拍功能的前端摄像机，基于人脸识别技术，通过现有摄像头以及加装人脸采集设备、可穿戴采集设备实现 1∶1 人脸比对和 1∶N 人脸检索功能，进一步结合业务作业计划可以为工作人员到岗情况监控提供支撑，以及分析旅客在车站关键区域之间的通行时间等，为优化旅客乘降提供支撑。

⑤视频结构化分析。

利用视频结构化描述算法对视频中的人、物进行分类与识别，可在障碍服务及爱心通道实现对站内残障人士的识别，在站内关键岗位进行工作人员的到岗、离岗检测，利用人员检索功能对站内重点人员进行轨迹跟踪，在安检口对行李物品进行跟踪识别，根据行李图片帮助旅客找到丢失行李。具体功能包括如下方面。

a. 人员识别：对站内残障人士（如坐轮椅旅客）、工作人员、站内旅客等进行自动检测，并将对象信息（年龄、性别、衣着、携带物等）返回终端。

b. 重点人员检索：根据现场抓拍人员图像，找到该人员在站内所出现的历史图片并形成轨迹。

c. 行李物品与人员的跟踪识别：研究基于大数据的人—物数据的关联模型和数据挖掘技术，包括人员信息和物品类别的关联、基于时空关联分析的联合跟踪技术和轨迹生成。

d. 客运设备服务区域状态的辅助分析：利用 OCR 识别、行人检测等技术，同时结合客运设备服务区域的人流态势对导向屏、电梯、闸机等的运行状态进行自动分析，辅助客运设备管理人员监控设备运行状态，当发生异常情况时，能够提示工作人员进行检查。

⑥系统自诊断。

系统自诊断可以应用于接入本系统分析的采集设备上，一方面防止采集设备损坏但长期无人知晓，另一方面对采取电子干扰、破坏采集设备（包括摄像机、拾音器等）的行为自动识别并实时报警。重点关注视频图像的显著变化，如摄像头被遮挡、视频质量不佳等。可防止犯罪分子恶意操作，从而减少取证、分析和判别难度。

（4）前端视频采集点部署原则

视频采集点的部署情况直接影响视频分析等功能的实现效果，在部署过程中根据现场需求在重点监控区域加装、更换、补强摄像机，且摄像机的配置、型号满足智能分析的要求。现场安装过程中，要兼顾美观、牢固、辅助设备是否有空间等，选择合理的安装方式。针对站台越界分析等典型场景，视频分析功能摄像机点位部署原则如下：

①站台越界分析功能主要应用于监控车站站台安全黄线位置的摄像机视频，要求站台覆盖区域较全（覆盖范围 80～100m），且行人正常经过时尽可能避免遮挡站台黄线以及人员的相互遮挡。

②人群聚集扩散检测功能主要应用于监控如候车厅等人群集中区域的摄像机视频，要求监控覆盖区域较全。

③人流量和排队长度检测功能主要应用于进/出站口、售票厅等处，要求摄像头监视区域

尽量垂直拍摄。

④人群密度估计功能主要应用于监控如候车厅等人群集中区域的摄像机视频，要求监控覆盖区域较全。

⑤人脸识别功能主要应用于进、出站口，要求监控最好正视人脸区域。

（5）网络方案

智能感知系统部署在铁路内部服务网，通过设置网络安全设备实现在各客运车站综合视频网和铁路内部服务网的互联互通，并实现从综合视频节点接入分析选点及业务联动涉及的实时视频流。网络拓扑图如图5-12所示。

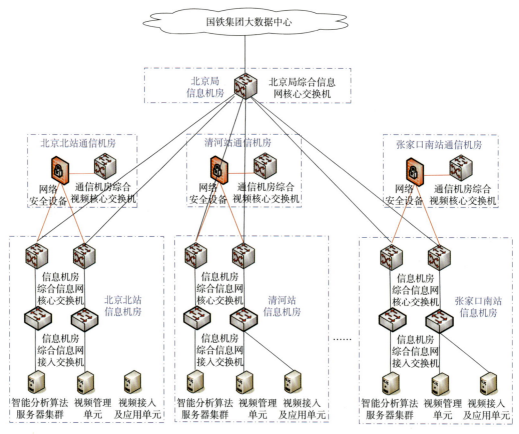

图 5-12　网络拓扑图

（6）存储方案

系统存储采用基于Hadoop平台的存储模式，将各车站组网搭建基于Hadoop平台的存储服务，系统根据各节点的存储状况自动分配存储，具有高容错性、检测和快速应对硬件故障、云端统一管理、支持超大文件、流式数据访问的特点。为保证存储视频的可靠性和访问速度，Hadoop平台存储按1∶1备份，25%冗余度进行设计。

智能分析报警视频存储报警时刻前后各10s，共20s的视频。经统计分析，每路摄像头每天存储报警视频30段。按照报警视频存储90d计算，每路智能视频存储容量为72GB。

（7）视频管理单元配置

鉴于系统分布式存储、图像分析分布式平行计算及快速检索的需求，需搭建 Hadoop 平台，搭建 Hadoop 平台至少需要 3 台服务器，故每站配置视频管理单元 3 台，用于实现基于 Hadoop 平台的视频存储、计算、上传等功能。

每 100 路 1080P 视频配置视频接入及应用单元 1 台，用于实现实时视频的接入、应用服务的部署。故张家口南站、北京北站分别配置 2 台接入及应用单元，其余站各配置 1 台。

由于目前一台视频分析单元最多可以同时处理 32 路视频，为保证视频分析的可靠性、运行效率，按照 25% 冗余度进行设计，按照 32 路分析能力计算视频分析单元配置。

（8）报警数据上传

系统预留上传报警数据至国铁集团大数据中心的条件。上传方式如下：每条报警信息上传一张报警图片至大数据中心，每个图片大小约为 200kB。按照每秒产生 10 张报警图片，实时上传至大数据中心，延迟在 10s 左右，考虑带宽开销，大约需占用 2Mbps 的带宽。故每站需预留 2Mbps 的带宽上传报警图片至大数据中心。

5.4.3 京张高铁车站运营智能感知系统成效

车站运营智能感知系统引入人像识别等技术，建立系统间信息共享和互联互通机制，通过智能视频分析、跨媒体分析等技术，实现车站全范围全时段的安全监控，大大提高京张高铁安全反恐水平，最大限度地保证车站的运行安全和旅客的财产生命安全。主要建设成效如下：

（1）建立了系统间信息共享与互联互通机制

车站运营智能感知系统通过引入人像识别等技术，建立了系统间信息共享和互联互通机制，提高客户服务质量，对提升行业服务水平和竞争力，构建智能车站，实现铁路的智能化运营有着关键而深远的意义。

（2）提升了京张高铁安防反恐水平

在建设智能车站的进程中，传统的监控手段已经不能满足大客流情况下车站环境的自动化监控和分析，极大地限制了车站安防水平的提高。本系统通过智能视频分析、跨媒体分析等技术，实现车站全范围全时段的安全监控，建设车站安防监控系统，可以大大提高京张高铁安全反恐水平，最大限度地保证车站的运行安全和旅客的财产生命安全。

（3）提升了车站管理效率和运营水平

目前视频监控、定时巡检依然是铁路客运车站工作人员掌握车站运行状态的主要手段。然而传统的监控手段无法实时准确地反映客运车站人员、设备、环境的实际情况，车站资源的调度、管理等主要依靠计划、经验等执行，影响了车站管理运营效率的提升，尤其在发生突发事件时影响快速实时的开展处置，因此通过构建智能综合视频监控系统，将大大提高车站智能感知的水平。

5.5 站内导航系统

5.5.1 站内导航系统现状

铁路日益成为广大旅客出行的首选交通工具，在中国高铁网络不断发展的时代背景下，高铁以其安全、舒适的乘坐体验和快速到达的特点，近年来已经逐渐成为人们旅游观光、走亲访友、异地出差的首选出行方式。火车站给旅客带来舒适、干净环境的同时，由于大型车站面积大、服务设施多，对于旅客来说，要随时并准确获取出行站内的各种信息，包括各类站内服务设施的位置信息，已经成为一件相当困难的事情。现有车站标识是静态和离散的，只能告诉乘客目的售票厅、检票口的大概方位，并且由于这些标识提供的信息是断开不连续的，导致旅客在前往目的地时会不停地寻找站内工作人员询问，也使得站内工作人员也付出了相当高的服务成本。同时，车站的标识系统无法针对性的满足每一个旅客的需要。如对于"去哪里坐公交车？洗手间在哪里？"此类问题，车站工作人员每天回答几十遍甚至上百遍，直接影响了车站站内的运营效率和旅客体验。

因此，车站迫切需要利用基于互联网的车站站内定位导航技术，帮助旅客在寻找售票厅、安检口、检票口过程中获得动态连续的位置指引，顺利找到自己想要寻找的位置区域。

5.5.2 京张高铁站内导航系统智能设计

1）设计思路

车站导航应用是铁路客运延伸服务系统的重要组成部分，应按照客运经营子系统以"提升客运服务品质与旅客体验，提升旅客满意度、忠诚度"的指导思想进行建设。系统设计遵循如下原则：

（1）统一规划、统一标准

以面向旅客定位导航服务为导向，统一规划、设计导航应用的体系架构和功能，形成总体方案，制定统一数据格式标准、应用界面标准、软件开发技术标准等。

（2）技术成熟，实用可靠

导航应用建设在采用先进技术的同时，充分考虑硬件设备选型配置和软件设计的安全性和可靠性，确保应用可靠、实用。

（3）跨网交互、安全稳定

导航应用的建设，网络接入符合网络安全技术要求，内外网数据交互通过安全平台实现，符合铁路网络数据安全交互标准。

2）系统功能

车站导航应用的功能主要分为旅客服务、平台管理、运维分析功能，如图5-13所示。

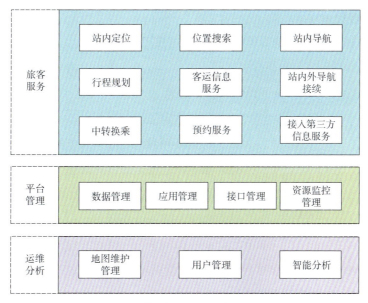

图 5-13 铁路车站导航应用功能架构图

（1）旅客服务

以清河站为例，清河站作为国铁、市郊铁路、地铁的换乘车站，复杂的位置关系以及较大的建筑规模，成为乘客换乘和寻找目标点位的难点。清河站站内导航效果如图 5-14 所示。通过站内导航系统，我们可以清晰地看到清河站的总体布局及细节点位。

a)

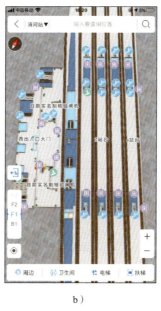
b)

c)

图 5-14 清河站站内导航效果图

清河站总共有四层，分别为 B1 层、1 层、1 层夹层和 2 层。其中 1 层夹层为非旅客功能使用区；B1 层共有 195 个 iBeacon，覆盖安检区、售票厅以及电梯口等区域，供旅客使用站内导航；1 层有 977 个 iBeacon，覆盖西入口大厅、安检区、实名验证区、咨询台、电梯口及站台等区域，供旅客使用站内导航；2 层有 778 个 iBeacon，覆盖售票厅、VIP/商务候车室、咨询台、卫生间、母婴室以及电梯口等区域，供旅客使用站内导航。

铁路客运车站导航应用为旅客提供站内定位、位置搜索、站内导航、行程规划、客运信息、站内外导航接续、中转换乘、预约服务等功能。

①站内定位。

旅客使用移动终端向服务器发送定位请求，服务器返回旅客在地图上的位置信息。旅客发送定位可分为当前位置定位、选择位置定位、车站自动定位三种。定位功能框图如图 5-15 所示。

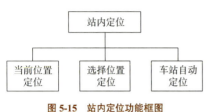

图 5-15　站内定位功能框图

②位置搜索。

铁路客运车站导航应用提供多种类型的位置搜索功能，主要包括地图位置搜索、POI 分类搜索以及图层搜索。位置搜索功能框图如图 5-16 所示。

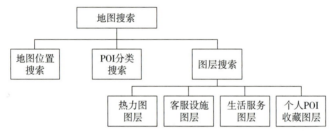

图 5-16　位置搜索功能框图

③站内导航。

铁路客运车站导航应用功能包括路径规划、地图导航、语音导航、行程规划、位置共享以及智能引导功能。站内导航功能框图如图 5-17 所示。

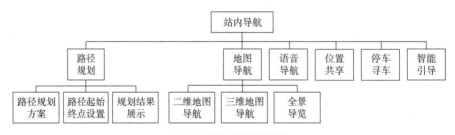

图 5-17　站内导航功能框图

④行程规划。

铁路客运车站导航应用为不同旅客群体提供定制化的行程导航服务，其中，旅客群体包括：进站旅客、出站旅客、接人旅客、送人旅客。行程服务主要包括行程绑定、行程设置、行程查询、行程修改、行程提醒、行程删除等功能，并为不同旅客群体提供不同的行程服务。行程规划功能框图如图 5-18 所示。

图 5-18 行程规划功能框图

⑤客运信息服务。

铁路客运车站导航应用为旅客提供客运信息服务，客运信息主要包括列车时刻表信息、正晚点信息、检票口信息、到达口信息、列车停运信息、安检排队及拥堵信息、二次安检信息、列车停运信息、席位置换信息、列车更换车组车型信息等。客运信息服务提供多种方式的信息查询功能，在移动终端上便可查询上述客运信息，旅客无须再到服务台咨询，提高旅客问询效率，减轻工作人员负担。客运信息服务功能框图如图 5-19 所示。

图 5-19 客运信息服务功能框图

⑥站内外导航接续。

站内外导航接续服务分为站外导航、站内导航两部分。站内外导航接续服务为旅客提供从站外到站内的全行程导航服务。在站外调用第三方地图厂商导航服务实现导航，旅客到达车站附近时，提醒旅客开启蓝牙，自动切换到站内导航，接续为旅客完成在站内部分的导航。

⑦中转换乘。

铁路客运车站导航应用为旅客提供中转换乘引导及换乘信息搜索等功能，其中主要包括：站台便捷换乘引导、换乘信息搜索等。中转换乘功能框图如图 5-20 所示。

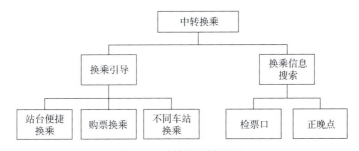

图 5-20 中转换乘功能框图

⑧预约服务。

图 5-21 预约服务功能框图

铁路客运车站导航应用为旅客提供个性化、人性化预约服务，如小红帽行李搬运预约、重点旅客接送站预约等服务。预约服务功能框图如图 5-21 所示。

⑨接入第三方信息服务。

铁路客运车站导航应用作为第三方服务信息接入口，

为旅客提供第三方服务信息。第三方服务信息主要包括城市天气服务、酒店预订服务、景点门票预订服务、公共交通服务等。接入第三方信息服务功能框图如图 5-22 所示。

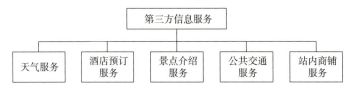

图 5-22　接入第三方信息服务功能框图

（2）平台管理

铁路车站导航应用的平台管理功能主要包括：数据管理、应用管理、接口管理、资源监控等功能。

①数据管理。

数据管理主要实现对车站导航应用数据的收集、组织、存储、处理、分析，充分有效地保障数据安全可靠，发挥数据作用。数据管理功能框图如图 5-23 所示。

②应用管理。

为确保车站导航应用的安全稳定、简单实用，进行相应的软件管理。对车站导航应用进行实时监控，当应用请求出现异常波动、应用本身出现错误时，能及时预警和预判。应用管理功能框图如图 5-24 所示。

图 5-23　数据管理功能框图　　　图 5-24　应用管理功能框图

③接口管理。

车站导航接口是应用服务的基础。平台会建立直接、可视化的接口管理界面，直接维护和管理车站导航应用的所有接口。提供接口信息，如对接口调用的请求次数、请求频率、请求时间等。提供接口数据的验证管理功能。提供接口访问的授权管理功能。

④资源监控管理。

车站导航应用平台将应用所需的各硬件资源监控起来，如服务器、蓝牙 iBeacon、存储、网络、数据库等。资源监控功能框图如图 5-25 所示。

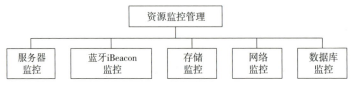

图 5-25　资源监控服务功能框图

（3）运营维护分析

为了保证站内导航应用正常、可靠、稳定的运行，为客运服务提供数据运营分析。站内导航应用提供维护功能及数据运营分析功能。

①地图维护管理。

由于客运站内存在扩改、设施变动、站内流线变动、餐馆名称改变等问题，因此需要对地图进行维护管理。地图维护管理功能分为专业人员和工作人员对地图的维护，以及旅客上报地图错误。车站数据上报处理流程如图5-26所示。地图维护管理功能框图如图5-27所示。

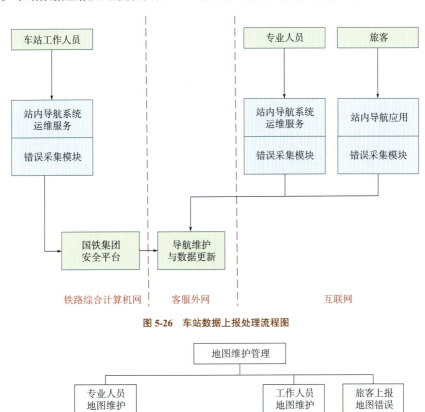

图5-26 车站数据上报处理流程图

图5-27 地图维护管理功能框图

②用户管理。

用户管理分为运维人员用户管理、注册旅客用户管理。运维人员用户管理主要为运维人员注册、权限配置、重要操作记录等功能。注册旅客用户管理主要为旅客的注册、统计分析、定制化等功能。用户管理功能框图如图5-28所示。

③数据分析管理。

应用在使用过程中会产生大量用户行为数据，通过对用户行为数据分析，可以预测用户未来行为，优化应用配置，为旅客提供更优质的服务。数据分析管理功能框图如图5-29所示。

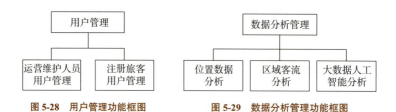

图 5-28　用户管理功能框图　　　　图 5-29　数据分析管理功能框图

3）系统设置

车站导航应用采用两级部署方案，即在国铁集团、各铁路局集团公司部署服务器。应用的网络拓扑结构图如图 5-30 所示。

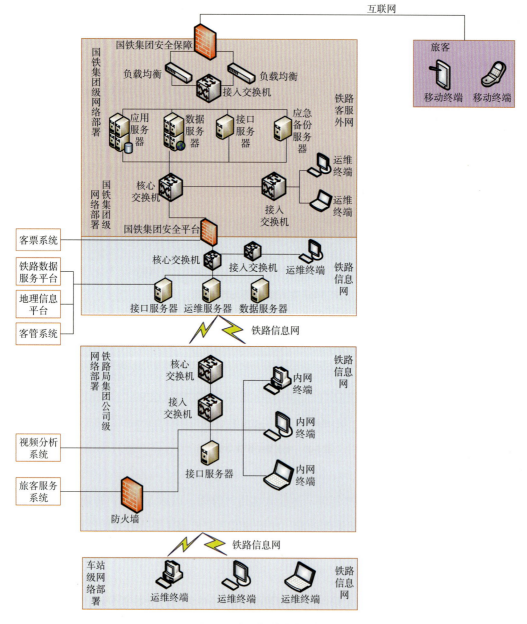

图 5-30　应用的网络拓扑结构图

（1）国铁集团级设置

铁路客运车站导航应用平台在国铁集团客服外网部署应用服务器、数据库服务器、接口服务器、存储设备、负载均衡等设备。在铁路信息网（内网）配置数据库服务器、接口服务器设备，外网与内网信息交互安全由铁路安全平台来保障。其中，应用服务器、数据库服务器采用集群架构实现负载均衡，保证不间断运行。

（2）铁路局集团公司级设置

铁路客运车站导航应用平台在铁路局集团公司级的服务器等设备，利用客运车站旅客服务与生产管控平台在铁路局集团公司部署的服务器、终端、交换机等设备。铁路局集团公司级设备用于接收视频分析、旅服等系统的接口数据，同时为铁路局集团公司运维终端提供导航应用数据的维护服务。其中终端利用办公及其他系统的办公终端。

（3）车站级设置

车站不部署服务器，旅客在车站内打开移动终端蓝牙，同时通过 4G、Wi-Fi 等方式接入互联网访问车站导航应用。

为了保证导航应用平台数据维护的便捷性和安全性，内网、外网分别设置维护终端。专业地图维护人员在外网通过外网维护终端对地图、定位、导航等数据进行维护。车站工作人员在内网通过内网维护终端对客运服务设施位置、商铺名称及大小等关键数据和宏观数据进行维护。所有数据集中存储在国铁集团外网服务器中，同时对所有数据进行备份存储，在应急时能及时恢复数据，以保证旅客访问导航应用的稳定、可靠。

站内导航需部署的区域以旅客通行区域为主，同时根据车站及旅客需要，可以对建设区域进行扩充，以满足应用功能的不断发展。

在车站旅客通行区域部署定位硬件（蓝牙定位设备），将其安装在车站墙面、天花板或固定设备、设施上。水平方向间隔 3～5m，垂直方向离地面 3m 的距离为原则部署蓝牙定位设备。每个蓝牙定位设备采用电池供电，无须布线，电池使用寿命周期为 3～5 年，维护时只更换电池。

蓝牙点位分布基本规则及部署原则如下：

①一般室内环境下（乘客的候车区域及进站区域），iBeacon 间距控制在 3～5m。

②空旷区域一般按 3～5m 间距对整个空间进行网格状分隔实现全覆盖，如乘客候车区域及进出站区域。

③交通转折点，如路口、扶梯及电梯出入口优先考虑部署以提高精准度。

④中空空间，由于部分空间的层高过高，中空区域适当间隔沿周边墙壁部署。

⑤iBeacon 点位和间隔根据安装环境、角落、转角等进行适当调整。

⑥iBeacon 部署高度应尽量保持在同一高度，且保证跟点位图上的位置误差不超过 0.5m；否则，此 iBeacon 点默认为移动点位，并需记录。

⑦设备部署位置为周边无其他金属物遮挡区域，避免影响蓝牙信号。

⑧设备部署区域尽量避免渗水区域，避免设备进水。
⑨安装时尽量避免设备受到损伤，且保证设备安装后足够稳固，不会松动掉落。
⑩在保证设备部署正常使用的前提下，设备部署整齐划一，没有明显的落差感。

（4）接口设置

国铁集团接口服务器与铁路数据服务平台、客票系统接口对接，获取铁路车站基础数据、车次时刻表票务数据等。铁路局集团公司接口服务器与旅客服务系统对接，获取正晚点、检票口、站台、股道号等客运服务信息，为旅客提供完整的车站出行服务。

5.5.3 京张高铁站内导航系统成效

车站导航应用以铁路信息化总体规划为指导，作为铁路客运延伸服务系统的重要组成部分，建设成效如下：

（1）构建了车站内一体化的二维、三维矢量数据库

地图数据服务是整个应用的基础，根据车站旅客引导的现状，构建了站内二维、三维地图数据、室内设施位置数据、室内路网数据、室内定位数据、室内路算数据等，作为站内导航的基础数据。

（2）实现了车站内融合定位与导航服务

站内定位是导航的基础，站内导航系统基于蓝牙技术实现了站内的精确定位，开发了站内路径规划导航算法，搭建了为铁路旅客的出行提供基于位置信息与铁路客运信息融合的移动端应用，覆盖目前国内主流的移动端平台。能够为旅客提供基于站内定位的各类位置服务，引导旅客快速到达车站内目的位置，满足旅客的多样化、个性化、移动化需求。

5.6 电子客票系统

5.6.1 电子客票系统现状

目前全路 928 个高铁车站中有 440 个车站开通了不换票持二代身份证进/出站乘车业务，日均持二代身份证进/出站旅客 39.7 万人次，占全部线上售票量的 5.9%。高铁车站二代身份证进/出站服务是对铁路电子客票进行的积极尝试，但从应用情况来看，还存在以下需要解决的问题：

（1）在电子客票的生命周期方面，目前旅客换取纸质车票后，原电子客票的生命周期随即失效，退签、进出站等后续业务均无法再通过电子客票办理。

（2）在发售渠道上方面，目前仅支持线上渠道购买部分高铁车票的旅客持二代身份证进出站，对于在线下渠道购买的车票和普速列车的车票，尚无法为旅客提供电子客票服务。

（3）在线上线下部分业务互通方面，目前线上只能为线上购买的还未换取纸质车票的电

子客票办理退签等变更业务，而在线下购买的车票则无法在线上办理退签等变更业务。

（4）在旅客全行程服务信息方面，目前12306系统只是为线上购票用户建立了铁路唯一账户，用户能随时查看自己在线上购买的车票、预订的餐饮以及其他服务产品。客票系统目前没有为铁路出行旅客建立唯一的账户，因客票系统的集中分布架构，数据分散在国铁集团、铁路局集团公司和车站多级服务器中，跨网络、跨服务器访问不便，导致旅客无法掌握自己的全行程及相关服务信息，铁路也无法快速掌握旅客出行的过程信息及提供精准服务，也无法与旅客服务、客服、客管等其他系统高效共享数据。

因此，为旅客提供线上线下一体化的服务体验，并通过全流程服务信息的分布式采集和集中式存储为客运大数据分析和智能化经营管理提供数据支撑，是电子客票系统的发展方向。

5.6.2 京张高铁电子客票系统智能设计

1）设计思路

铁路电子客票以简化出行流程，提高旅客出行体验为目标，以客票电子化为手段，为旅客提供无纸化、自助化的出行服务，线上线下一体化的服务体验，并通过全流程服务信息的分布式采集和集中式存储，为客运大数据分析和智能化经营管理提供数据支撑。

电子客票业务涉及旅客出行前、出行中、出行后的三个环节，涵盖电子客票发售、实名制验证进站、乘车检票、车上查验、出站检票、车票变更以及打印报销凭证等七个主要业务场景，为旅客提供无纸化、自助化的出行服务，线上线下一体化的服务体验，并通过全流程服务信息的分布式采集和集中式存储，为客运大数据分析和智能化经营管理提供数据支撑。

对内基于业务视角由购票用户向乘车旅客的转移，优化客运服务流程，提升经营管理智能化水平，对外提高旅客出行体验，提升铁路行业整体形象。

2）系统功能

（1）功能范围

电子客票涉及旅客的购票、进站验证、检票乘车、列车查票以及检票出站和车票变更环节的业务办理。电子客票功能流程图如图5-31所示。

电子客票的相关功能设计将围绕新一代客票系统中的各个子系统开展，通过丰富和完善各子系统的功能，满足旅客出行和铁路运营的需要。

（2）功能调整

根据电子客票的需求，对客票系统终端设备的功能进行相应调整。

①人工售票窗口。

增配凭条打印设备和凭条打印纸，配置新版PSAM卡，具备电子客票购票通知单打印功能。

②自助购票查询设备。

需支持凭条纸卷为200m/卷或400m/卷规格单路供纸或双路供纸模块使用，配置新版

PSAM 卡，具备打印电子客票报销凭证的功能；候车区内自动取票机进行软件升级，增加电子客票购票信息查询功能。

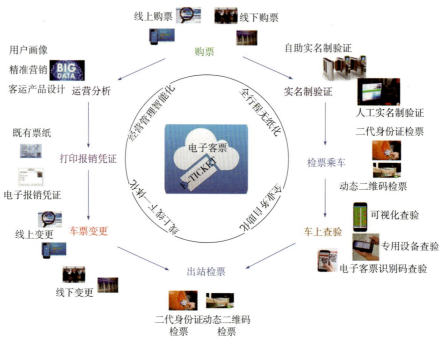

图 5-31　电子客票功能流程图

③人工实名制核验。

增配 PSAM 卡及 PSAM 读卡器，具备电子客票购票通知单快速识读功能，提高非自动识读证件核验速度。

④进出站检票机。

对进出站检票机进行适应性改造，配置新版 PSAM 卡，具备居民身份证、外国人永久居留身份证、港澳台居民居住证、港澳居民来往内地通行证、台湾居民来往大陆通行证、电子护照自动识读检票过闸。

⑤手持移动检票设备。

车站进出站检票口处增配工作人员手持移动检票终端（含移动 4G 物联网卡），用于旅客证件无法识别时工作人员对电子客票的人工检票。

⑥电子客票柱式检票机。

车站进出站检票口处增配电子客票柱式检票机，用于旅客证件无法识别时工作人员或旅客对电子客票人工检票。

3）系统设置

（1）设计原则

电子客票系统设计遵循成熟性与实用性、开放性、高可靠性、可扩展性及安全性原则。

电子客票系统研发设计工作以现行需求为基础，同时充分考虑未来发展的需要，既要体现先进性，也要保证成熟性和实用性。

作为铁路客运对外的窗口服务系统，电子客票系统的开放性对提高铁路客运服务质量、提高客户满意度具有重要的意义，设计时需要体现：开放的体系结构、开放的产品选择、开放的技术路线以及开放的应用设计。

电子客票系统作为一个面向全社会提供服务、7×24h 不间断运行的交易服务系统，其可靠性至关重要，系统应在主机、存储、网络等核心层面避免单点故障、加强对外接口的安全监控、加强对资源的有效保护以及应急灾备机制。

同时，为确保电子客票系统在数据量增长、用户增长以及业务增长的需求，系统应具有良好的可扩展性。

电子客票系统全面开放后，为保障系统的安全运行，应遵循安全性原则。确保电子客票系统核心交易不间断运行，确保电子客票系统核心数据不泄密，确保电子客票系统运行效率不降低，确保电子客票系统基础数据不被盗取。

（2）系统架构

电子客票的总体架构分为国铁集团级、铁路局集团公司级及车站级。电子客票系统网络构成见图 5-32。

①国铁集团级。

京张高铁电子客票接入国铁集团第一生产中心、第二生产中心，中心已满足京张铁路接入需求，不进行升级改造。

②铁路局集团公司级。

在北京局集团公司的公司级信息机房部署前置服务器。根据京张高铁、崇礼铁路接入路局中心的需求，对路局中心客票系统进行扩容。在路局中心设置售检票应用服务器 4 台、售检票接口服务器 1 台、SAN 交换机 2 台、客票路由器 155 接口板 2 套、扩容客票路由器 POS 板 4 块、存储设备扩容及中心接口数据调试等。

③车站级。

在车站级配置接口和边缘计算服务器，并根据电子客票技术条件要求对客票系统的客票终端设备的进行配置。

客票终端设备主要有人工售票机、人工实名制核验设备、自动检票机、自助售票机、手持移动检票设备及柱式检票机。其中人工售票机增配凭条打印设备及凭条打印纸，配置新版 PSAM 卡，具备电子客票购票通知单打印功能；自动售票机进行软件升级并支持凭条纸卷为 200m/卷或 400m/卷规格单路供纸或双路供纸模块使用，配置新版 PSAM 卡；人工实名制核验设备增加 PSAM 卡及 PSAM 读卡器；自动检票机配置新版 PSAM 卡。

为配合电子客票在特殊情况下无法通过自动检票机的情况，在进出站口处配置手持移动检票设备及如图 5-33 所示的柱式检票机。

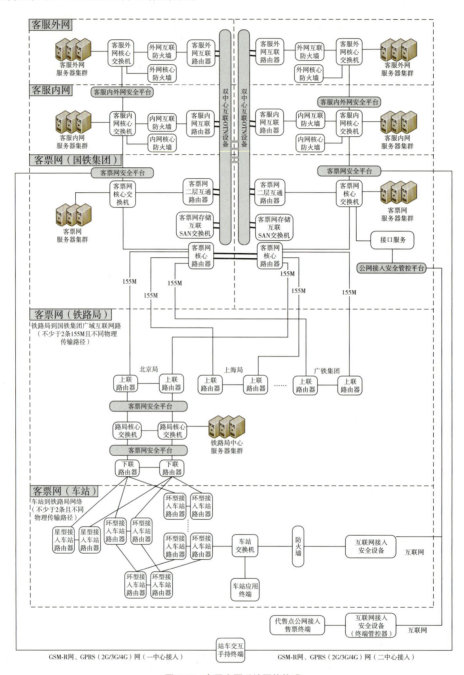

图 5-32 电子客票系统网络构成

根据路局客运部门现场实际需求，结合电子客票的功能，对京张高铁沿线各客运站客票系统进出站检票设备进行设置。

高速和普速混行的车站清河站、昌平站、张家口站中，张家口站出站闸机采用如图 5-34 所示带磁模块及电子客票功能模块的出站闸机，其余各高速和普速混行车站采用人工检票方式进行出站检票。昌平站、东花园北站、怀来站、下花园北站、宣化北站采用验检合一的检票模式。下花园北站采用进出站合一的客运流线。

根据售票功能需求，设置如图 5-35 所示具备退票功能的全功能自动售票机、不含退票功能的自动售票机。根据客运流线在综合服务中心内设置全功能自动售票机（含退票功能）、在候车厅内设置全功能售票机（不含退票功能）、在出站口预留全功能售票机的安装条件。

a)

b)

图 5-33　电子客票柱式检票机

图 5-34　电子客票门式自动检票机

图 5-35　全功能售票机

为确保系统基础设施安全，主要设备采用冗余配置，对运行设备进行有效管控和优化管理；网络通道主备用配置，提供可靠供电、防雷、接地、机房环境等。

5.6.3　京张高铁电子客票系统建设成效

电子客票系统实现了基于分布环境的数据实时同步和全行程旅客服务信息的整合，实现了车票无纸化和全渠道电子客票变更，极大地方便了旅客出行，提升了旅客的高铁出行体验。建设成效具体如下：

（1）实现了全行程旅客服务信息的整合

实行全面电子客票后，铁路 12306 系统以乘车人为线索，将其购买的车票和服务的信息进行完整记录和整合，根据服务进度或者旅客的变更实时进行信息更新，并记录更新的轨迹，形成一个完整的行程数据描述。

（2）实现了基于分布环境的数据实时同步

全面电子客票在全路涉及多个分布式业务系统，每个业务系统之间需要进行业务数据同步，并且根据应用场景采用不同架构数据库/系统，形成多种数据库/系统混合部署状态，电子客票开发了各系统间的同步服务中间件，可实现包括文件、内存数据库集群以及其他类型数据库在内的异构数据同步。

（3）实现了车票无纸化和全渠道电子客票变更

电子客票系统为旅客提供了无纸化的出行方式，免去旅客在出行前必须打印车票的环节，支持旅客线上或线下购票线上变更（改签、退票、变更到站），缩短了旅客的出行和排队等候时间，提升了铁路旅客的出行体验。

5.7　沿线作业门实时监控系统

5.7.1　沿线作业门实时监控系统现状

目前，铁路作业门一般通过加装机械锁的方式来控制人员进入。工务、电务、机务等多个部门都有门锁钥匙，可打开管辖范围内的任一通道，进入护网内。不仅如此，钥匙一旦丢失，被路外人员捡到，后患无穷。可见，当前铁路作业门的设置及管理模式极易引发安全事故，而且一旦发生影响行车及人员伤亡事故，事故分析、定责异常困难。

铁路作业门的管理已成为全路各局普遍关注的问题，因此，急需先进的技术手段应用于作业门的管理。

5.7.2　京张高铁沿线作业门实时监控系统智能设计

1）设计思路

沿线作业门实时监控系统对全线各个作业门的状态、进入人员的信息和数量、工器具数量进行实时监控，并通过视频进行监控，实现对铁路作业人员和工器具的有效管理，避免非天窗点作业人员进入，天窗点作业人员非法进入，作业人员施工完成后未全部离开，工器具遗留在线路上等安全隐患。应急救援时，不论作业门处于授权还是非授权状态，救援人员均可以通过钥匙打开作业门，进入进行救援。

系统采用中心集中控制，沿线各作业门处设置一体化作业门及现场设备，现场设备通过通信传输通道传至张家口工务段设置的数据应用处理服务器。各维修处、段均设置终端设备。

系统最突出特点一是实现智能化远程监控作业门开闭状态及人员出入情况，对非法入侵进行安全防范；二是实现作业门开关远程控制和人员准入模式；三是实现交叉管理模式，即一个门禁设备可对应多个单位管理，或者多个门禁设备一个单位管理；四是系统设置的前端摄像机接入综合视频平台，实现视频录制、照片自动拍摄功能，可追溯历史情况。

2）系统功能

沿线作业门实时监控系统共有十二大功能，具体如下：

（1）刷卡开门功能

当作业门在授权状态下，现场作业人员可以刷卡打开作业门，系统会自动记录刷卡打开作业门的卡号、开启时间等。

（2）远程开门功能

无论作业门处于授权还是非授权状态，指挥中心可以远程打开通道门，系统会自动记录远程开门时间及命令。

（3）机械钥匙开门功能

无论作业门处于授权还是非授权状态，现场作业人员均可以用钥匙打开作业门，系统会自动记录钥匙打开作业门的时间。

（4）人数统计功能

记录作业人员进出作业门人数的统计功能。

（5）维修工器具数量统计功能

记录作业人员携带维修工器具进出作业门的数量统计功能。

（6）自动关闭功能

经授权并刷卡开锁，但未开门进入，锁舌在1min后自动关闭。

（7）人体感应功能

在作业门规定范围内，系统具有人体感应功能。当进入人员在规定范围内活动时间超过1min时，系统会向指挥中心发送人员逗留警示。

（8）视频监控功能

作业门内外设置的摄像机对作业门进行实时监控。

（9）照明功能

夜晚有人靠近作业门时，发光二极管（LED）灯会自动打开为作业人员提供照明，该功能可根据需求关闭。

（10）门开超时报警功能

当作业门开启超过一定时间未关闭时，系统会自动向指挥中心发门开超时报警，门开超时时间可设。

(11) 交流断电报警功能

当系统用220V供电时，若交流电断开系统会实时向指挥中心发送交流断电报警。

(12) 语音提示功能

当现场作业人员刷卡开门时，若卡有权限且在授权时间段内，系统提示"刷卡成功，请开门"；若卡无授权则开门不成功，系统提示"卡未授权"；若有权限但不在授权时间范围内，系统提示"未到授权时间"。

3) 系统设置

系统由线路中心设备、现场设备、业务终端、网络设备及光电缆线路构成。

(1) 线路中心设备

京张高铁及崇礼铁路在张家口综合维修车间信息机房设置数据应用服务器及配套设备设施。

(2) 现场设备

现场设备包括作业门、准入控制系统、UHF超高频探测系统及主控箱等组成。

作业门根据需要在线路沿线设置，作业门采用一体化设计作业门，包含集成RFID感应控制器、智能电控锁、双鉴探测器、限位器、视频摄像头（预留摄像头安装位置）、LED照明灯等设备。

准入控制系统包含传输单元、实时语音对讲，在作业门内侧设置双鉴探头、视频摄像头（预留摄像头安装位置）等设备各1个。其中，摄像头设备纳入一体化综合视频监控平台管理。准入控制系统实现与指挥中心互联互通及通道门状态的实时监控，人员、机具入网准入控制。

作业门内侧墙上室外主控箱内安装内部集成读写主机、高增益天线组及红外对射管等设备的UHF超高频探测系统，该系统可以批量自动采集人员、机具数据，自动记录人员、机具进出数量。

在作业门内外均设置摄像机，纳入通信专业设置的综合视频监控平台，作业门处的摄像头、视频存储及数据处理均由通信专业统一考虑。

沿线作业门处接入交换机、准入控制系统控制设备、UHF超高频探测系统控制设备等配套设备设施均安装在主控箱内。主控箱设置在结构柱上雨棚下，外观尺寸约为390mm（长）×367mm（宽）×460mm（高），防护等级为IP55。作业门内外侧如图5-36和图5-37所示。

(3) 终端设备

在北京工务段、张家口工务段、北京通信段、北京电务段及北京供电段设管理终端。在张家口综合维修车间、昌平综合维修车间设置业务终端。业务终端实现对沿线作业门的管理与控制。同时，由通信专业设置视频监控终端设备，实现对沿线作业门的实时监控。

（4）网络组成

沿线作业门处实时监控系统设置的接入交换机，利用通信专业同侧设置的48芯干线光缆中的4芯光缆（2主2备）进行分歧，一个区间内各作业门处的接入交换机链状组网，分别接入上下行车站新设的汇聚交换机。汇聚交换机分别接入车站综合视频监控系统交换机和通信数据网。

图 5-36　沿线作业门内侧

图 5-37　沿线作业门外侧

沿线作业门处的视频监控数据与实时监控数据共用接入交换机设备，通过通信专业提供的干线光缆传至车站的汇聚交换机。汇聚交换机将视频数据传至通信专业设置的视频交换机，将实时监控数据接入通信数据网。

（5）电源设备

沿线作业门实时监控系统电源由电力专业提供220V电源供电，按三级负荷考虑。工务段信息机房及机房内的电源、地线、空调等设备设施均利旧使用。

（6）光电缆线路

区间作业门每侧所需4芯光纤从同侧48芯干线光缆分歧引出，分歧光缆采用12芯。室外设备箱至摄像机采用六类网线，至读卡器采用4芯屏蔽线，至电机锁采用6芯屏蔽线，至LED照明灯采用2芯屏蔽电源线，至人体感应传感器采用4芯屏蔽线。

5.7.3　京张高铁沿线作业门实时监控系统建设成效

沿线作业门实时监控系统的实施改变了通过机械锁控制作业人员进出线路的方式，对作业门钥匙管理、进出人员追踪、事故分析定责带来了极大的便利。作业门实时监控系统建设成效具体包括：

（1）实现了门禁设备远程控制

沿线作业门通过加装电子锁实现了门禁设备与远程控制、视频监控、地图直观显示相结合的功能，能够根据授权实现特定人员在特定时间段内的授权出入管理。

（2）实现了作业人员实时监控管理

作业门实时监控系统使得各个通道的状态及进入人员的信息和人数都直观显示在监控中心办公电脑上，从而实现了铁路作业门的实时监控、有效管理。在确保铁路作业门的紧急疏散功能前提下，进一步加强了对作业人员入网作业的监控管理，防止出现违规上线施工的情况，同时避免因钥匙丢失造成更大的安全隐患。

5.8 BIM 技术在信息设计中的应用

5.8.1 信息设备元件模块化建模

信息专业参照铁路 BIM 联盟发布的《铁路工程信息模型表达标准》（CRBIM1003—2017）中的设计单元的相关要求开展设备构件 BIM 模型创建工作，对窗口售票机、自动售票机、显示屏等设备进行建模。根据京张高铁设计需求，目前已经建立了覆盖信息全系统的设备构建库。客票系统主要设备构件库如图 5-38 所示。

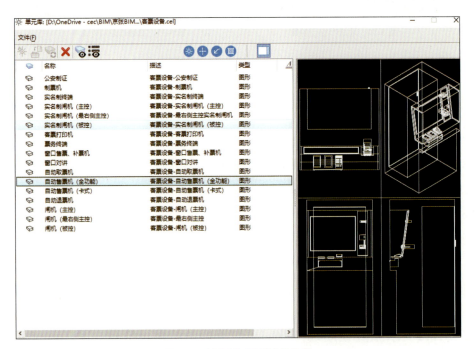

图 5-38 客票系统主要设备构件库

根据信息系统设备特点，部分构件模型采用参数化的方式构建设备模型。动态显示屏参数化建模如图 5-39 所示。

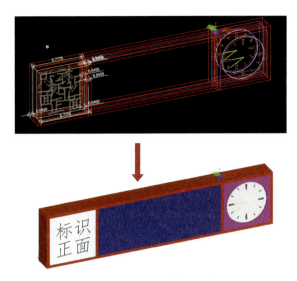

图 5-39 动态显示屏参数化建模

5.8.2 信息优化设计

由于信息系统设备数量多,且分散设置在车站内各处,如摄像机、扬声器等设备需要结合设备安装位置确定设备选型,在以往二维(2D)设计中,时常发生由于内装方案不熟悉,导致施工阶段设备难以安装。通过采用 BIM 技术,不仅可以更直观地掌握建筑布局,还能直接掌握建筑内装的详细设计情况,并结合装修情况调整设备选型。如图 5-40 所示,结合装修情况确定八达岭地下站疏散通道处扬声器采用壁挂型扬声器。

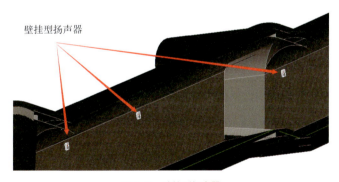

图 5-40 壁挂型扬声器

5.8.3 碰撞检测

以八达岭站管线综合设计为例,由于八达岭站为地下车站,空间狭窄,管线众多,由于 2D 图纸的局限性,综合管线专业智能提供少数几个剖面处的管线设计情况,为综合管线方案审查和施工增加了不少困难,在以往的设计中均只能依靠施工单位进行现场调整。

利用 BIM 设计软件提供的冲突检测功能可以很好地避免这一问题,通过参考全部管线综合专业的管综模型,可以快速发现模型碰撞等问题,进而修改设计方案。管线综合设计成果如图 5-41 所示。

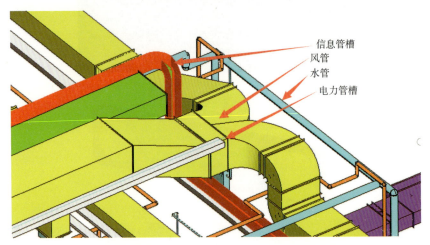

图 5-41　经过数次管线碰撞,统筹调整后的管线综合方案

5.8.4　漫游展示

利用 BIM 设备软件的渲染功能,可以对组装后的模型进行三维全景渲染,实景展示信息设备在建筑物内的设置情况,更加直观地检查设计结果,协助设计人员优化信息系统设备布点,如图 5-42 所示。

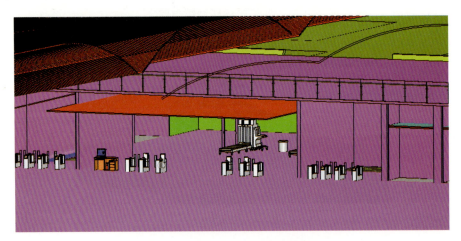

图 5-42　站房进站口区域信息设备效果图

5.8.5　BIM 技术应用成效

(1) 使用 BIM 技术构建信息设备模型,并对各个模型附加几何、非几何属性,为 BIM 全生命周期管理提供全面的数据支撑。

(2) 项目中使用协同设计平台,设计过程中利用平台提供的版本控制功能对全专业设计成果进行统一管理，设计完成后对全专业模型进行总装，及时发现专业间构件碰撞情况，有效地减少设计中的错漏。

（3）通过利用BIM技术，可以优化信息专业设计成果，利用3D渲染技术，可以更加直观地反映设备的设置情况，进而优化设计方案，避免出现监控盲区等2D绘图时不易发现的问题。

CHAPTER 6
>>>> 第6章

信号智能设计
THE INTELLIGENT DESIGN OF THE SIGNALING SYSTEM

京张高铁信号设计中的智能技术运用包括：通过设计信号设备元件模块化建模、参数化敷设、碰撞检查等 BIM 技术，在列控技术上，CTCS3+ATO 系统在世界范围内首次实现了 350km/h 速度下的列车自动驾驶的应用；在智能调度集中系统上，以现有调度集中系统为基础，结合"智能高铁"的发展需求，在列车运行自动调整、进路和命令安全卡控、行车信息数据平台、行车调度综合仿真和 ATO 功能应用等方面进一步优化完善，提升调度集中系统智能化水平。

6.1 概述

随着高速铁路网络规模的逐渐扩大、运行速度的不断提高，高速铁路信号系统已经从保障高铁安全高效运行，拓展到多层域状态智能感知、系统协同控制、安全态势评估、大数据融合与智能维护、行程智能引导等前沿领域与技术的系统性研究领域。随着以京张高铁、京雄高铁为代表的一批智能高铁项目的启动与实施，搭载的云计算、物联网、大数据、北斗定位、5G 通信、人工智能等先进技术迅猛发展，标志着中国高速铁路进入智能化发展新阶段。现阶段，高速铁路自动驾驶以及智能调度指挥等技术，在支撑高速铁路信号系统智能化的过程中起到了关键作用，实现了列车控制自动化以及调度指挥智能化。

6.2 高速铁路自动驾驶系统

6.2.1 信号列控系统现状

1）我国列控系统等级

根据我国铁路列控系统的技术体系与框架结构，我国铁路列控系统共分为 CTCS-0～CTCS-4 共 5 个等级。其中，CTCS-0 级列控系统主要用于 160km/h 以下的既有线普速铁路；CTCS-1 级列控系统暂没有确定的系统总体方案和技术原则；CTCS-2 级和 CTCS-3 级列控系统是国内目前应用最广泛、技术最成熟的列控系统，主要应用于 160km/h 及以上的高速铁路和城际铁路；CTCS-4 级列控系统技术方案目前正处于研究阶段。

无论是应用于普速铁路的 CTCS-0 级列控系统，还是应用于高速铁路的 CTCS-2 和 CTCS-3 级列控系统，列车运行均以人工驾驶为主。

2）列控技术发展趋势

（1）国外高速铁路自动驾驶系统

2013 年，欧洲铁路行业协会（UNIFE）启动欧洲下一代列车控制系统（Next Generation of Train Control System，NGTC）项目，致力于研究具有列车自动防护（ATP）、列车自动驾驶（ATO）和列车自动监视（ATS）功能的干线铁路及城市轨道交通应用标准化列车控制系统，降低列控系统总成本和寿命周期成本，提高列控系统总体性能。

2015 年，欧盟全面启动"构建未来铁路系统联合行动计划（Shift2Rail）"，旨在通过运用最新技术创新手段，把提升欧洲铁路运输能力、服务质量和可靠性以及降低全生命周期成本作为工作重点，其中以自动驾驶为代表的先进交通管理控制系统是五大创新工作包之一。

2018 年 2 月，阿尔斯通与荷兰铁路基础设施运营商 ProRail/鹿特丹铁路运输公司 RRF 签署了一项协议，计划进行 ATO 的相关测试。阿尔斯通将在一条长 150km、安装有欧洲铁路运输管理系统（ERTMS）的双线货运线路上实施 GOA2 级自动化并进行测试，测试机车配备了 ATP 系统和 ATO 辅助系统，ATO 测试线路长约 100km。

2018 年 3 月 17 日，泰晤士联线进行 ETCS2+ATO（GOA2 级）试验。该系统于 2016 年 4 月开始进行 ETCS2 测试，2016 年 11 月开始 ATO 测试，运营最高时速 160km。

法国国家铁路运营商（SNCF）宣布 2022 年将在法国铁路网实现列车自动驾驶。德国铁路（股份）公司（DBAG）则公布了 2023 年将实现干线自动驾驶的工作计划。

（2）国内高速铁路自动驾驶系统

2010 年，根据我国铁路信号系统应用现状、结合城际轨道交通用户需求，在珠三角城际轨道交通建设领导小组第二次会议上，国铁集团与广东省确定了"信号列控系统采用 CTCS-2 级列控系统 +ATO"的城际轨道交通信号系统方案。

2016 年，在珠三角城际莞惠及佛肇线上实施了 CTCS-2 级列控系统 +ATO 的运营，实现了世界上首次将自动驾驶技术运用到 200km/h 等级的铁路。

6.2.2 京张高铁自动驾驶系统智能设计

1）高速铁路自动驾驶系统结构

在现有的 CTCS-2/CTCS-3 级列控系统基础上，车载设置 ATO 模块以及车地无线通信模块，临时限速服务器、列控中心、调度集中（CTC）等地面设备增加相应功能；同时在股道增加精确定位应答器组；RBC、计算机联锁以及轨道电路等设备维持不变；构成了高速铁路 ATO 系统，增加 ATO 功能后的信号系统总体结构示意图如图 6-1 所示。

2）高速铁路自动驾驶系统功能

增加 ATO 后，信号系统可以实现五大功能：完全监控模式下的车站自动发车、按照运行计划的区间自动运行、股道自动停车、车门自动开启及防护、车门/站台门联动控制。

车站自动发车：车载设备处于自动驾驶模式时，出站信号开放、车门/站台门关闭，"ATO 启动"按钮指示灯闪烁，司机按压"ATO 启动"按钮确认后，动车组从车站自动发车。

区间自动运行：在区间运行时，ATO 车载设备根据地面设备提供的运行计划或按照预选驾驶策略，控制列车加速、自动巡航、惰行、减速或停车，实现自动运行。

股道自动停车：ATO 车载设备通过精确定位应答器进行位置校正，并根据地面设备提供的停车定位基准点位置及列车运行状况，自动控制列车在车站股道停车定位基准点处停车。

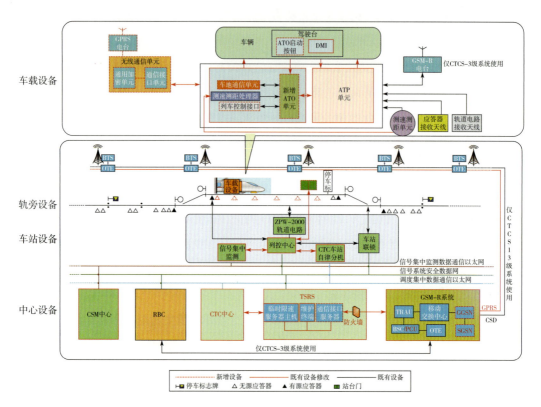

图 6-1 增加 ATO 功能后的信号系统总体结构示意图

车门自动开启及防护：动车组进入车站股道停车后，ATP 判断动车组停准、停稳情况并根据接收的站台侧信息，对动车组车门进行开门防护。ATO 接收到运行计划且该站办理客运业务时，自动开门；ATO 接收到运行计划且该站不办理客运业务，或未接收到运行计划时，由司机开启相应站台侧的动车组车门，ATP 提供站台侧车门防护功能。动车组关门仍需司机与车长联控后人工操纵。

车门/站台门联动控制：车站设置站台门时，ATO 系统实现车门/站台门联动控制功能。

3）京张高铁自动驾驶技术系统设计方案

（1）车载设备

车载设备增加 ATO 无线传输模块以及通用分组无线服务业务（GPRS）通信电台等设备。采用 GPRS 实现车载设备与地面设备的双向通信。通过接收到的站间数据、运行计划等信息，实现自动控制列车速度、车门自动开启以及车门/安全门联控等功能。同时 ATP 车载设备相应修改，增加列车开门防护功能。

（2）临时限速服务器（TSRS）

TSRS 既有功能不变，增加以下 ATO 相关功能：接收 ATO 车载设备开/关门命令，并发送至列控中心（TCC），由 TCC 控制站台门，同时 TSRS 向 ATO 车载设备反馈站台门状态；

实时接收列车运行状态，并发送至 CTC，同时实时接收 CTC 运行计划，并发送至相关 ATO 车载设备，实现运行计划下发；向 ATO 单元发送站间线路数据等。

TSRS 利用既有接口采用冗余专用数据通信通道与 CTC 系统连接，与 TSRS 的 ATO 功能间通信的设备编号等参数由 CTC 中心服务器重新分配。TSRS 使用独立的接口，通过无线网络与 ATO 车载设备通信，在既有临时限速服务器的基础上增加一个通信接口，并采取信息安全防护措施。

TSRS 通过冗余设置的专线接入 GPRS 网络的 GGSN（网关 GPRS 支持节点）设备，并采用成对防火墙进行安全隔离。为满足京张高铁列控系统 ATO 业务需求，在北京局集团公司客运专线调度所核心网机房新设 4 套防火墙，与北京北站信号楼 RBC 机房设置的 2 套 TSRS 内部的 4 套防火墙成对连接，实现上联链路的通信侧与信号侧网络安全隔离。同时，每对防火墙之间通过传输设备提供的专线连接，每套 TSRS 使用两条专线，形成冗余路径，保证通信安全。连接的链路层采用以太网协议，网络层采用 IP 协议。此外，在北京局集团公司客运专线调度所核心网机房内设置 2 套三层交换机，用于汇聚每套 TSRS 上接入 GGSN 服务器的 2 条冗余线路。TSRS 与 GGSN 连接示意如图 6-2 所示。

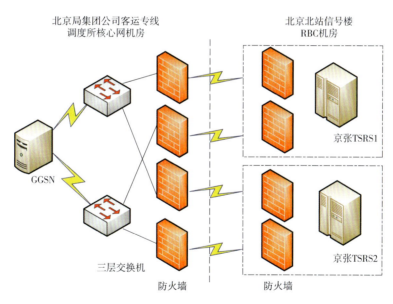

图 6-2 TSRS 与 GGSN 连接示意图

（3）调度集中（CTC）

CTC 设备既有功能不变，同时根据列车运行位置，向列车发送三站两区间的运行计划信息。北京局集团公司调度所 CTC 中心增加与 TSRS 接口服务器，接口服务器与 TSRS 一对一设置，用于获取列车运行状态以及列车运行计划上车等。ATO 依据获取的运行计划以及列车运行状态，自动采用牵引、制动、惰行等控制策略，进而降低牵引能耗。同时 CTC 车站设备扩展与 TCC 系统间的接口，获取站台门状态等信息。

（4）列车控制中心（TCC）

TCC 既有功能维持不变，增加站台门控制与防护功能。同时增加与站台门（安全门）相关的驱动、采集信息。

对于设有安全门的清河站以及八达岭长城站，TCC 增设与安全门系统间的接口，接口采用继电方式。股道每侧安全门系统设置门报警（MBJ）、门旁路（MPLJ）和门锁闭（MSB1J、MSB2J）继电器。同时设置开、关门继电器（KMJ、GMJ）以及车型选择继电器 CXZ8J、CXF8J、CXZ16J、CXF16J、CX17J，分别表示 8 编组正向、8 编组反向、16 编组正向、16 编组反向以及 17 编组等车型。

TSRS 发送站台门的控制命令给 TCC，由 TCC 驱动相应的继电器（KMJ、GMJ），通过联系电路传给站台门系统，控制站台门开/关动作。同时 TCC 采集站台门状态信息，并发送给 TSRS、CTC 以及 CSM。

站台门的防护功能：TCC 未向站台门系统输出开门命令，且采集到的站台门未处于关闭且锁闭状态时，TCC 向对应股道发送 H 码。TCC 向站台门系统输出开门命令，且采集到的站台门未处于关闭且锁闭状态时，TCC 向对应股道发送 HU 码。

（5）地面应答器

为实现列车在股道上的精准定位，设置股道精确定位应答器组【BJD】。

①设有高站台的动车组径路股道精确定位应答器组【BJD】设置。

首先确定股道停车基准点（含正向及反向），距停车基准点 10m 以及 40m 的位置设置单个精确定位应答器组【BJD】，同时既有股道中间设置的定位应答器可作为精确定位应答器组【BJD】使用。精确定位应答器组【BJD】可以实现列车精准定位，同时能够发送站台侧以及停车位置信息。京张高铁各站（不含北京北站以及延庆站）精确定位应答器组中的【BJD3】与既有股道中间的定位应答器组合用，新设【BJD1】、【BJD2】、【BJD4】、【BJD5】四个应答器组，具体设置如图 6-3 所示。动车运用所不设置 ATO 系统。

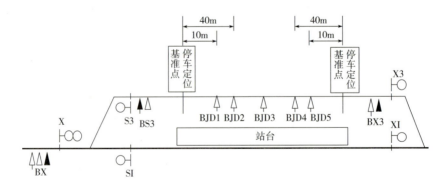

图 6-3　股道（高站台）精确定位应答器组设置示意图

对于清河站以及八达岭长城站设有安全门的股道，接车方向第一个安全门的门中心位置为停车基准点；其他没有设置安全门的股道，按照停车标位置进行折算，停车基准点为折算后接车方向第一个站台门的门中心位置。对于450m标准站台的股道，考虑17辆编组动车组的停靠，停车标按距站台端10m设置；对于550m站台的股道，按照动车组居中停靠折算450m有效站台端，停车标按距有效站台端10m设置。

②线路正线未设置站台的车站定位应答器设置。

线路正线未设置站台的车站，利用既有设置的出站及股道定位无源应答器组，增加【CTCS-13】信息包提供车站信息，具体设置如图6-4所示。

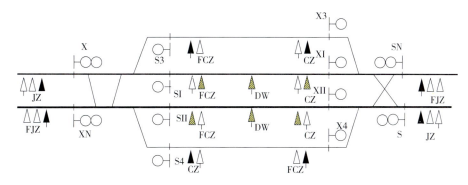

图 6-4　正线未设置站台定位应答器组设置示意图

③线路所定位应答器设置。

八达岭西线路所以及二拨子线路所正反向进站信号机中间适当位置设置定位应答器，提供车站信息，具体设置如图6-5所示。

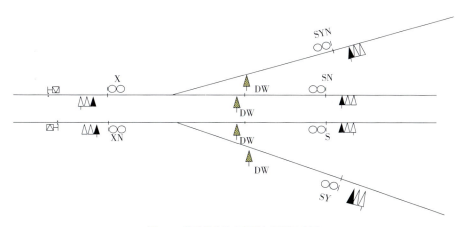

图 6-5　线路所定位应答器组设置示意图

④尽头站定位应答器设置。

北京北站以及延庆站为尽头车站，所有股道均邻靠站台，根据《列控系统应答器应用原则》(TB/T 3484—2017)设置 A、B、C 点应答器。【BJD3】与原 B 点应答器合用，新设【BJD1】、【BJD2】或【BJD4】、【BJD5】两个应答器组，具体设置如图6-6所示。

⑤ATO呼叫应答器组【AC】设置。

呼叫应答器组【AC】内配置ATO通信管理【CTCS-12】信息包或者呼叫TSRS命令信息

包，用于 ATO 车载设备呼叫临时限速服务器并建立连接，可以与区间应答器组【Q】、【FQ】）、出站应答器组（【CZ】/【FCZ】）以及调车应答器组【DC】等合并设置。

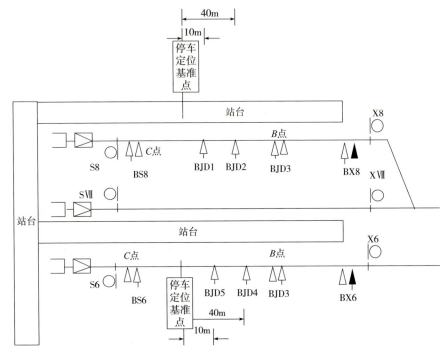

图 6-6　尽头车站精确定位应答器组设置示意

a. ATO 系统边界呼叫应答器组【AC】设置。

京张高铁 ATO 系统分界为张家口高速场上行进站信号机，张家口高速场上行线 1950G 外方设置呼叫应答器组【AC】，与区间应答器组【Q】合设，如图 6-7 所示。

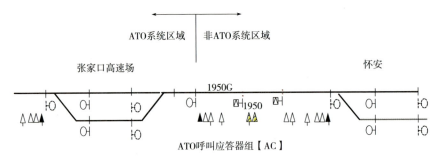

图 6-7　ATO 系统线路边界站 ATO 呼叫应答器组【AC】示意图

怀安方向具备 ATO 功能的动车组向张家口高速场方向运行，经过呼叫应答器组【AC】后，ATO 车载设备呼叫京张高铁临时限速服务器，仍按 ATP 模式进入张家口高速场，当动车组驶出张家口高速场后，具备条件时可转换为 ATO 模式。

b. 车站呼叫应答器组【AC】的设置。

呼叫京张高铁各站正向进站信号机以及出站信号机处设置呼叫应答器组【AC】，其中进站信号机处呼叫应答器组【AC】与进站信号机外方第一个区间应答器组【Q】合设；出站信号机处呼叫应答器组【AC】与出站应答器组（【CZ】/【FCZ】）合设，如图 6-8 所示。

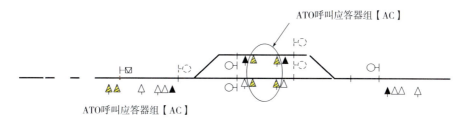

图 6-8　ATO 车载呼叫 TSRS 设备的应答器组位置示意图

c. 动车走行线呼叫应答器组【AC】的设置。

北京北动车运用所与清河站间按调车模式办理，北京北动车运用所不设 ATO 系统。为实现动车组与清河站站台门联动，在动车走行线清河站入口设置呼叫应答器组【AC】，与清河站 D2 信号机调车应答器组【DC】合设，如图 6-9 所示。

图 6-9　动车走线 ATO 呼叫应答器组位置示意图

d. TSRS 边界处呼叫应答器组【AC】设置。

京张高铁 TSRS1 和 TSRS2 的分界为昌平站上行进站口，在昌平站上行进站信号机（含反向）外方设置呼叫应答器组【AC】，与进站信号机（含反向）外方第二个区间应答器组【Q】合设，如图 6-10 所示。

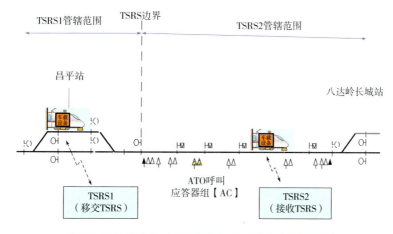

图 6-10　TSRS 切换边界 ATO 呼叫应答器组【AC】位置示意图

e. 隧道通知信息应答器组。

该应答器组不单独设置，与车站或区间应答器组（【Q】、【FQ】）共用，发送隧道起点位置及长度信息。

车载收到隧道信息后通过接口发送给车辆设备，在进入隧道前，车辆采取相应措施，保持车厢内的气压稳定，降低列车高速进入隧道时因车厢内气压变化产生的耳鸣等不适感，提高旅客乘车舒适度。

6.2.3 京张高铁自动驾驶系统成效

1）工程效果

京张高铁CTCS3+ATO系统在世界范围内首次实现了350km/h速度下的列车自动驾驶的应用。

2）系统架构、接口的优化提升

（1）简统化

地面取消无线通信控制器（CCS），车地无线通信交互功能由既有临时限速服务器（TSRS）扩展实现，充分利用既有设备，降低系统复杂度。

（2）接口优化

车地信息传输使用GPRS网络替代GSM-R通道，速度更快、带宽更大、节省信道资源，且不会对既有列控系统应用产生影响。

列车控制接口采用MVB总线或以太网接口替代传统的硬线接口，减少了大量的接口继电器，与列车之间的信息交互内容更加丰富，也增强了接口预留扩展能力，为不断提升智能化提供了技术保障。

6.3 智能调度集中系统

6.3.1 高铁调度集中系统现状

中国高铁调度指挥系统是我国铁路信号控制系统的重要组成部分，实现整个高铁网络运输计划的统一编制、调整与共享，实现列车运行调度指挥的自动化和智能化，实现与运输相关的综合信息管理。2003年秦沈客运专线开通运营，其采用的CTC1.0系统开启了我国高铁行车调度技术的发展先河。本阶段最主要的技术创新是实现了分散自律控制技术的关键应用。

2009年开通的武广高铁以及2011年开通的京沪高铁采用了CTC2.0系统。CTC2.0系统在普速CTC1.0系统基础上不断完善，实现了与高铁列控中心、无线闭塞中心、临时限速服务器等系统的深度结合，满足了高速铁路调度指挥的应用需求。

目前，所有开通运营的高速铁路基本均采用CTC3.0系统。CTC 3.0系统增加了车站接发车作业的流程监督、列车进路错办报警、辅助非正常行车作业及施工登（销）记等功能；调度中心增加计划操作合理性的检测和调度命令规范输入检查等功能；并同步增设仿真测试、查询、综合运维、应急等配套系统。

在规模不断扩大与结构愈加复杂的中国高速铁路路网下，当干扰列车按计划运行的事件发生时，如何能够更好地指挥和协调高速铁路列车尽快恢复有序运行、减小延误、缩小受晚点影响的列车范围、提高旅客满意度，给高速铁路列车调度指挥工作带来新的挑战。为了优化运输资源的合理配置，解决社会日益增长的运营需求与高铁运能分布不均衡之间的矛盾，高铁CTC系统智能化发展就是必然趋势。

6.3.2 京张高铁智能调度集中系统设计

1）智能调度集中系统总体方案及系统框架

智能调度集中系统是对现有调度集中的补充完善，不改变现有调度集中系统架构。

智能调度集中系统以现有调度集中系统为基础，结合"智能高铁"的发展需求，在列车运行自动调整、进路和命令安全卡控、行车信息数据平台、行车调度综合仿真和ATO功能应用等方面进一步优化完善，提升调度集中系统智能化水平。

智能调度集中系统框架如图6-11所示，总体方案如图6-12所示。

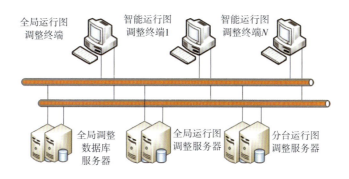

图6-11 智能调度集中系统框架

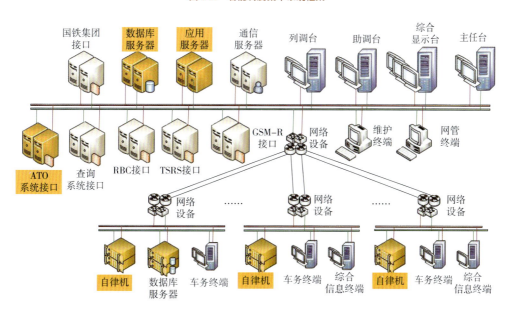

图6-12 智能调度指挥系统总体方案示意图

2）智能调度集中系统设计原则

（1）多目标的列车运行计划实时动态调整

通过运用复杂网络理论，对中国高速铁路路网及其基于车流路网的拓扑结构与特征属性进行分析，提出京张线调度区段在路网中的位置、车流特征、干扰事件类型、客流特征、国铁集团及各路局集团有限公司管理考核办法等采用的不同的调整策略与调整优化目标。调整后计划符合相关约束条件，具有可用性和便捷性。

（2）车站进路和命令智能卡控

CTC 系统融合相关系统信息，在原有分散自律（调车、列车冲突检查、站细检查等）基础上，扩展自律检查范围，增加进路风险识别模式和预防模式，实现对潜在危险源的识别以及对常见危险源的预防功能，以预防各类进路错办事故的发生。通过构建完备的车站进路卡控体系和车站进路安全专家系统，对列车的车次信息、车次属性、运行区段、来车方向、运行方式、禁接股道、接入股道、始发股道、发往方向、接发车顺序等进行处理、分析和判别等工作，智能完成对进路和命令的卡控，最终实现 CTC 系统的综合智能卡控功能，降低人为操作因素的不稳定性，提高铁路行车的安全性。

（3）异构信息融合

通过 CTC 系统与铁路运输信息集成平台的深度结合，充分"感知"多源异构数据信息，实现信息深度融合、数据分析和挖掘，提高 CTC 与客运、供电、灾害监测等系统联动的信息共享和交互实时性，实现客票（旅客人数、座席）、司乘信息的展示，线路停送电的自动化卡控，灾害监测限速信息的自动提取等功能；提供综合站场显示界面，增加调度员在日常行车指挥、应急处置时需要的桥隧、疏散点、车站公里标、区间公里标等静态信息提高铁路安全预警系统的准确性和智能化，提供列车调度员应急处置流程的快速查询功能。

（4）行车调度综合仿真

通过构建综合仿真平台，实现正常操作演练、应急场景模拟演练以及数据验证软件测试等功能。建立一套与实际运营行车环境相一致的调度集中 CTC 综合仿真平台，可供调度员和车站值班员等行车指挥人员进行正常行车条件下的模拟指挥演练培训，同时仿真平台亦可模拟设备故障等突发情况下的环境，可提供行车指挥人员按照相关的应急处置流程进行应急处理操作。仿真平台不仅可以实现调度人员和车站值班员培训学习、考核；而且可供电务维护人员进行数据验证以及软件功能测试。

（5）智能 CTC 与 ATO 一体化调度

调度命令和计划的下达和传播通过智能 CTC 系统以及接口服务器来操作实现。系统在既有功能基础上，增加发送对应的运行计划、实时管理在线列车、运行计划自动调整等功能，列车按照该运行计划实现自动驾驶。

3）京张高铁智能调度集中设计方案

（1）智能调度集中系统新增功能及设备配置

①列车运行自动调整。

列车运行自动调整功能根据不同的场景提供不同的调整策略，调整后计划符合相关约束条件，具有可用性和便捷性。

与常规 CTC 系统相比，智能调度集中系统增加了区域封锁、区域限速、运行折返以及列车晚点等自动调整策略。

区域封锁调整策略可以实现区间封锁、车站股道封锁、车站全站封锁、列车区间故障、列车站内股道故障、接触网故障、岔区停电、风雨雪场景以及异物侵限等情况下的列车运行计划调整。

区域限速调整策略可以实现区间限速、车站站内限速、列车运缓、风雨雪场景以及异物侵限等情况下的列车运行计划调整。限速取消后，系统恢复基本图规定的区间运行时分。

运行折返调整策略可以实现区间折返、车站终到晚点折返以及车站折返接车股道临时调整等情况下的列车运行计划调整。

列车晚点调整策略可以实现列车晚点情况下的列车运行计划调整。

为实现列车运行自动调整，北京局集团公司客运专线调度中心设置运行图调整服务器以及运行图调整终端，实现北京局集团公司客运专线调度所范围内各线路（调度台）间列车运行自动调整，预留其他线接入条件；设分台运行图调整服务器以及智能运行图调整终端，用于京张铁路京张客运专线调度台列车运行自动调整。由于京张铁路 S2 台位于北京局集团公司普速调度中心，涉及既有线 TDCS 车站，无法实现列车运行自动调整，北京局集团公司普速调度中心管辖线路列车运行自动调整仅做功能预留，因此北京局集团公司普速调度中心仅设置分台运行图调整服务器以及智能运行图调整终端，用于京张铁路 S2 台 CTC 车站列车运行自动调整，不设置运行图调整服务器以及运行图调整终端。修改北京局集团公司普速调度中心以及客运专线调度中心的数据库服务器。同时修改调度台、应用服务器、通信服务器等中心软件以及 CTC 车站分机软件。

②进路和命令安全卡控。

进路和命令安全卡控功能拓展现有系统自律卡控条件和自律检查范围，增加固定径路卡控、复杂站场进路控制、无线发车进路预告等功能，实现综合智能卡控。

进路和命令安全卡控功能通过修改既有运行图应用服务器实现，同时 CTC 车站分机软件相应修改。

③行车信息数据平台。

行车信息数据平台在既有调度集中系统架构基础上，通过加强与运输信息集成平台、客票管理系统、PSCADA、自然灾害及异物侵限监测、DMS 等系统的结合，在保证信息安全的基础上，采用符合国铁集团信息共享有关规定的统一数据通信规程，实现系统与客运、供电、工务、机务、车辆等专业信息系统的信息共享扩展。

北京局集团公司客运专线调度中心以及普速调度中心既有设置有与运输信息集成平台（TDMS）的接口服务器，京张高铁智能调度集中系统利旧使用。

北京局集团公司客运专线调度中心以及普速调度中心与客票管理、自然灾害及异物侵限监测以及 DMS 等系统没有接口，京张高铁智能调度集中系统在北京局集团公司客运专线调度中心设置客票接口服务器、灾害监测接口服务器、PSCADA 接口服务器以及 DMS 接口服务器。同时客票管理、自然灾害及异物侵限监测以及 DMS 等系统设置与智能调度集中系统的接口服务器。京张高铁 PSCADA 系统本身具备与 CTC 的接口条件。

客票接口服务器、灾害监测接口服务器、DMS 以及 PSCADA 接口服务器普速调度中心与客运专线调度中心共用。同时客运专线调度中心以及普速调度中心分别设置系统数据维护台。修改调度台、应用服务器、通信服务器等中心软件以及 CTC 车站分机软件。同时设置修改客票管理、自然灾害及异物侵限监测以及 DMS 等系统软件。

④行车调度综合仿真。

行车调度综合仿真功能实现正常调度集中业务操作演练和应急场景模拟演练。

根据国铁集团《高速铁路"强基达标、提质增效"工程各系统标准》（国铁集团运〔2017〕115 号）要求，京张高铁已设置行车调度综合仿真系统。

⑤ ATO 功能应用。

ATO 功能应用实现列车运行计划上车功能，并接收、显示站台门工作状态。

根据《中国铁路总公司关于建设精品工程、智能京张有关工作的通知》（铁总建设函〔2017〕482 号）以及《高速铁路 ATO 系统总体暂行技术规范》（TJ/DW 202—2019）等要求，京张高铁进行了"增加动车组自动驾驶（ATO）功能"设计，修改了 TSRS 接口设备，具备与 ATO 设备接口条件。

在 CTC 中心设置 ATO 接口服务器与 TSRS 接口，ATO 接口服务器与 TSRS 一对一设置，实现列车运行计划上车、列车运行状态获取等功能，修改调度台、应用服务器、通信服务器等中心软件。

在车站扩展自律机与 TCC 系统接口，获取站台门状态信息，相应修改 CTC 车站分机软件。

（2）房屋面积及电源

北京局集团公司客运专线以及普速调度中心机房均有预留机柜位置，并且电源屏已按相应机柜预留，京张高铁智能调度集中系统利旧使用。

6.3.3 京张高铁智能调度集中系统成效

（1）系统软硬件结构方面

完全兼容既有系统的软硬件设备，增加的智能调整服务器、接口服务器可以和既有系统无缝衔接。

（2）系统智能化方面

首次实现了恶劣天气下列车运行计划的辅助自动调整功能。通过智能 CTC 系统与 ATO 系统的信息充分交互，实现广义上的一体化调度。

（3）行车综合数据应用方面

扩展了与客票系统、供电调度系统、灾害监测信息系统之间的交互，实现了相关工种之间的信息共享和联动，提高了行车组织的安全性。

（4）进路和命令卡控方面

完善行车调度指挥闭环控制程度，提高了命令和进路安全综合智能卡控的程度。

6.4　BIM 技术在信号设计中的应用

6.4.1　信号设备元件模块化建模

（1）元件模块化建模

参照铁路 BIM 联盟发布的《铁路工程信息模型表达标准》中的设计单元的相关准则，进行信号系统最小单元划分，对信号机及标志牌、转辙机、应答器、电缆箱盒、继电器、信号设备机柜等设备单元进行 3D 建模，构建信号专业的设备构件库，针对京张高铁，目前建立了百余种信号设备的三维模型，图 6-13 为信号构件库中部分设备的模型单元。

（2）参数化设备敷设

以区间自动闭塞设计为例，区间自动闭塞主要涉及区间通过信号机（信号标志牌）、轨道电路调谐区标志牌、轨道电路设备、应答器、电缆箱盒等几类有限的信号设备。区间信号设备的布放，即可通过参数化方式实现批量布放和实例化。具体而言，首先编制（或者通过相关的软件生成）区间信号设备的实例化信息，即包含里程、名称、类型等实例化参数的模型清单，再由相应的参数化软件导入清单，根据模型清单自动布放（实例化）模型。

京张全线区间信号设备（标志牌、电缆箱盒、应答器）均实现了自动布放。

6.4.2　信号优化设计

采用 BIM 技术，一方面可建立信号设备的精确三维模型，另一方面可在站前专业对站场、轨道、桥梁、隧道、路基、建筑等的三维建模基础上布放信号相关设备，图 6-14 所示为八达岭地下车站部分信号设备敷设情况，与二维平面示意图相比，三维布设图可直观反映信号设备与轨道等的相互关系，并通过软件测量得到信号设备的空间布放情况，避免侵限、遮挡、碰撞等问题，甚至发现站前专业设计上的不合理，向相关专业提出修改意见。

在综合管线布设方面，传统的二维管线综合图纸采用在综合管线平面布置图上选取剖切面,并根据各专业提供的管线示意图绘制剖面图,如图 6-15 所示。而采用 BIM 技术,可在统一平台下加载建筑模型,在此基础上能以所见即所得的可视化方式进行信号电缆槽架设计,可有效减少与建筑实体的冲突,更加合理地规划路径。

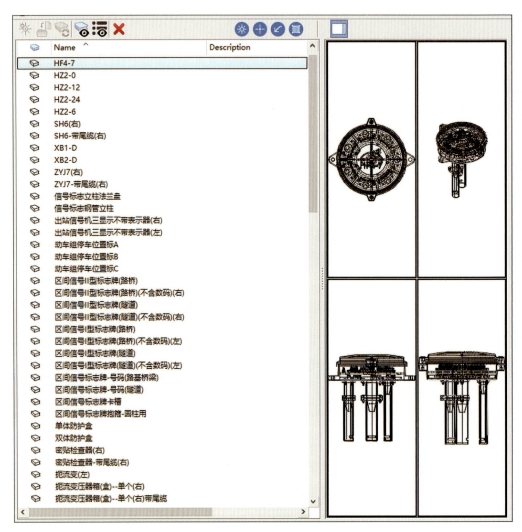

图 6-13 信号设备构件库中部分设备的模型单元

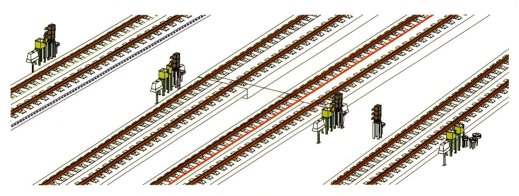

图 6-14 八达岭地下车站范围内部分信号设备敷设情况

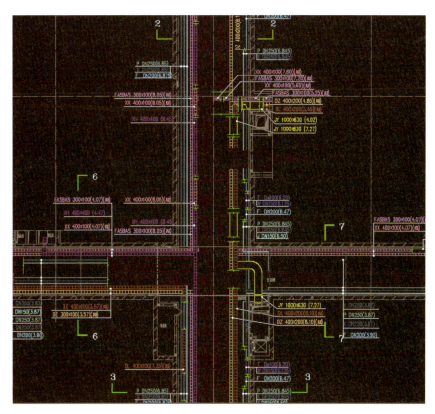

图 6-15　八达岭站综合管线平面布置图

6.4.3　碰撞检查

以八达岭管线综合为例,由于二维图纸的限制,综合管综专业无法选取所有的剖面进行绘制,而缺少剖切面无疑会增加综合管线方案审查和施工的难度。而利用 BIM 进行的管线综合设计工作可以很好避免这一问题。通过使用 ABD 提供的冲突检测功能,各管线综合专业可以在协同工作中发现此前工作中出现的问题,并最终完善本站管线综合设计。图 6-16～图 6-18 为设计过程中通过三维布设发现的信号电缆槽与其他专业管线的碰撞定位及修正后情况。

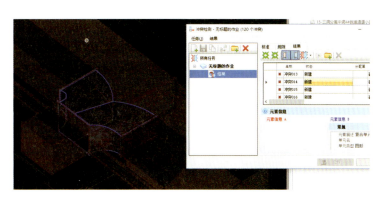

图 6-16　通过使用 ABD 提供的冲突检测功能发现的管线冲突

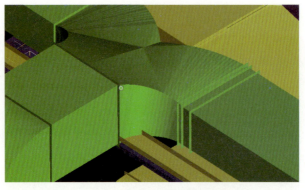

图 6-17　发生冲突的风管与信号管槽

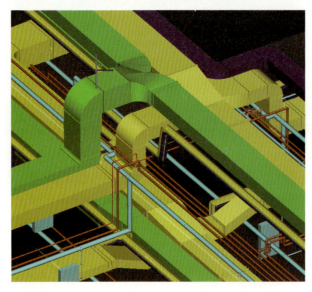

图 6-18　通过数次管线碰撞检测，经过调整后的管线布置方案

6.4.4　漫游展示

利用 LumenRT 虚拟建筑可视化软件的渲染功能，在设计完成时输出整体渲染效果图及三维动画，展现铁路信号模型进行三维全景渲染，展示信号设备布设情况，实现设计场景的三维模拟，获取设计效果的直观展示，如图 6-19 所示。

图 6-19　信号机械室局部效果图

而通过 BIM+GIS 总装平台对全专业进行总装后，可通过平台沿铁路线路漫游，能反映各专业之间以及局部与整体之间的相互关系，并结合附近地形地貌、风景、光照、天气等，以此为蓝本制作的动画或效果图，能够更加准确地反映工程项目实际情况，如图 6-20 所示。

图 6-20　区间漫游中的信号设备效果图

6.4.5　BIM 技术应用成效

（1）通过 BIM 技术在京张高铁信号设计中的应用，实现了信号专业的优化设计。从信号设备元件模块化建模、参数化敷设、碰撞检查等方面，对铁路信号设计进一步优化。利用协同设计平台，使项目的各参与方基于同一平台开展协同工作，进行三维状态下的设备总装，发现并及时处理专业间的交叉碰撞情况，有效减少设计中的失误。

（2）实现了铁路信号的可视化设计，通过对信号总装模型进行渲染，利用形象的虚拟可视化三维模型，更加准确地反映现场实际情况。

CHAPTER 7
第7章

电力智能设计
THE INTELLIGENT DESIGN OF THE POWER SYSTEM

京张高铁电力供电系统智能设计主要包括智能在线监测运维管理系统、能耗管理系统、官厅水库特大桥景观照明系统、隧道智能照明及防灾救援设备监控系统、车站智能机电设备监控系统、建筑信息建模技术等技术的应用，不仅提高了电力智能设计水平，优化了设计，还有力支撑了京张绿色高铁、文化高铁建设目标的实现，引领了高铁电力供电系统智能设计的发展，加速了高铁电力供电系统智能技术应用的进程。

7.1 概述

铁路电力供电系统担负着为铁路沿线车站及区间所有用电设备供电的任务，设计标准要求其应安全适用、供电可靠、技术先进、经济合理、使用维护方便，应贯彻国家能源政策，采取节能措施，降低电能消耗。京张高铁在满足设计标准要求的前提下，在智能高铁发展战略指导下，充分利用成熟可靠、先进的技术，初步实现了电力供电系统的智能设计。

7.2 智能在线监测运营维护管理系统

7.2.1 运营维护管理现状

铁路电力供电系统的安全可靠供电是保证铁路正常运行的首要条件。我国高速铁路的建设速度飞速发展，铁路运营管理部门对通过在线监测技术实现实时分析、判断系统运行过程中的各类故障，及时处理故障并恢复电力供应，实现智能在线监测运维管理的需求日益迫切。

现代电力、电子、网络技术和各类状态在线监测技术水平的逐步发展和成熟，为铁路电力供电系统实现智能在线监测运维管理创造了条件。目前，没有形成系统性和统一标准的运维管理体系模式，没有统一的配置标准和系统平台，造成网络资源及设备的浪费，系统模式混乱，无法实现网络化大数据环境下高效智能的运维管理。

京张高铁进行了铁路电力供电系统的智能在线监测运维管理系统的深入研究，实现了基于统一集成的系统智能在线监测运维管理平台，把京张铁路电力供电系统的运维管理提升到一个自动化、智能化水平。

7.2.2 智能在线监测运维管理系统设计

1）系统功能

智能在线监测运维管理系统通过建立统一的智能运维管理标准、一体化统一集成的运维管理平台，将成熟可靠、需求迫切的在线监测系统进行一体化深度集成和融合，形成新一代全生命周期的高速铁路电力供电系统智能状态在线监测运维管理系统，系统实现各监测点实时在线监测数据的统一接入，实现数据存储、数据分析、数据报表、运行监测、运行诊断、运维管理等功能。实现在线监测智能化，根据不同在线监测系统的功能实时发出预报警信息。系统具备强大的数据采集、数据分析功能，实现智能化运维管理。系统具备强大的扩展性，平台可以便捷扩展其他不同类型的在线监测系统，不受功能和安装时间等影响，平台可以便捷扩展运营单位管辖范围内的其他铁路线路的运维管理，对运营单位管辖范围的各条铁路电力贯通电缆线路以及沿线电力设备进行全覆盖在线监测运维管理，实现数据资源共享，避免网络资源浪费和系统平台设备重复配置，实现各条高铁全生命周期运维管理体系。

系统通过集成网关共享通信传输设备，利用铁路运维传输网络通道，将各类监测数据送至运维管理平台数据中心进行实时分析，实现铁路电力供电系统在线监测，进行故障智能化预报警、故障智能化判断和定位，对电力设施建立全生命周期管理体系，为电力调度、运行检修及设备管理提供强有力的辅助决策依据，极大提高了运维管理效率。

京张铁路智能在线监测运营维护管理系统构成如图 7-1 所示。

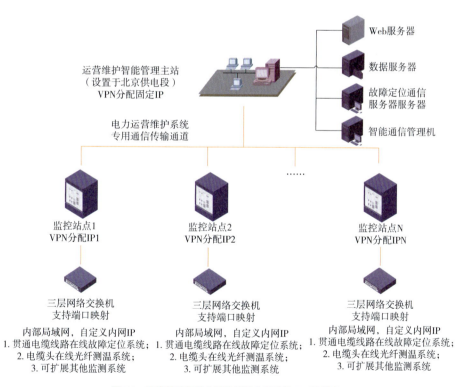

图 7-1　京张铁路智能在线监测运营维护管理系统构成图

2）系统组成

智能在线监测运营维护管理系统包含贯通电缆线路在线故障定位系统、电缆头在线光纤测温系统。

（1）贯通电缆线路在线故障定位系统

京张高铁 10kV 电力综合负荷贯通线和一级负荷贯通线采用全电缆线路。电力贯通电缆线路在运行过程中若出现电缆故障，会严重影响电力供电的安全性和可靠性，也严重影响高速铁路的正常运行。为保证各类用电设备的可靠运行，首先要保证电力贯通电缆线路的可靠安全运行，电力贯通电缆线路发生故障时应能及时准确地找到电缆故障点。目前故障点的查找一般采用发生故障后，断电、隔离故障区段后查找，故障的查找和检修只能利用天窗点进行，时间有限，需要浪费大量的人力、物力和时间，给故障的查找和维修造成很大难度。

贯通电缆线路在线故障定位系统在配电所、区间箱变或室内所等处设置故障定位装置，装置从配电所、区间箱变或室内所的电压互感器和电流互感器二次侧采集电压和电流信号，对基波和行波电流、基波和行波电压等信号实时监测，通过行波理论、双端行波定位理论与小波变换原理，采用高精度 GPS/BDS 多源时钟授时系统，实现贯通电缆线路故障的实时精准定位，大大减小查找电缆故障点的工作量，缩短检修、抢修时间，从而提高速铁路电力供电的可靠性。

（2）电缆头在线光纤测温系统

电缆头的温度变化直接反映电缆的运行状态，电缆头温度过高后应及时处理，避免电缆事故的扩大甚至烧毁电缆。电缆头温度检测常规做法有粘贴示温贴片、手持红外测温仪等，通过现场观察示温贴片颜色变化及手持测温仪检查温度情况，再与以往观测数据对比分析温度的变化，检测时需要检测人员到设备现场进行，且电缆头可视。目前，这些方法已不能适应智能运维管理要求。

电缆头在线光纤测温系统由传感器和处理器两部分构成，在电缆接头处设置荧光光纤温度传感器，并由处理器发出光源，基于荧光测温原理，通过测试光发射余辉衰减的时间，将其转换为可测的光信号。处理器接收到传感器发出的光信号后，将其转换为温度信号，其数据可通过现场通信装置传输至智能在线监测运维管理系统主站。系统可在线、实时地准确测量电缆接头的接点温度。做到对电缆头温度的实时监测，进行温度异常时的报警。

7.2.3 智能在线监测运营维护管理系统成效

（1）建立了北京供电段京张铁路电力供电系统智能在线监测运维管理平台。

（2）深度集成各监测系统运维监测功能，充分利用共享数据交互设计以及铁路互联网地址资源，形成了系统化、标准化的体系模式，把铁路电力供电系统运营维护管理提升到一个智能化的新水平。

（3）实现了铁路电力系统的智能化管理，大幅度提高铁路电力供电运营维护管理水平。

北京供电段铁路电力智能在线监测运营维护管理系统主界面、后台分别如图 7-2、图 7-3 所示。

电力智能设计 CHAPTER 7

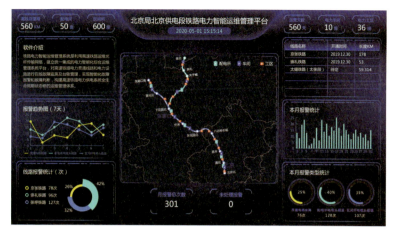

图 7-2　北京供电段铁路电力智能在线监测运营维护管理系统主界面

图 7-3　北京供电段铁路电力智能在线监测运营维护管理系统后台

7.3　能耗管理系统

7.3.1　能耗管理现状

根据《国务院关于印发节能减排综合性工作方案的通知》《关于加强国家机关办公建筑和大型公共建筑节能管理工作的实施意见》《公共机构节能条例》和《节能中长期专项规划》的精神，以及国铁集团发展和改革部的管理要求，需要加强用能单位能耗监测系统建设，利用现代化的技术手段，实现对用能单位能耗动态监测，建立和完善能效测评、用能标准、能耗统计、能源审计、能效公示、用能定额、节能服务等各项能源运行管理工作。

在不断完善能源管理制度的同时，铁路耗能单位依然存在各种问题：在能源计量手段和信息化系统建设方面的表现相对粗放和滞后,很多机构和单位还不能对各能源项总表进行计量,造成各单位能源消耗数据缺失,不能细化耗能项目,缺少节能分析管控,无法对用能超限考核。部分单位还依靠人工抄报,导致抄报工作量大、抄表周期长、数据不准确、不能及时发现能源浪费、不能查询历史数据、不能实时报警等现象,部分三级计量设备抄表频率过低,缺少对基础能源数据的全面采集监测,无法实现提供在线能源系统平衡信息和调整决策方案,无法确保能源系统平衡调整的科学性、及时性和合理性。

7.3.2 能耗管理系统设计

1)系统构成

能耗管理系统按三层管理模式进行设置(图 7-4):

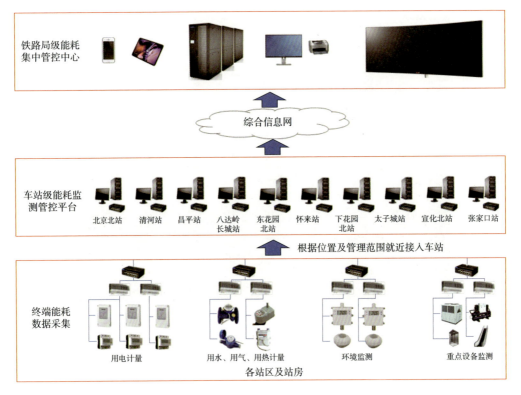

图 7-4 能耗管理系统构成图

(1)铁路局级能耗集中管控中心:其作为铁路能耗管理的大脑,可以实时掌握整个铁路局的用能情况,对于实现能耗管理统一管理决策、提高整个铁路局的用能安全、用能调控、降本增效,均可以发挥巨大作用。

(2)车站级能耗监测管控平台:在北京北、清河、昌平、八达岭长城、东花园北、怀来、下花园北、宣化北、张家口南、太子城等各站的站房设车站级能耗监测管控平台,可针对性用于各车站的能耗监测管控。

(3)终端能耗数据采集系统:在各车站的用电负荷点设智能数字化电度表作为现场级能

源管理终端。实时采集和上传终端能耗数据，包括水、电、气、热、冷、燃油、环境、用能设备等各项数据，并且能支撑各种环境的数据自动采集上传，并可以建立不同场景的数据采集接口；可以实现对用能单位用电、用水、用气等能源的分项计量、总量计量，同时将能耗数据上传至铁路局级数据中心。

2）平台架构

展示层：系统采用 B/S 架构，支持多种显示终端。

应用服务层：模块化设计，支持多用户和数据隔离，支持分户管理，适用范围广。

接口服务层：支持多种与其他系统的数据对接接口及协议。

数据服务层：建立分布式数据库，数据库冗余架设。同时采用异构的数据库模式，保证数据安全的同时，快速调取所需数据。

物理采集层：采用物理接入方式采集各项数据，采集设备各种关键参数。支持多种与其他系统的数据对接接口。

所有服务与数据可灵活布置在当地服务器或云服务器。

能耗管理平台架构如图 7-5 所示。

图 7-5　能耗管理系统平台架构

3）系统平台功能

能耗管理系统采用分层、分布式网络系统结构，通过电能计量装置，采用远程传输手段，实时采集全线所有电能消耗主体的能耗数据。主要功能模块有能源概况、用能监测、节能管理、计量管理、能耗分析、企业服务、公众服务、运营维护管理等。

能耗管理系统数据与控制流程如图 7-6 所示。

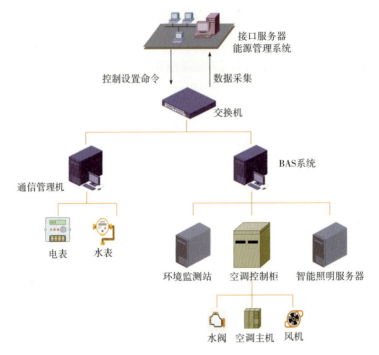

图 7-6 智能能耗管理系统数据与控制流程

7.3.3 能耗管理系统成效

（1）实现站内设备运行状态实时监测与控制，全生命周期管理，设备故障及时上报，智能运营维护，节能管理。

（2）实现电能数据的在线监控、多维展示和动态分析评估，进行节能管理，满足项目能源方针、能源目标，实现能源绩效和能源指标。

（3）安装设置分类和分项能耗计量装置，采用远程传输实时采集能耗数据，实现能源在线监测和动态分析。

（4）系统集成了 BAS，有智能照明系统、配电监控系统。

（5）建立多种能耗数据模型，包括分户数据模型、分区模型、配电模型、环境参数关联模型、分类分项模型等，实现能耗数据多维展示、分析、评估等功能。

7.4 官厅水库特大桥景观照明系统

7.4.1 高铁桥梁景观照明现状

随着国民经济的不断增长，我国高速铁路建设不断发展，各式各样的铁路桥梁建设也不断增加。高速铁路桥梁的地理位置一般位于无人区、照明灯具灯光易对行车造成干扰等原因，导致高速铁路桥梁一直没有开展景观照明设计。

根据京张高铁的建设要求，同时考虑官厅水库特大桥位置的特殊性，官厅水库特大桥景观照明设计也被纳入了京张高铁智能化专项课题研究。官厅水库特大桥为简支拱形钢桁梁结构桥梁，景观照明设计面临着诸多困难，需要满足照明灯具灯光不能对行车造成眩光干扰；灯具安装要符合桥梁钢结构防腐要求；灯具安装要牢固，避免列车经过时桥梁的振动影响；白天灯具不能破坏桥梁的视觉美观效果；见光不见灯和体现奥运元素等要求。经过严谨的设计方案研究确定了最终的设计方案，并经过多次灯具试装达到了满意的照明效果。

7.4.2 官厅水库特大桥景观照明系统设计

官厅水库特大桥跨越官厅水库的主桥段采用 8 孔 110m 简支拱形钢桁梁结构，拱顶高 19m、宽 13.2m，桥面系采用正交异性钢桥面板，桥梁结构富有韵律，造型优美，犹如一道彩虹跨越过平静湖面。该段设置智能景观照明系统也是打造京张铁路全线景观的重要组成部分。

1）设计理念

1909 年建成的京张铁路是中国人自行设计和建造的第一条干线铁路，传承着百年来中国人民自强不息、爱国奉献的民族精神。另一方面，当代中国高铁作为世界领先的技术，已经在运营里程、最高运营时速等多方面处于世界第一的水平。

结合京张铁路从历史到未来的定位与意义，官厅水库特大桥的照明设计秉承"百年京张，龙腾盛世"的设计理念，象征祖国的繁荣富强，也表达了对北京 2022 冬奥会顺利举办，中国体育再创辉煌、取得腾飞的美好祝愿。

2）设计思路

整个照明设计充分考虑了大桥所处的环境特点、地理位置，融入中国传统文化、中国高铁速度、北京冬奥会等元素，充分利用桥梁拱形结构和灯光动态变化及灯光的色彩变化进行动态的光影造型，动态效果场景包括鱼跃龙门、神龙戏水、二龙戏珠、五环奥运、和平鸽、烟花璀璨、复兴繁荣等特色主题，呈现出一部从远古走向现代文明，走向和平、繁荣昌盛的历史发展情景剧。

传统与现代的结合：将桥身结构与中国传统文化相结合，并融入现代高铁和奥运的理念，使设计充满时代的厚重感。

光影与造型的结合：利用变幻多色的彩灯光情景衬托桥梁的整体造型，同时将设计理念通过照明效果充分展现。

速度与激情的结合：动态的大桥照明设计，象征着飞速驰骋的中国高铁，更是中华民族伟大复兴、中国经济飞速发展的最好呈现。

3）灯具布置

（1）上弦杆外侧连续布置条形洗墙灯，采用 RGB 三色通道，照亮桥梁拱形外轮廓，通过灯光智能控制系统实现各种灯光造型和动态效果，利用灯光的湖面倒影，表现出五环奥运的主题效果。

（2）在拱形梁上和每座桥墩设置 2 组暖色投光灯，分别向上照亮上弦杆，向下照亮桥墩外立面及相邻两个侧面，灯光情景中形成动态的情景水花效果。

（3）在桥梁正上方顶部垂直于线路方向的上平联两端设暖色宽光束投光灯，从上往下向桥梁外侧投射，照亮线路外侧检修通道。通过内透光照明效果，形成灯光造型的立体渲染和玲珑剔透的效果。官厅水库特大桥景观照明灯具布置如图 7-7 所示。

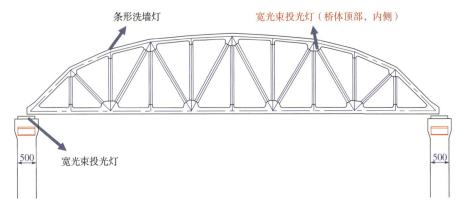

图 7-7　官厅水库特大桥景观照明灯具布置图（尺寸单位：cm）

4）系统控制

景观照明设置独立的智能照明控制系统，根据不同区域的灯具点亮情况，设置了一般模式、一般节日模式和重大节日模式 3 种不同方案模式，能够实现区域控制、模式控制、定时控制，并在就近的昌平工区设置集中监控主站进行控制。

智能照明控制系统采用标准通信协议和接口。

官厅水库特大桥景观照明灯具智能控制原理如图 7-8 所示。

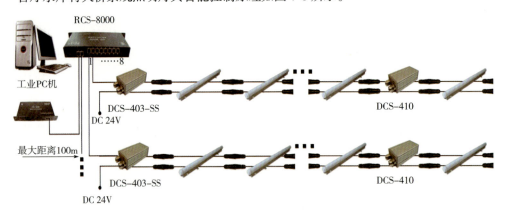

图 7-8　官厅水库特大桥景观照明灯具智能控制原理图

7.4.3　景观照明系统成效

（1）整个照明动态情景时长约为 12min，充分体现了设计理念和设计思路，诠释了中国传统文化以及奥运精神，展示出富有中华民族文化内涵的动态照明效果。相关效果如图 7-9 ～图 7-11 所示。

（2）解决了灯具安装、桥梁防腐、灯光干扰、眩光干扰、见光不见灯等大量技术难题，同时灯具安装灯罩（图 7-12）获得了国家专利。

图 7-9　和平鸽主题效果

图 7-10　复兴繁荣主题效果

a）

图　7-11

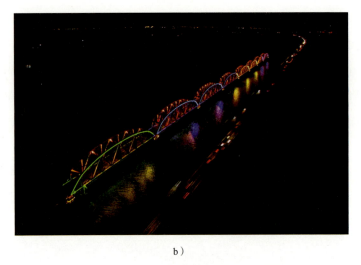

b)

图 7-11　官厅水库特大桥智能景观照明实景效果图

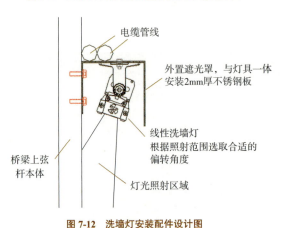

图 7-12　洗墙灯安装配件设计图

7.5　隧道智能照明及防灾救援设备监控系统

7.5.1　隧道照明系统现状

铁路隧道根据不同的长度和特点，相应设置固定检修照明、应急照明、疏散指示，以及防灾救援设备等，隧道照明系统主要用于巡视和设备维修，并在发生火灾及其他灾害时及时引导人员疏散。传统的铁路隧道照明主要采用就地分段控制的方式，检修较为不便，存在运营维护成本高、工作量大等一系列问题。

7.5.2　隧道照明及防灾救援设备监控系统智能设计

1）系统架构

隧道智能照明及防灾救援设备监控系统，对京张铁路全线隧道正洞及紧急出口内的固定检修照明、应急照明、防灾通风风机、正洞两端消防水池和消防深井泵、隧道电力箱变洞室门进行监控。

系统采用现场级和中央级两级的架构方案,现场级采用环形工业以太网,中央级采用以太网双网冗余架构。现场级设置系统智能控制箱,采用 PLC 控制方式,核心单元采用硬件冗余配置,经主备光缆连接至隧道外就近的通信基站,通过专用通信通道纳入就近车站和工区的防灾救援监控工作主站,主站设紧急情况下操作的集中监控手动强启控制盘,当发生火灾时实现紧急开启功能。

隧道智能照明及防灾救援设备监控系统拓扑图如图 7-13 所示。

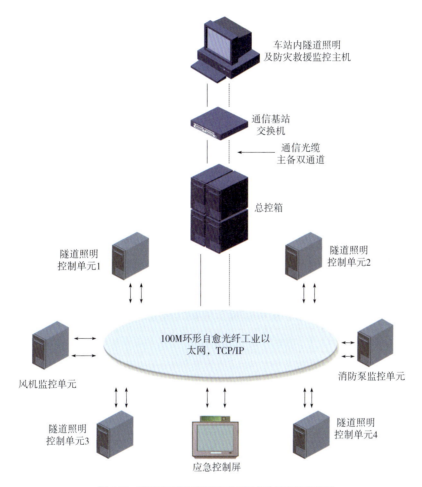

图 7-13　隧道智能照明及防灾救援设备监控系统拓扑图

2）控制方式

(1) 隧道智能照明控制系统实现 500m 分段双端控制,在隧道两端和隧道中间段设按钮箱控制每段隧道灯的启停;所有隧道进出口均设手动控制按钮,能启动全部隧道照明,长度 5km 以上或有紧急出口的隧道内每间隔 50m 设一处手动控制按钮;灯具点亮时,电源失电熄灭,当恢复供电后,灯具能通过后台监控设备实现自动重新开启;救援通道斜井内应急照明灯采用进出口两端控制,在斜井两端距离防护门 100m 范围内间隔 50m 设手动控制按钮。

（2）隧道内设列车速度测量单元，监测到列车在隧道内速度低于设定值时，系统自动启动隧道照明灯具，列车故障解除后系统自动复原关闭隧道照明，并纳入相应隧道管辖的综合工区监控。

（3）长度 5km 以上或有紧急出口的隧道设置应急照明、疏散指示和防灾救援监控设备，其中应急照明与固定检修照明共用供电回路及灯具。其在隧道照明配电箱、风机配电箱、消防泵配电箱等处就近设置。

监控单元带光纤通信接口。各监控单元通过光纤形成环形网络，连接至隧道进口或出口最后一个洞室内设置的智能总控箱，通过主备光缆经通信基站接入车站和工区监控主站。

（4）5km 以上隧道在相邻车站设隧道防灾救援设备监控系统主站进行控制，通过主站远程控制隧道内照明设备及风机，利用操作界面实现对其全开、全关及电流电压检测。在昌平和张家口工务工区设集中监控主站，实现对全线隧道照明控制以及防灾风机状态监测功能，不具备风机控制功能。

（5）隧道紧急出口设火灾自动报警系统作为子系统纳入防灾救援设备监控系统。紧急出口与正洞连接处设置感烟探头，当发生火灾时，防灾风机除就地启动外，可以通过火灾自动报警系统联动风机实现自动启动，也可通过防灾救援监控主站紧急控制盘远程开启。

7.5.3 隧道照明及防灾救援设备监控系统成效

（1）实现了对隧道照明及防灾救援设施的自动控制和远程控制，使得隧道内检修更加便捷，大幅度降低了运营维护成本，减少了工作量，并有效提高了隧道的防灾疏散救援效率。

（2）充分贯彻了"以人为本，服务运输"的设计理念，可及时发现和排除隐患，为高速铁路安全运行提供服务保障。

昌平工区隧道照明智能控制及防灾救援监控系统后台如图 7-14 所示，隧道智能照明监控系统隧道正洞照明如图 7-15 所示。

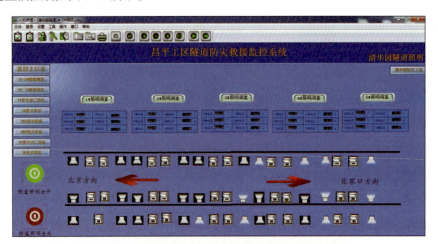

图 7-14　昌平工区隧道照明智能控制及防灾救援监控系统后台

电力智能设计 CHAPTER 7

图 7-15 隧道智能照明监控系统隧道正洞照明

7.6 车站智能机电设备监控系统

7.6.1 车站机电设备监控现状

目前铁路站房机电设备监控系统（BAS）主要是对站房内的机电设备进行监控。既有的 BAS 已不能满足现在提倡的绿色、节能的智能化高铁站房要求，必须重新对既有 BAS 进行功能上的完善及优化，以满足节能、智能化站房的要求。

7.6.2 车站机电设备监控系统智能设计

结合京张站房工程，提出采用新的车站智能机电设备监控系统方案，能够充分提高既有 BAS 的功能，对各种子系统及设备进行有效的自动化控制，采集分析能耗，减少人员配置，对资源合理的优化及分配、建设智能化高铁站房具有重要意义。

1) 系统架构

车站智能机电设备监控系统采用分层分布式结构，系统自上而下共分 3 层，即监控管理层、通信层和现场设备层。

系统使用 B/S 架构，建立实时、在线的能耗计量监测系统；提供能耗统计分析和日常运行监控功能应用；建立高铁站房能效评估指标体系，实施精细化的科学量化管理；寻找能耗漏洞，与其他各系统的数据通信通过 BAS 平台连接，通过内部集成及外部集成的方式，在保证客运服务安全、旅客舒适的前提下，为用户制定节能整改措施，提高能源使用效率，指导 BAS 系统进行控制，达到节约能耗的目的。

张家口站车站智能机电设备监控系统操作界面如图 7-16 所示。

2) 系统功能

车站机电设备系统包括数据采集、数据处理、计算引擎及统计、控制操作、图形化界面、历史数据、系统安全性管理接口及智能联动。其中，数据采集，包括各种 BAS 数据和能耗数据;数据处理包括提供丰富的数据处理功能,处理之后存储到历史数据库中。根据需求对历史数据进行处理、分析和转发等。所有的历史数据均保存于数据库服务器,本机也有当年备份的数据。

图 7-16　张家口站车站智能机电设备监控系统操作界面

本系统具有良好的开放性,可以与其他自动化设备或系统接口,能够方便实现接口及智能联动功能。

3)控制策略

北京至张家口铁路沿线属温带大陆性季风气候。气候特点:一年四季分明,冬季寒冷而漫长,春季干燥多风沙,夏季炎热短促降水集中,秋季晴朗冷暖适中。光资源丰富,昼夜温差大;雨热同季,生长季节气候凉爽;高温高湿,炎热天气少。

下面以张家口站为例,说明控制策略。

(1)空调及通风系统控制

空调及通风系统充分根据气候特点进行控制。

张家口市采暖季为 11 月—翌年 3 月,制冷季为 6—8 月,过渡季为 4、5、9、10 月。

在制冷季及供暖季,采用冷热源群控系统。群控系统通过对中央空调系统从冷热源站和通风系统的全面监控,实现有效控制与管理,结合车站智能机电设备监控系统,在确保达到环境质量要求的同时,尽可能降低空调系统运行能耗,实现设备智能控制与能耗管控。主要参数有开关机设计、顺序启停、最短运行时间开机等。

其中,候车厅组合式空调的回风温度由管理控制平台下发。

在过渡季,候车厅、售票厅设有电动开启窗和机械通风。BAS 根据 CO_2 浓度、PM2.5、PM10、温度、湿度、室外风雨雪情况等参数控制打开或者关闭(表 7-1),从而进行和外部空气的交换,达到很好的节能降耗、提高旅客舒适度的目的。

过渡季控制策略 表 7-1

方案名称	开 启 条 件	执 行 动 作	备 注
强制通风	室内二氧化碳浓度超过 1000ppm 时	打开电动窗，机械通风进行换气	执行环境空气质量标准《GB 3095—2012》
	室外 PM2.5 浓度小于 75μm/m³，PM10 浓度小于 150μm/m³	严重污染情况，关闭电动窗，只开机械通风（带过滤）	
自然通风	无严重污染、雨雪等恶劣天气	打开电动窗进行自然换气	

（2）照明系统控制

通过 BAS，实现各分区场景模式的编制。候车厅、地道、天桥等区域根据室外光照、时间等制定控制策略，站台区域根据室外光照、列车到发信息制定控制策略。详细照明控制策略见表 7-2。

照 明 控 制 策 略 表 7-2

区域	方 案 名 称	开 启 条 件	方 案 说 明
候车厅	全开	根据室外光照度和时间启动： （1）室外光照度小于 400lx； （2）时间段：07:30—19:00 根据时间段控制： （1）06:00—07:30； （2）19:00—24:00	白天时段因特殊天气原因导致光线昏暗
	1/2 开	根据室外光照度和时间： （1）室外光照度在 400～1000lx 之间； （2）时间段：07:30—19:00	
	1/4 开	根据室外光照度和时间： （1）室外光照度大于 1000lx； （2）时间段：09:00—18:00	在阳光充足的白天，实现最大限度节能
站台	单个站台全开关	在能获取到列车到站的信息情况下： （1）根据列车到站信息，光照度小于 400lx，提前 15min 开启全部照明； （2）列车发车 5min 后关闭灯具（保留值班照明）	时间需要与相关部门确定
地道		结合广告照明等情况控制照明： 如果广告照明已开，关闭照明； 如果广告照明未开，打开照明	
天桥		结合照度、广告照明等情况控制照明	

（3）热风幕分级控制

张家口站总共设置了 91 台 10kW 电热风幕，共计 910kW。

常规电热风幕，只有 0、10kW 两挡。设计选用了节能型电热风幕，功率为 0、3、7、10kW 四个挡位，并将电热风幕控制纳入 BAS。采暖季时根据室外温度情况，自动控制不同区域热风幕的开启挡位。

采暖季时挡位和温度之间的关系通过分析可以按表 7-3 设置。T_1 为送风温度，T_2 为室外温度。

张家口南站电热风幕控制策略 表 7-3

热风幕挡位（kW）	T_1（℃）	T_2（℃）
10	21～28	$T_2 > -10$
7	21～28	$-10 \leq T_2 < 0$
3	21～28	$T_2 \geq 0$

（4）电动遮阳百叶控制

清河站设电动遮阳百叶，制冷季制冷时关闭遮阳百叶，遮挡阳光，减少站房与外界的热交换，防止室内温度上升；采暖季打开遮阳百叶，利用太阳的辐射提高室内温度；过渡季打开遮阳百叶，通过自然采光补充室内照明，根据不同时段进行开启/关闭，达到节能降耗和提高旅客舒适度的目的。

（5）其他设备控制

根据室外天气情况进行控制。选用功率分挡的电伴热，可以根据气候情况（下雪）、温度等参数控制挡位，达到节能的目的。

在卫生间设置异味传感器和通风装置，当异味达到一定的浓度后启动通风装置，提高了旅客舒适度。

根据高铁运行时间和客服需要，启停部分电开水器，达到节能降耗的目的。

4）北京北动车所智能化升降式灯具的应用

北京北动车检查库层高 7.8m，而传统的库房灯具具有维修困难、高空作业人员安全风险、空间受限、时间成本高等缺点。因此，在北京北动车检查库选用了更智能、方便的吊装式高大空间升降式灯具，其具有如下优点。

（1）人身安全保障：最大限度规避了高空照明安装、检修、清洁人员登高作业的操作风险，为企业的安全生产提供有力保障。

（2）现场操作便捷：不受场地（空间）限制，不需要搭建登高机构，日常维护只需一名工作人员即可操作。

（3）效率大幅度提高：通过遥控+线控等多种智能控制方式，高效工作，大幅度提高日常维护效率。

（4）费用大幅度降低：可以节省每一次安检、清洁所需租赁设备及相应人员工资等费用。

北京北动车所升降式灯具现场效果如图 7-17 所示。

图 7-17 北京北动车所升降式灯具现场效果图

7.6.3 车站智能机电设备监控系统成效

（1）车站智能机电设备监控系统是一个全新应用集成系统，将能源管理系统与其他各子系统的数据通信通过 BAS 平台连接。

（2）通过 BAS 控制节约能耗，并实现对子系统安全、合理、科学化的管理，预计将来可节能 15%～20%。

7.7 BIM 技术在电力设计中的应用

7.7.1 电力设备元件模块化建模

1）元件模块化建模

BIM 元件模块化模型创建时，结合各专业特点对 BIM 模型树进行约束和规定，一般按照"系统—设备—构件"的原则进行分解，但是构件分解到一定的层级便不再分解，以满足模型使用要求。BIM 模型创建参照铁路 BIM 联盟发布的《铁路工程信息模型表达标准》中的设计单元的概念进行。

铁路电力工程的配电所按每座单独划分设计单元，包含基础、构架及遮栏制作与安装、变配电装置安装与检验、电缆线路敷设、防雷接地等。工程范围设计单元下按照系统与设备装置进行细化分类，最终根据设备类型展示属性信息。每一个设备及工程实体构件创建各自唯一的编码，作为每个设备或工程实体构件的唯一身份标识。

铁路电力设计模型包括设备模型和土建支架模型，统称元件模型。通常在二维设计过程中，设计人员通过 CAD 软件二次开发的天正电气、浩辰电气等软件包含的电气元件库来进行设计工作。而在三维环境中，需要提前构建一套设备元件模型库。铁路配电所元件主要是电气设备，它们不仅具有各种各样的参数和特性，而且还需要赋予大量的非几何属性信息。因此，合理的元件模型及附加属性不仅可满足后期的设计需求，而且可以保证三维设计的流畅性，提高设计效率。

部分电力设备元件模型库见表 7-4。

2）智能组装

通常，各设备元件模型建模流程（以配电所高压开关柜为例）：计算起始断面各关键点坐标—利用关键点绘制线段—调用元件模型库中相应模型—调整元件模型位置。利用 MicroStation 二次开发技术，采用 VBA 语言编程，实现模型的快速建模和智能组装。

元件模型各数据点坐标值的计算均通过 VBA 语言提供的数学计算功能来实现。通过连接元件模型库，调用模型库中各元件模型角度、大小等各参数，放置相应元件模型。智能组装二次开发程序初始化窗口如图 7-18 所示。

部分电力设备元件模型库　　　　表 7-4

设备名称	IFD 编码	精度	设备图片（供参考）	模型图片	设备名称	IFD 编码	精度	设备图片（供参考）	模型图片
变压器	53-15 45 05	LOD3.0			单管荧光灯	53-15 55 10	LOD 3.0		
箱变	32-02 40 18 85	LOD3.0			双管荧光灯	53-15 55 10	LOD 3.0		
动力配电箱	53-15 45 45	LOD3.0			三管荧光灯	53-15 55 10	LOD 3.0		
发电机	53-15 35 40	LOD3.0			三联开关	53-15 55 20	LOD 3.0		
所用变压器	53-15 45 05	LOD3.0			插座（普通二三孔）	53-15 15 90	LOD 3.0		
控制柜	2-02 40 18 48	LOD3.0			地面插座	53-15 15 90	LOD 3.0		
调压器	53-15 45 05	LOD3.0			四孔插座	53-15 15 90	LOD 3.0		
火灾报警控制器	53-1 5 80 79	LOD3.0			筒灯	53-15 55 10 10	LOD 3.0		
感温探测器	53-1 5 80 79	LOD3.0			卤钨灯	53-15 55 10 10	LOD 3.0		
感烟探测器	53-1 5 80 79	LOD3.0			吸顶灯	53-15 55 10 10	LOD 3.0		
报警按钮	53-1 5 80 79	LOD3.0			壁灯	53-15 55 10 10	LOD 3.0		
火警喇叭	53-1 5 80 79	LOD3.0			柱灯	53-15 55 10 10	LOD 3.0		

续上表

设备名称	IFD 编码	精度	设备图片（供参考）	模型图片	设备名称	IFD 编码	精度	设备图片（供参考）	模型图片
传感器	53-15 60 10	LOD3.0			紧急出口指示灯	53-15 55 10 10	LOD 3.0		
执行器	53-15 60 20	LOD3.0			路灯	53-15 55 10 20	LOD 3.0		
接地端子箱	53-15 30 10 20	LOD3.0			金卤灯	53-15 55 10 10	LOD 3.0		
独立避雷针	53-15 30 20 10	LOD3.0			防爆双头应急灯（应急灯）	53-15 55 10 10	LOD 3.0		
泛光灯	53-15 55 10 20	LOD3.0			投光灯塔	53-15 55 10 20	LOD 3.0		

图 7-18 智能组装二次开发程序初始化窗口

智能组装后的配电所高压开关柜、交直流屏、调压器、动态补偿装置及小电阻接地装置组装后，程序运行结果如图 7-19 所示，左图为未加载建筑模型的设备布置情况，右图为加载建筑专业模型后的设备布置情况。

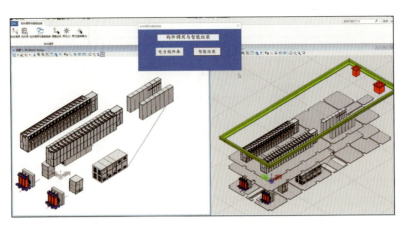

图 7-19　配电所元件智能组装后运行结果

7.7.2　电缆敷设优化排布

利用 BIM 技术模拟进行电缆敷设，优化电缆沟布置方案，减少电缆交叉，创建电缆敷设方案，为施工提供便利。通过 BIM 技术对室内线缆提前规划室内布局、线缆走向和层次，通过优化设计，具体绘制出每条线缆，并根据命名规则，为每条线缆添加其功能名称、用途、类型、始末端子以及长度、BBS 编码等属性。各种线缆按用途、型号、大小分类、分层、分架布设，做到不交叉、不环绕，优化电缆路径。基于 BIM 模型，可对在垂直、水平等不同状况下的各类线缆布置提供合理的转弯方向以及半径，提高施工工艺。

在确定好的线缆路径中，结合房建模型特点、线路走向确定支吊架的安装位置及形式，形成更为优化的支吊架处理方案。此外，还可以实现电缆敷设路径查询功能，支持输入电缆类型和电缆编号查询该电缆的敷设情况，并通过模型进行体现；电缆两端连接的设备、经过的桥架、分层情况等均能清晰、直观查看。

电缆模型的深入优化在铁路配电所设计优化中有显著作用。以怀来配电所为例，配电所电缆夹层内电缆走线复杂，空间极为有限，但通过前期专业间协同深化设计，及早发现了高低压电缆安全净距不足及专业间电缆交叉等情况，优化了支吊架排布方案。

电缆敷设优化排布后渲染结果如图 7-20 所示。

图 7-20　电缆敷设优化排布后渲染结果

7.7.3　碰撞检查

管线碰撞在工程项目各环节中都是不可避免的问题。传统二维图纸设计过程中，因为可视化的局限，对管线碰撞需要靠经验避免出现问题。现在利用 BIM 技术，通过协同环境下建立三维模型，对各专业管线进行空间冲突分析。通过碰撞检查，可将设计碰撞问题基本消灭在施工之前，大幅度减少工地修改返工费用，提高设计质量。

通过碰撞检查模块进行最接近物理实际的碰撞检查，并生成相应的检查结果报表，提供解决方案。下面是实际碰撞检查范围及

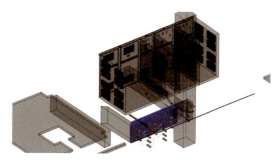

图 7-21　碰撞检查结果

规则（图 7-21），A 组（蓝色）为房屋、结构、场坪等土建模型；B 组（红色）为一、二次设备、高低压电缆及支架等电气设备模型。通过 A、B 两组自检及相互碰撞，碰撞结果为电缆与电缆支架出现碰撞，通过调整电缆标高、建筑预留孔洞来消除此类碰撞。

7.7.4　漫游展示

利用 LumenRT 虚拟建筑可视化软件的渲染功能，在设计完成时输出整体渲染效果图及三维动画，展现铁路电力三维全景渲染。在 MicroStation 总装模型中调用 LumenRT 场景渲染功能，并结合附近风景、光照、天气及丰富的模型材质库，对配电所总装模型进行渲染，形成形象生动的可视化模型，以此为蓝本制作的动画或效果图，能够更加准确地反映工程项目实际情况。

怀来站 10kV 配电所渲染全景效果如图 7-22 所示。

图 7-22　怀来站 10kV 配电所渲染全景效果

7.7.5　BIM 技术应用成效

（1）通过 BIM 技术在京张高铁电力设计中的应用，实现了电力专业的优化设计。从电力设备元件模块化建模、智能组装、电缆敷设优化排布、碰撞检查等方面，对铁路变配电所设计进一步优化。利用协同设计平台，使项目的各参与方基于同一平台开展协同工作，进行三维状态下的施工预演，减少专业间交叉碰撞情况的发生，有效减少设计中的失误，加快施工进度。

（2）在三维状态下进行变配电所线缆的可视化智能布置，减轻了设计人员的工作负担，同时也减少了因为布线复杂、工艺工法要求较高而产生的错误，减少了人工布线产生的扭绞、交叉、窝工等问题，提高了设计效率，减少了人工投入。

（3）实现了铁路变配电所的可视化设计，提高了设计效率及工艺水平。通过调用总装模型中的场景渲染功能，对变配电所总装模型进行渲染，利用形象的虚拟可视化三维模型，更加准确地反映现场实际情况。

CHAPTER 8
第 8 章

智能牵引供电系统设计
THE INTELLIGENT DESIGN OF TRACTION POWER SUPPLY SYSTEM

高铁牵引供电系统的功能在于向行驶的高速列车供电。设计单位利用 BIM 在信息化、可视化、协同设计等方面的优势,对京张高铁电气化工程设计、施工过程中的关键环节进行针对性研究,优化了智能牵引供电设施、供电调度系统、智能牵引供电运行检修管理系统,首次在铁路工程中系统构建了完整的智能牵引供电系统。

8.1 概述

8.1.1 牵引供电系统

牵引供电系统是由牵引变电所、接触网及其他辅助供电设施组成的供电系统,其主要功能是将通过高压输电线从电力系统取来的电能,经过牵引变电所降压后输送给接触网,向沿铁路线行驶的电动车组和电力机车供电,如图 8-1 所示。截至 2020 年底,我国已经建成电气化铁路 10 万 km,是世界上电气化铁路运营里程最多的国家。

图 8-1 牵引供电系统示意图

牵引变电所沿铁路线设置,间距为 50~60km,主要电气设备包括牵引变压器、断路器、隔离开关、开关柜、控制保护设备和辅助设备等。接触网是沿电气化铁路架空敷设的输电网,通过与电力机车受电弓的滑动接触将牵引变电所送来的电流送给电力机车,其主要由接触悬挂、支柱及其辅助设备组成。

目前我国电气化铁路牵引供电系统绝大多数采用传统的牵引供电设备,只完成基本的电气功能和机械功能,不设置传感器等,无法对设备状态进行实时感知,不能很好地监测设备的运行状态;设备间的抗干扰能力较差;所亭间的信息不能共享,造成信息孤岛;保护动作时限较长,一旦发生故障停电时间及范围较大,对列车的安全运行影响较大。

我国电力系统在智能化方面取得了长足进步,全国已经有上千座智能变电站在运行,积累了丰富的运营经验。在充分借鉴电力系统的智能化经验基础上,我国铁路在智能牵引供电系统方面也取得了不小的进步，继在山西中南部通道铁路王家庄牵引变电所成功进行了数字化牵引变电所和广域保护测控系统试点运行后，又在北京至沈阳客运专线试验段中成功完成了两座智能牵引变电所和两个相邻供电臂的试点运行，从而为牵引供电系统智能化奠定了坚实的基础。

8.1.2 京张高铁牵引供电系统智能化总体设计方案

智能牵引供电系统具有"系统可控、状态可视、运维可循"的优点，与普通的牵引供电系统相比，能大幅度提高牵引供电系统运行的安全可靠性，降低故障发生率，缩短停电时间，保障正常运输秩序，提高劳动效率，增加经济效益，因而成为牵引供电系统的必然发展趋势。

京张高铁智能牵引供电系统设计团队通过深入调研高铁运营经验和智能牵引供电系统的技术现状，吸收消化国内外智能电网技术发展趋势，深入分析京张铁路工程特点，首次在铁路工程中系统构建了完整的智能牵引供电系统，如图 8-2 所示。

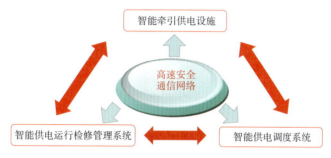

图 8-2 智能牵引供电系统构成

智能牵引供电系统由智能牵引供电设施、智能牵引供电调度系统、智能牵引供电运行检修管理系统及通信网络组成。其中，智能牵引供电设施是基于智能设备组成的变电设施、接触网等，以全站信息数字化、通信平台网络化、信息共享标准化为基本要求，是整个铁路智能牵引供电系统的基石——数据源。智能牵引供电调度系统在完成传统供电调度作业的基础上，提供智能应急处置、供电调度决策等高级功能，以实现最小停电范围、最短停电时间等目标。智能牵引供电运行检修管理系统在基础数据管理、运行检修作业管理、安全管理、应急指挥等基本功能的基础上，还具有设备故障预测与健康管理（PHM）、安全评估与预测、应急指挥、运营安全保障及辅助决策等高级功能。

京张铁路智能牵引供电系统采用国铁集团、路局集团、供电段、沿线智能牵引供电设施及供电车间 / 工区四级架构，具备如下特点：

（1）具备采集与共享沿线牵引变电所、分区所、AT 所及接触网上的智能供电设备基础数据的功能；通过广域保护测控系统，实现供电范围内以供电臂为单元的广域保护、开关分层闭锁等功能。

（2）实现对沿线智能牵引供电设备运行状态的实时监视、非正常报警，对被控对象的遥控、遥测、遥信。

（3）能全面、及时根据牵引供电系统运行检修的各类检测监测数据，实现供电运行检修相关的业务管理、数据管理和决策指挥等功能。

京张铁路智能牵引供电系统架构如图8-3所示。

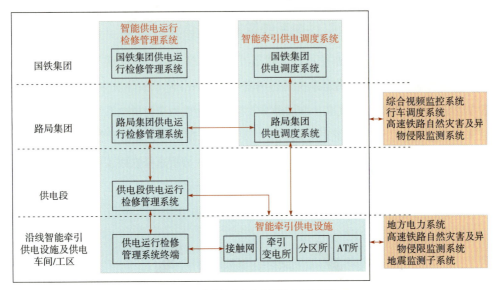

图8-3 京张铁路智能牵引供电系统架构

8.1.3 京张高铁智能牵引供电系统实施方案

京张铁路在全路首次全线采用智能牵引供电系统，全面采用智能牵引供电设备；采用智能牵引供电调度系统，实现高级应用，全面提高调度管理水平；采用智能牵引供电运营维护管理系统，通过对智能牵引供电设施等设备的基础数据监测、设备状态评估与预测等，实现对牵引供电系统的故障预测与健康管理（PHM）以及全寿命周期管理。

1）京张铁路智能牵引供电系统设计原则

（1）依据《中国铁路总公司关于建设精品工程、智能京张有关工作的通知》（铁总建设函〔2017〕482号）要求，充分应用感知技术等技术手段，推进牵引供电设备智能化，实现对牵引供电设备状态和运营安全的实时监测、智能分析、科学诊断，为设备养护维修提供科学依据。

（2）以国铁集团智能牵引变电所系统系列研究成果和工程实践经验为基础，充分结合京张铁路工程特点，吸收借鉴京沈客运专线试验段智能牵引供电系统的工程实践经验。

（3）充分调研并借鉴电力部门智能电气设备的建设运营经验和技术标准。

（4）在安全可靠、技术先进的基础上采用智能化牵引供电设备。

2）京张铁路智能牵引供电系统实施方案

（1）智能牵引供电设备

智能牵引供电设备采用"一次设备本体+传感器+智能组件"的形式。在一次设备本体安装传感器、智能组件，一次设备本体采用一体化设计，优化安装结构，提高一次设备运行的可靠性及安全性。

选用常规互感器配以合并单元，实现模拟量就地数字化转换。

一次设备的在线监测应满足必要性、合理性和经济要求，状态监测范围及参量的选择，应按运行需求和应用功能，考虑设备重要性及性价比等因素，选用成熟可靠、具有良好运行业绩的产品。在线监测设备的使用不应影响一次设备的安全性与可靠性。

对于预埋在设备内部的内置传感器，其设计寿命原则上不小于被监测设备的使用寿命。内置传感器在设备制造时应与设备本体采用一体化设计。

在线监测 IED 按照电压等级进行配置。

牵引变电所各类设备状态监测数据由辅助监控系统实现汇总，并上传至牵引变电 PHM 系统。

全线牵引变电所亭设置广域保护控制监控系统。

全线牵引变电所亭设置辅助监控系统。

（2）智能供电调度系统

在北京局集团公司电力调度所京张调度台部署调度系统，实现高级应用功能：在保持传统功能的基础上，增加源端维护、自愈重构、综合告警、开关自动巡检、与 CTC 接口等高级功能软件模块；

在北京局集团公司调度中心及供电段部署牵引供电调度辅助监控主站系统；

在国铁集团调度中心、北京局集团公司调度中心及沿线站段部署牵引供电调度管理系统软件及智能化终端。

3）智能牵引供电运行检修管理系统

（1）在北京供电段及沿线工区部署接触网巡检系统。

（2）在北京局集团公司部署供电安全检测监测系统（6C 系统），包括：弓网综合检测装置（1C 装置）、接触网安全巡检装置（2C 装置）、接触网运行状态检测装置（3C 装置）、接触网悬挂状态检测监测装置（4C 装置）、受电弓滑板监测装置（5C 装置）、接触网及供电设备地面监测装置（6C 装置）和 6C 系统综合数据处理中心。

（3）在北京供电段部署牵引变电 PHM 系统、接触网 PHM 系统。

8.2 智能牵引供电设施设计

8.2.1 牵引供电设施现状

中国高铁牵引供电系统在京张高铁、京沈高铁试验段及山西中南部铁路通道试验段等项目以前，均采用传统的牵引供电设备等。传统牵引供电设备状态不可知、信息不共享、设备间的抗干扰能力较差、运行管理效率低。

一次牵引供电设备仅有设备本体，没有设置智能组件、传感器等，无法对设备状态进行实时感知，不能很好监测设备的运行状态。

高速铁路一般采用 AT 全并联供电方式。当线路发生故障时，上下行线路会同时跳闸，所亭间的信息不能共享，容易造成信息孤岛，一旦发生故障，保护动作时限较长，停电时间及范围较大，对列车的安全运行影响较大。

所内设置传统的综合自动化系统，没有采用站域保护、广域保护等层次化配置，在速动性、选择性、灵敏性等方面往往不能兼顾。

所内设置的安全监控系统仅具有安全防护的功能，不具备视频联动等功能。

8.2.2 牵引供电一次设备智能设计

京张铁路智能牵引供电设备统一采用"一次设备本体+传感器+智能组件"的形式。一次设备本体与传感器、智能组件采用一体化设计，优化安装结构，保证一次设备数据结构和数据传输的一致性，保证一次设备运行的可靠性及安全性。

智能牵引供电一次设备包括牵引变压器、自耦变压器、220kV 断路器、室外隔离开关、220kV 互感器、220kV 避雷器、27.5kV GIS 开关柜、220kV GIS 组合电器等设备。

1）牵引变压器

在牵引变压器本体设置传感器、配置相关的智能组件实现智能控制，配置状态监测 IED 实现相应的状态监测。在牵引变压器中设置油中溶解气体监测、铁芯接地电流监测、绕组铁芯温度监测三项监测内容。变压器本体智能组件将变压器本体信号、油温、分接开关、非电量信号和保护、风机控制等信息汇总后接入广域保护控制系统，变压器本体智能组件由广域保护控制系统提供。牵引变压器如图 8-4 所示。

2）自耦变压器

设置与设备本体的传感器、配置相关的智能组件实现智能控制，配置状态监测 IED，实现相应的状态监测。自耦变压器设置油中溶解气体监测、铁芯接地电流监测等两项监测内容。自耦变压器如图 8-5 所示。

图 8-4 牵引变压器

图 8-5 自耦变压器

3）220kV 断路器

通过集成于高压断路器的传感器，配置相关的智能组件实现智能控制，配置状态监测 IED，实现相应的状态监测。220kV 断路器在线监测智能单元主要监测内容包括操作机构在线监测（分合闸回路电流）、SF6 气体在线监测（压力、温度、含水率）、储能电机工作状态监测等。220kV 断路器如图 8-6 所示。

4）室外隔离开关

通过在隔离开关中设置传感器，配置状态监测 IED，实现相应的状态监测。状态监测 IED 接入辅助监控系统。在每台 220kV 隔离开关设置监测智能组件，监测智能组件设置在隔离开关机构箱内。在每台 27.5kV 隔离开关中设置监测智能组件，监测智能组件设置在隔离开关机构箱内。

监测智能组件与隔离开关传感器配合完成隔离开关的在线监测，数据接入辅助监控系统，控制信号和位置信号通过控制电缆接入智能组件柜，然后上传辅助监测系统。

室外 220kV 隔离开关如图 8-7 所示。

图 8-6　220kV 断路器

图 8-7　室外 220kV 隔离开关

5）220kV 容性设备

220kV 高压互感器采用传统型电磁互感器。互感器二次输出按间隔接入相应智能组件柜的合并单元，经光电转换后向广域保护测控系统提供电压电流信号，供保护、测量使用；同时在高压互感器处设置传感器，配置状态监测 IED，实现相应的状态监测。

220kV 避雷器采用传统型氧化锌避雷器。通过在避雷器中设置传感器，配置状态监测 IED，实现相应的状态监测。

图 8-8 为 220kV 电压互感器。

6）27.5kV GIS 开关柜

通过在 27.5kV GIS 开关柜中设置传感器，配置状态监测 IED，实现相应的状态监测。状态监测 IED 接入辅助监控系统。

在每台断路器开关柜（27.5kV/2×27.5kV GIS 开关柜）中设置一台合并智能单元，合并智能单元由合并单元和智能终端组成，安装在 GIS 开关柜上。合并智能单元主要完成 GIS 开关柜中断路器、隔离开关相关信号的采集和控制，并接入广域测控系统。

27.5kV GIS 开关柜如图 8-9 所示。

图 8-8　220kV 电压互感器

图 8-9　27.5kV GIS 开关柜

图 8-10　220kV（GIS）组合电器

7）220kV（GIS）组合电器

黄土店（原清河）、大浮坨（原八达岭）牵引变电所采用全室内布置形式。其 220kV 配电装置采用 220kV（GIS）组合电器。

通过设置在组合电器的传感器，配置状态监测 IED，实现相应的状态监测。状态监测 IED 接入辅助监控系统。

220kV（GIS）组合电器如图 8-10 所示。

8.2.3　广域保护测控系统智能设计

京张高铁各牵引变电所亭综合自动化系统在既有系统基础上，采用广域保护测控系统，一次设备增加合并单元、智能终端、变压器本体智能组件；保护采用就地保护、站域保护、广域保护层次化配置，解决保护速动性、选择性、灵敏性不足的矛盾，保护冗余配置，以增加系统的可靠性。同时，广域保护测控系统具备开关分层闭锁与安全控制功能，防止开关误操作；具备系统运行优化及重构功能，根据故障位置及供电设备状态等信息判别确定供电系统适合的运行方式，实现故障隔离及运行方式的快速重构与切换；一次设备和二次设备之间通过光缆连接，提升系统防雷性能。

京张铁路智能牵引供电系统广域保护测控系统由牵引变电所、分区所、AT 所间的广域网络和所内站域网络构成，如图 8-11 所示。

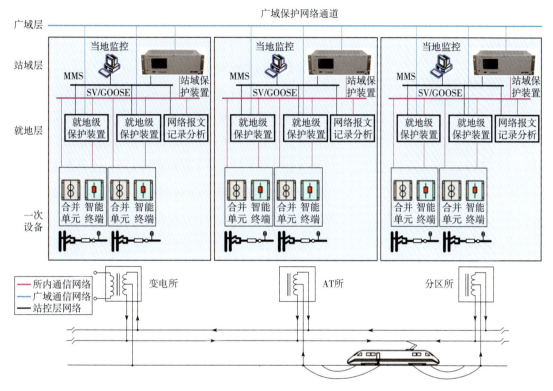

图 8-11　智能牵引供电系统广域保护测控系统构成

所内广域保护测控系统主要由一次设备智能组件（合并单元、智能终端、变压器本体智能组件）、就地保护装置、站域保护装置、当地监控系统组成，采用三层两网结构，三层分别为站控层、间隔层、过程层（一次设备层），两网分别为间隔层网络、过程层网络。工程沿线牵引变电所、分区所、AT 所、开闭所等通过广域通道连接。

广域保护测控系统与传统保护系统相比，具备层次化保护、自愈重构、分层闭锁功能。

1）层次化保护

层次化保护分为就地保护、站域保护、广域保护。就地保护完成传统综合自动化系统保护功能；站域保护是就地保护的冗余和优化；广域保护通过供电臂单元间的配合，提高保护的选择性和速动性。

2）自愈重构

自愈重构是指在牵引供电系统故障发生后，可自动识别故障位置和故障类型，通过一系列倒闸操作，实现对故障点的隔离。牵引供电系统供电方式发生变化后，自动切换相关保护，运行定值区，恢复非故障区段供电，完成供电模式的重构与自愈。

京张铁路广域保护测控系统自愈重构流程如下：

（1）永久性故障的判定；

（2）故障位置及故障类型的识别；

（3）选择程控卡片；

（4）与调度的对接。

自愈重构流程如图 8-12 所示。

根据故障发生的位置，广域保护测控系统的自愈重构分为所内设备故障自愈重构、供电臂故障自愈重构、枢纽供电自愈重构。所内设备故障自愈重构满足牵引变电所两侧供电臂上下行共计 4 路断路器失灵后的自愈重构；供电臂故障自愈重构是当接触网发生永久故障时的自愈重构；枢纽供电自愈重构需要根据本线主接线图进行具体分析，实现在变电所直供支路断路器失灵后的自愈重构。自愈重构功能由主所启动，并按照设定卡片中的步骤进行操作，完成供电模式的重构自愈。当供电臂接触网故障，根据各所断路器、网上隔离开关对接触网进行分段，将段内

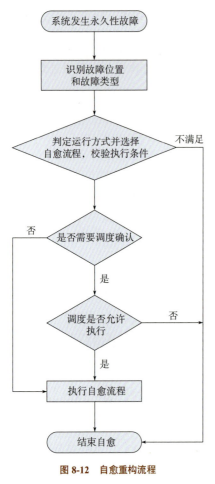

图 8-12　自愈重构流程

有车站的区段作为关键区段，力争恢复其供电，保证人员在车内安全和舒适。

京张铁路自愈重构的基本原则：

（1）减小停电区间，缩短停电时间。

（2）自愈相关操作必须经调度确认，开关操作必须配置逻辑闭锁条件、满足闭锁逻辑，才能进行实际操作。

（3）结合列车调度及实际运行需求，只对关键区进行自愈，非关键区和特殊故障点不设置自愈。

（4）越区及大越区情况下的自愈以最大限度恢复正常供电为主，可不带 AT。

（5）自愈失败，不执行后续操作，需要人工恢复已完成操作。

（6）自愈后若此时运行方式需增大保护范围，则需切换定值区。

（7）故障未排除或装置未复归前，若发生二次故障，不进行二次自愈。

（8）减少倒闸性操作，增加确认性操作，以防止误动作。

3）分层闭锁

广域保护测控系统采用层次化闭锁，除基本的设备层硬节点闭锁外，保护测控装置、监

控系统、调度、自愈重构均需具备开关逻辑闭锁功能，闭锁逻辑可根据实际需要设定，以保证开关操作的安全性。部分自愈重构功能是在设备故障情况下进行开关操作，与现行采用的设备层硬节点闭锁逻辑存在冲突，因此，为实现自愈重构功能，这些硬节点闭锁需要去除，通过各级的逻辑闭锁来保证开关操作的安全性。

8.2.4 辅助监控系统智能设计

京张高铁各牵引变电所、分区所、AT所和开闭所设置辅助监控系统，将对所内视频监控、环境监测、安全防范及门禁、火灾报警、动力照明控制等部分或全部辅助设备信息进行集成，实时接收各终端装置上传的各种模拟量、开关量及视频图像信号，实现信息共享、告警联动等功能，为牵引变电所集中监控和运营维护提供支撑。

在调度端增设辅助监控系统主站，辅助监控系统信息通过远动通道上传辅助监控系统主站，并将信息复示到供电段，同时可通过运营维护通道将信息上传至运营维护管理系统。全线牵引变电所、分区所、AT所、开闭所在原有安全监控系统的基础上按照辅助监控系统子站设计，将各生产辅助系统集成，并实现高级智能功能。

在各牵引变电所、分区所、AT所和开闭所设置站级辅助监控系统，站级辅助监控系统配置和集成安全防范（含门禁）子系统、环境监控子系统、动力照明控制子系统、火灾自动报警子系统、智能巡检子系统，接入27.5kV电缆监测子系统、SF6气体监测子系统、智能一次设备监测子系统，并具备接入或扩展其他监控子系统的条件，实现各子系统数据的统一采集、统一展示、统一上送，在此基础上实现各子系统的智能联动功能。变电所辅助监控系统构成如图8-13所示。

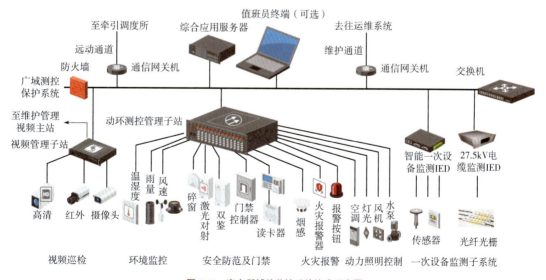

图8-13 变电所辅助监控系统构成示意图

智能巡检子系统配置如下：

（1）在黄土店、大浮坨2座牵引变电所27.5kV高压室设置轨道式移动巡检装置，在每个变压器室设置 1 台固定设备巡检摄像机,每个 220kV GIS 组合电器室设置 2 台固定设备巡检摄像机,控制室设置 4 台固定设备巡检摄像机。九仙庙 AT 所、太子城分区所高压室设置轨道式移动巡检装置,每台自耦变压器设置 1 台固定设备巡检摄像机。

河北省范围内半室内布置的每座牵引变电所设置 4 台红外摄像机,每路 220kV 进线及牵引变压器分别设置 1 台红外摄像机,27.5kV 出线设置 2 台红外摄像机。每台变压器设置 1 台固定式巡检摄像机。在高压室设置轨道式移动巡检装置,控制室设置 4 台固定设备巡检摄像机,在室外 220kV 高压设备区设置 4 台固定设备巡检摄像机,27.5kV 高压设备区设置 2 台固定设备巡检摄像机。

(2)其他 AT 所和分区所设置固定式巡检子系统。

其中全室内布置的 AT 所、分区所每台自耦变压器设置 1 台固定摄像机;控制室、高压室各设置 2 台固定设备巡检摄像机。

半室内布置的分区所每所设置 2 台红外摄像机,设置在 27.5kV 出线隔离开关处;半室内布置的 AT 所每所设置 1 台红外摄像机,设置在 27.5kV 出线隔离开关处;每两台自耦变设置 1 台固定摄像机;在控制室各设置 2 台固定设备巡检摄像机,在分区所 27.5kV 高压室设置 2 台固定设备巡检摄像机,AT 所 27.5kV 高压室设置 1 台固定设备巡检摄像机;AT 分区所 27.5kV 室外高压设备区设置 2 台固定设备巡检摄像机;AT 所 27.5kV 室外高压室设置 1 台固定设备巡检摄像机。

直供所亭(北京北分区所兼开闭所、延庆分区所)高压室、控制室各设置 2 台固定设备巡检摄像机。

(3)各所设置巡视子系统主机,接受来自接触网摄像机信号,统一上传至辅助监控系统主站。辅助监控系统子站增加的高级智能功能具体如下。

智能联动功能:安全防范(含门禁)子系统、环境监控子系统、动力照明控制子系统、火灾自动报警子系统、27.5kV 电缆监测子系统、SF6 气体监测子系统之间实现智能联动功能。

智能控制功能:空调、照明智能控制,绿色、节能。

监测信息可视化展示功能:各子系统监测信息可视化展示和综合告警。

智能巡检功能:在各所通过视频巡检实现主要设备运行状态信息自动监视,结合一次设备在线监测状态信息,及时发现设备运行异常,提高设备运行可靠性。

8.2.5 高铁智能牵引供电系统成效

1)全线实现牵引供电设施全面智能化

全线采用智能一次设备,设置与设备本体结合的传感器,配置相关的智能组件,实现智能控制,配置状态监测模块实现对设备的状态监测,自动完成信息采集、测量、控制、保护、计量和设备在线监测等功能。

全线采用广域保护测控系统，在保持常规保护功能的基础上，对站域和广域保护测控功能进行研究，完善保护功能，提高牵引供电系统保护的速动性和选择性，保障牵引供电设备运行安全，实现了牵引供电保护方式的跨越式升级，提高了继电保护的速动性和可靠性，提升了系统运行的安全性。

全线设置了辅助监控系统，实现了对各牵引供电设备状态的实时健康监测，实现了视频巡检、远动遥视、所内设备告警联动和视频确认等高级功能。

2）全线实现无人值守

全线采用智能牵引供电设施，设置辅助监控系统并集成视频监控、环境监测、安全防范及门禁、火灾报警、动力照明控制等子系统，实现了对所亭大门、围墙、门窗、高压场地、高压室、控制室设备进行全方位监控，并具联动报警等高级功能。用机器人代替人工重复性的巡视工作，开展重要设备异常及缺陷的不间断跟踪，实现安全、高效、大数据化的运营维护管理，实现安全、高效的铁路变电所无人值守管理目标。

8.3 供电调度系统智能设计

8.3.1 供电调度系统现状

传统的供电调度系统以实现远动（SCADA）功能为主。普通高铁一般设置综合 SCADA 系统，对现场的运行设备包括牵引变电所、AT 所、开闭所、分区所、接触网电动隔离开关进行监视和控制。综合 SCADA 系统一般由设置在路局集团公司客运专线调度所高铁 SCADA 系统主站和设置在各牵引变电所亭、电力配电所亭的被控站以及通信通道构成。

传统 SCADA 系统属于常规自动化控制系统，实现变电所数据的采集和监控，主要提供遥控、遥信、遥测等传统的"三遥"功能，作业安全卡控和智能化方面功能不完善。

在牵引供电系统中，SCADA 系统应用较早，且应用非常广泛，是保证电气化铁路安全可靠供电、提高铁路运输的调度管理水平的重要工具。对于高速铁路来说，更需要对传统 SCADA 系统进行一次革新，从系统架构、网络结构等方面进行优化，提升安全管控、智能化相关功能。

SCADA 系统采用分层分布式计算机网络结构。SCADA 系统通过远程通信通道与被控站连接，主要完成牵引供电系统、电力远动系统运行状态的遥控、遥信、遥测及调度管理等功能，在线实时监控重要设备的运行状态。SCADA 系统采用服务器/客户机及浏览/服务器混合模式。网上重要设备冗余配置，系统可靠性高，且便于远期扩展。

SCADA 系统接受国铁集团调度指挥中心的调度命令，负责对管辖范围内的铁路进行集中调度指挥，负责掌握本线的日常运输生产状况，负责对本线运力资源进行统一调配及运用等。

8.3.2 铁路智能牵引供电调度系统总体方案

京张高铁智能供电调度系统是在既有北京局集团公司客运专线供电 SCADA 系统增加高级应用功能的基础上，结合智能牵引供电设施的功能特点，融合供电调度作业全流程管理功能，实现运行数据全景化、报警分析综合化、调度作业自动化、调度决策精细化。

智能供电调度系统由智能 SCADA 系统、供电调度运行管理系统、辅助监控主站系统构成，如图 8-14 所示。

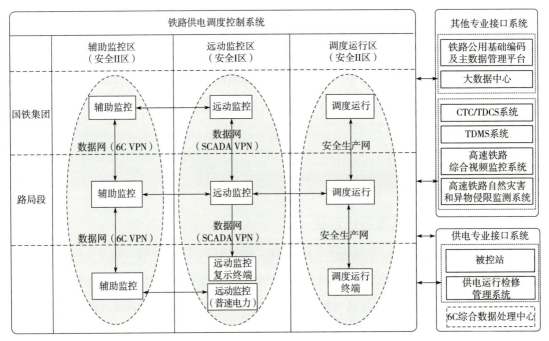

图 8-14　智能供电调度系统构成示意图

8.3.3 SCADA 系统智能设计

智能 SCADA 子系统主要从遥视联动和并行控制两个方面进行智能化设计。

京张牵引供电 SCADA 遥视功能与远动监控的"四遥"功能深度融合，同台展示，可人工启用或禁用本台的视频自动关联弹窗功能，以手动方式进行主动调阅遥视，以自动方式进行关联调阅遥视。

在 SCADA 中设置倒闸界面，倒闸计划通过信息化系统下发，提高作业点停送电效率，京张铁路智能供电调度系统研发了多条馈线并行控制功能，实现馈线一键倒闸和多条馈线同时倒闸停送电。

SCADA 系统的高级应用功能可实现对京张高铁范围内的牵引供电设施的远程监视、测量与控制，并实现与供电调度运行管理系统、时钟系统、列车调度系统及国家电网调度系统接口。

8.3.4 辅助监控主站系统智能设计

在北京局集团公司客运专线调度所设置铁路局级辅助监控主站系统，在北京供电段设置供电段级辅助监控主站系统。

1）功能

铁路局级辅助监控系统主站设备包括流媒体、图像存储、通信及应用、接口、NTP、病毒防护、网络安全等类别服务器，数据处理网、存储网及数据采集网等局域网络设备，以及防火墙、磁盘阵列、维护工作站等。其通过辅助监控通道，实现与国铁集团级辅助监控、供电段级辅助监控、辅助监控系统间的数据通信。

供电段级辅助监控系统主站设备包括流媒体、通信及应用、图像存储、接口、NTP、病毒防护、网络安全等类别服务器，数据处理网、存储网及数据采集网等局域网络设备，网络安全隔离装置、防火墙等网络安全防护设备，磁盘阵列、辅助监控工作站、维护工作站等。其通过辅助监控通道，实现与辅助监控子系统、铁路局级辅助监控系统的数据通信；通过辅助监控复示通道，实现与车间级辅助监控复示终端的数据通信。

2）组网

各被控站通过专用辅助监控通道上传至铁路局集团公司供电调度中心和供电段。通道采用总线结构，带宽不小于10M。辅助监控系统网络结构如图8-15所示。

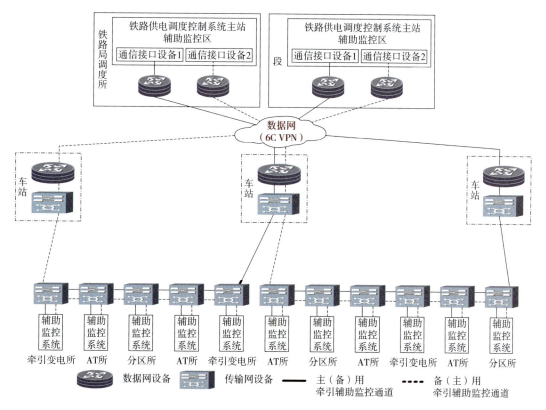

图 8-15 辅助监控系统网络结构图

8.3.5 供电调度运行管理系统智能设计

1）系统构成

供电调度运行管理系统采用国铁集团、铁路局集团公司二级架构,并在供电段(维管段)、车间、工区、所亭设置终端设备。供电调度运行管理(PDMS)系统在铁路局集团公司与 TDMS 系统、SCADA 系统、铁路公用基础编码及主数据管理平台、供电生产管理系统实现数据接口。PDMS 系统总体结构如图 8-16 所示。

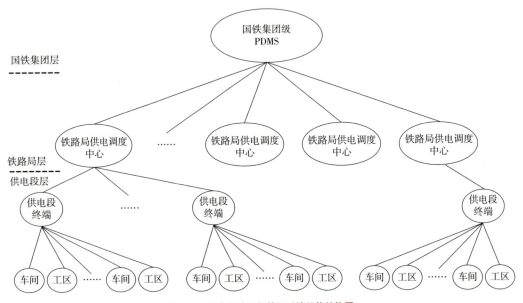

图 8-16 供电调度运行管理系统总体结构图

2）网络构成

供电调度运行管理系统网络构成如图 8-17 所示。

供电调度运行管理系统网络包括国铁集团供电调度中心局域网、铁路局集团公司调度所局域网、供电段(车间、工区)终端局域网及广域网。其中,广域网由国铁集团供电调度中心与铁路局集团公司调度所之间的广域网、铁路局集团公司调度所与供电段(车间、工区)之间的广域网构成。

在国铁集团、北京局集团公司电力调度中心部署牵引供电调度管理系统软件及智能化终端。

供电调度运行管理系统以北京局集团公司供电调度为中心,通过铁路安全办公网等通信网络,构建供电调度作业管理平台,将供电调度、供电段、车间/工区、变电所以及列车调度相关信息纳入平台进行综合管理和追踪,实现供电调度作业全流程的信息化管理。

供电调度运行管理系统在北京局集团公司电力调度中心实现与 SCADA 系统的接口,并设置了网络安全设备。

供电调度运行管理系统由国铁集团级系统、铁路局集团公司级系统构成,采用分布式架构。软硬件配置应考虑系统的 RAMS 和扩展性要求。

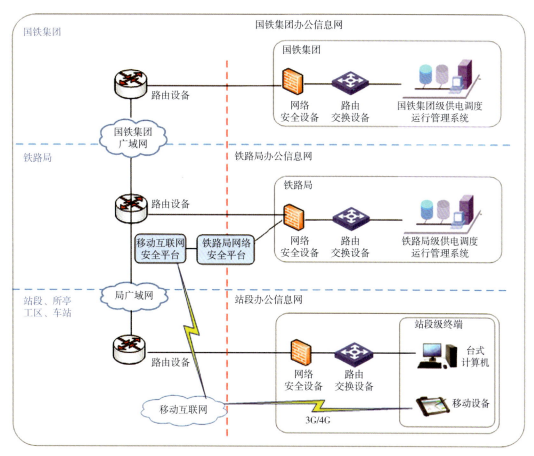

图 8-17 供电调度运行管理系统网络构成图

◎ 8.3.6 智能供电调度系统成效

在全线设置供电调度运行管理系统，实现了供电调度工作规范化、作业标准化、卡控智能化，可对 SCADA 系统导入的故障报文数据进行智能检索分析，自动判断故障类型，并可根据不同的故障类型在应急处置过程中对供电调度处置方法和关键步骤进行智能化提示和指导。全线牵引供电调度系统实现了遥视功能，实现了与 CTC 系统、综合视频监控系统的信息共享，提高了运行安全性和可靠性。

智能供电调度系统提高了供电调度准确掌握运行方式、运行状态的能力，提高了供电调度与网工区、变电所、驻站联络员以及列车调度台之间沟通的效率和准确性，实现设备检修、抢修标准化作业流程，确保了牵引供电设备安全、可靠运行。

8.4 智能牵引供电运行检修管理系统设计

◎ 8.4.1 牵引供电运行检修管理系统现状

目前，我国牵引供电检测以"预防为主、超前诊断、动态掌握、指导检修"为基本原则，综合利用现代化的检测监测技术，构建了科学有效的供电检测监测体系，主要包括铁路供电安全检测监测系统（6C）、牵引供电健康管理与寿命预测（PHM）和牵引供电智能巡检。

按照国铁集团的统一规划，各铁路局逐步开展了6C系统的建设并取得了一定成效。6C系统中应用了大量视频监测手段实现接触网外观及零部件状态的检查。监测视频中记录了接触网及受电弓设备的运行状态，运营维护人员通过检查监测视频可以发现弓网系统异常的技术状态，从而指导维修，保障供电安全。通过监测视频对接触网状态进行巡检，能够大幅提高接触网检测效率，节省人工成本，例如京包客运专线中统计数据显示，2C装置的应用提高了缺陷发现效率，与人工巡视人均发现缺陷数量相比提高了124倍。由于接触网结构复杂，零部件众多，且运营里程长，使得监测视频数据量巨大，人工检查的方式难以满足高质量的运营维护需求，图像智能识别技术的应用成为必然。基于图像分析的识别检测方法是利用图像处理、机器学习等方法理解图像，从而识别出图像中接触网及受电弓系统异常的技术状态。随着计算机视觉识别技术，尤其是深度学习技术的发展，图像识别技术更为成熟，人工依赖度大幅度降低，智能化程度大幅度提高，尤其是4C装置的零部件缺陷误判率大大降低，检测准确性不断提高，以基本满足检测需求。

在各路局集团有限公司逐步开展6C系统建设的过程中，1C～5C装置的应用相对成熟，而6C装置由于其检测对象多，涉及范围广泛，分布式数据传输困难，缺乏相应的标准，难以从设计层面进行统一规划，仅由各铁路局根据自身需求自行加装，多处于试装、使用阶段，检测项点不完善，缺乏完整性、系统性、科学性。京张铁路总结现有6C装置应用经验，依据6C装置技术条件，充分考虑了智能运行检修需求，首次构建了完备的6C装置，为6C装置的应用提供了依据。

针对牵引供电设备管理现状以及信息技术发展趋势，路局集团公司根据牵引供电系统特点，结合PHM技术以及牵引供电设备运行环境与故障模型间的关系，对牵引供电设备运行状态数据进行深入挖掘，在事故发生前预测故障，并且给出最佳维修策略，帮助牵引供电设备运行管理单位提高牵引供电系统健康管理水平。广州供电段试用接触网PHM软件，该接触网PHM系统从既有维护管理系统数据库导入京广高铁和广珠城际的接触网数据，根据元（器）件状态能够初步进行状态评估和维修计划制订，但是评估等功能还在继续深化开发中；国内西南交通大学正在京沈高铁依托国铁集团科研项目开展牵引变电PHM系统的试运行工作，并且以单独组屏的方式拟在京沈客运专线阜新牵引变电所内运行。然而现有的高速铁路牵引供电系统检修主要通过检测监测手段，发现牵引供电系统实际运行状态出现的异常或故障后，对其进行必要修复，以恢复正常功能或标准工作状态。其本质上依然是状态检测、故障维修的方法，并不能提前预测故障发生时间，不能实现真正意义上的预防性维修。并且接触网一杆一档、变电所一所一档、变电设备一台一档系统数据管理系统，普通电子统计表格无法直观形象地表示接触网和供变电设备状态和参数属性，导致人工录入困难，效率低下；由于供电设备结构复杂，种类繁多，数据管理系统中的查询、统计方式不够智能，难以满足日常统计管理的需求，PHM 系统数据之间无法形成有效的数据关联分析，未形成统一、科学的数据管理系统。

8.4.2 智能牵引供电运行检修管理系统设计方案

智能牵引供电行检修管理系统针对接触网、变电所等供电设施，运用现代化的检测监测技术以及大数据、人工智能、物联网等智能化手段，以牵引供电系统运行过程数据为基础，依据牵引供电运行管理规章提供合理、经济、高效的维修策略，实现对牵引供电系统状态维修、健康评估、故障预测、风险分析、应急指挥等运行健康管理，全面提升牵引供电系统可信性与安全性，降低其运营维护成本。依托牵引供电系统运行过程数据开展牵引供电智能运行检修是我国当前和未来高铁牵引供电运行管理的主要手段。

京张高铁智能牵引供电运行检修管理系统设计根据 PHM 系统试点应用情况和牵引供电系统运营维护现状，以供电管理信息系统、6C 数据中心数据、SCADA 系统为支撑，构建以大数据为中心的国铁集团—路局集团有限公司—供电段三级管理架构的供电设备大数据分析管理平台，运用分布式挖掘和深度学习技术从数据中抽取健康特征，分域分段评估牵引供电系统的服役状态并预测其变化趋势，实现对牵引供电系统状态维修、健康评估、故障预测等运行健康管理，给出对应的维修策略。依托接触网一杆一档系统，实现接触网设备管理中信息与设备的身份对应，以及信息的自动采集获取，结合接触网 PHM 系统，实现维修工单生成检修任务的智能转换，实现管理的智能化。

8.4.3 铁路供电安全检测监测系统（6C 系统）设计

京张铁路供电安全检测监测系统（6C 系统）包括弓网综合检测装置（1C 装置）、接触网安全巡检装置（2C 装置）、接触网运行状态检测装置（3C 装置）、接触网悬挂状态检测监测装置（4C 装置）、接触网与受电弓滑板监测装置（5C 装置）、接触网及供电设备地面监测装置（6C 装置）和 6C 系统综合数据处理中心，如图 8-18 所示。6C 系统的主要功能是对接触网外观、零部件状态、主导电回路、绝缘状况、外部环境和弓网配合等运行状态进行监测。

京张铁路 6C 系统设计的主要创新在于首次建立了完善 6C 装置。6C 装置作为 6C 系统的重要组成部分，其主要包括：接触网绝缘子状态在线监测装置、接触网设备视频监控装置、接触网张利补偿装置状态在线检测装置、接触线振动及定位点抬升量监测装置、附加线光纤监测系统。京张铁路采用光纤传感器方法实现接触网（PW 线采用内置光纤）覆冰、风、雷电等的识别与监测，光纤传感器连接到监测主机，构成准分布式光纤传感器网络，用波分复用技术对光栅反射信号进行解调，同时采用时分复用技术将采集数据通过无线网络设备传输至监控中心，实现了 6C 装置的智能布设。

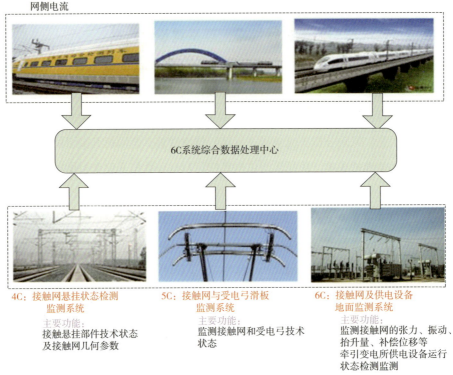

图 8-18　牵引供电安全检测监测系统（6C 系统）

1）接触网绝缘子状态在线监测装置

接触网绝缘子状态在线监测装置安装在 27.5kV 绝缘子处，能够在线监测绝缘子的泄漏电流，同步监测温度、湿度等环境参数；在不同气候条件下，根据绝缘子的泄漏电流特征，提供标准值、警示值、限界值，通过有线或无线方式远程传输监测数据并实时报警，提供数据自动分析报告，监测结果用于指导接触网及供电设备的维修。京张铁路、崇礼铁路绝缘子状态在线监测装置主要安装在供电线悬挂绝缘子、站场内接触网腕臂绝缘子、正馈线悬挂绝缘子等处。

接触网绝缘子污秽在线监测软件波形及图片如图 8-19 所示。

2）接触网设备视频监控装置

接触网设备视频监控装置安装在接触网分相、供电线上网点、隔离开关以及动车所、站场咽喉区等关键处所，用于监视接触网上网点、电连接、隔离开关等关键设备的实时运行状态及其外部环境。京张铁路、崇礼铁路监控装置主要安装在变电所处供电线上网点、特殊所亭供电线上网点附近，如京张铁路九仙庙隧道内 AT 所、崇礼铁路太子城站内 AT 分区所。

接触网设备视频监控装置监测界面及实物如图 8-20 所示。

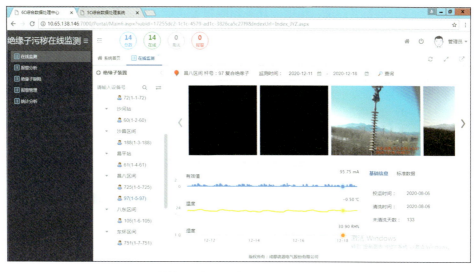

图 8-19 接触网绝缘子污秽在线监测软件监测波形及图片

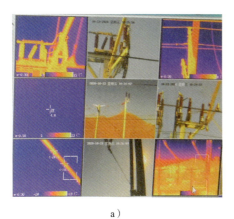

a)

b)

图 8-20 接触网设备视频监控装置监测界面及实物

3)接触网张力补偿装置状态在线监测装置

接触网张力补偿装置状态在线监测装置是在接触网的隧道出入口、高架桥、大风区段、长大锚段、枢纽站场咽喉区等特殊地段设置固定式监测装置,实时监测接触网张力补偿装置的 a、b 值,具备 a、b 值超限报警功能并精确定位,判断补偿装置卡滞、接触网断线等异常情况,将监测数据通过有线或无线方式实时传输至服务器,对监测数据进行管理,监测结果用于指导接触网的维修。京张铁路主要在车站设置接触网张力补偿装置状态在线监测装置(图 8-21)。

4)接触线振动及定位点抬升量监测装置

接触线振动及定位点抬升量监测装置安装在接触网隧道出入口、大风区段、路基桥梁结合部、高架桥、高速线岔、枢纽站场咽喉区等特殊处所,设置固定式监测装置,实时采集安装处所的接触网振动数据波形或视频信息,监测接触网振动,监测定位点抬升量,统计振动频率、幅值，具备超限报警功能。能将监测数据通过有线或无线方式实时传输至服务器，对监测数据进行管理，与6C系统其他装置监测数据进行对比分析，分析结果用于指导接触网的运行维修。京张铁路在八达岭隧道进出口、官厅水库特大桥、新保安特大桥、东花园隧道进出口设置接触线振动及定位点抬升量监测装置。

接触线振动及抬升量监测装置监测曲线如图8-22所示。

5）附加线光纤监测系统

通过采用光纤振动传感器辅以分布式温湿度以及应力传感器，对接触网的附加线进行状态监测，采用带光纤的附加线实现接触网的风舞，雷电振动信号的监测和识别，通过温湿度和应力采集实现接触网的覆冰监测，在变电所内设置一个监测屏，系统完成监测识别后可以预警并自动关联变电所内的摄像头进行视频确认。崇礼铁路小白杨变电所处保护线采用带光纤的导线，并在小白杨变电所内设置监测主机平台。

监测系统主界面如图8-23所示。

图8-21 接触网张力补偿装置状态在线监测装置

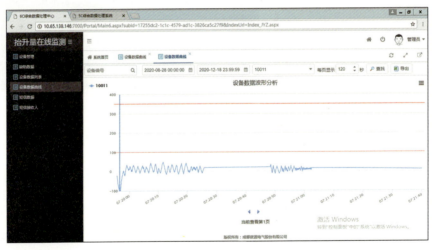

图8-22 接触线振动及抬升量监测装置监测曲线

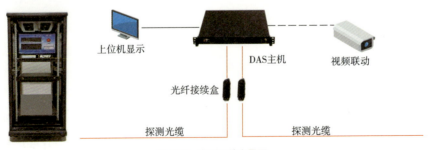

图8-23 监测系统主界面

8.4.4 牵引供电设备故障预测与健康管理系统（PHM）设计

京张高铁供电运行检修管理系统结合供电生产管理系统、6C 数据中心数据、SCADA 系统等，依据 PHM 系统整体性、规范性、扩展性、可靠性、可维修性和安全性设计原则，围绕接触网 PHM 和变电所 PHM 系统两方面展开智能设计，其技术框架如图 8-24 所示。

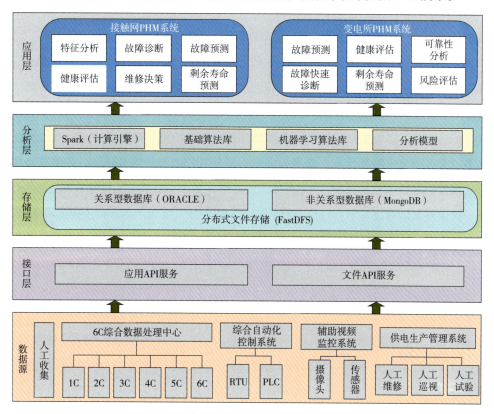

图 8-24 牵引供电设备故障预测与健康管理系统技术框架

整体性：京张高铁牵引供电设备故障预测与健康管理系统（PHM），以路局集团有限公司为基本建设单位，整体部署、统筹规划、分步实施。

规范性：PHM 系统设计依据铁路行业和国际国内标准，对内部模块间接口和对外接口进行标准化和规范化。

扩展性：PHM 系统根据京张高铁建设需求，与其他系统能够进行全面互联互通、信息共享。

可靠性：PHM 系统在自身系统软硬件设施及配置等各方面都满足高可靠性、高安全性的要求。

可维护性：系统本身具备高可维护性，降低维护工作及成本。

安全性：系统必须保障信息传输和共享安全性，因此京张高铁 PHM 对访问权限进行严格控制，并设计了日志系统、健全的备份和恢复策略等，以增强系统的安全性。

京张高铁牵引供电设备故障预测与健康管理系统（PHM）系统创新主要在于，首次构建了牵引供电设备大数据分析管理平台，对人工收集、6C 综合数据处理中心、综合自动化控制系统、辅助视频监控系统、供电生产管理系统等数据关联、融合和集成，实现了京张高铁大数据的集中管理。并且开展了基于分布式挖掘和深度学习技术的状态维修、健康评估、故障预测、维修决策等牵引供电系统运行健康管理研究。

1）接触网 PHM 系统

接触网 PHM 系统包含数据采集层、数据处理层及数据消费层。

（1）数据采集层

数据采集层：收集接触网运行维护数据，包括接触网基础结构、6C 系统检测监测、PDA/人工采集的各类检修、零部件检验、各种环境参数及运行工况等数据，并将其传输到接触网智能运营维护系统中，便于京张高铁接触网 PHM 系统发现、转换和访问。

数据采集层又包括 3 个子层：装置设备层、转换判别层和存储处理层。装置设备层通过 1C～6C 装置、PDA 及电子标签、零部件振动/疲劳试验台、环境监测仪等采集接触网运行过程数据；转换判别层通过专用的软件系统或技术人员将各类数据，尤其将多媒体数据如图像、视频的空间关系和底层特征等转换为存储处理层可读取的数据；存储处理层包括 6C 数据中心和 CMIS，存储管理数据并创建描述各类数据源的描述信息，支持查询功能和基本的统计分析功能。

（2）数据处理层

数据处理层：通过数据挖掘、机器学习等数据处理方法对接触网管理信息系统和 6C 数据中心的大数据进行全面综合分析，进而满足接触网系统健康管理的要求，同时为数据消费层提供应用服务。

（3）数据消费层

数据消费层：通过数据处理层提供的接口按需访问信息，为接触网维修决策人员提供可视的及事后可查的交互，并将辅助维修策略反馈至接触网 MIS。

接触网 PHM 系统架构如图 8-25 所示。

2）接触网 PHM 平台智能分析功能

接触网 PHM 平台智能分析功能包括运行监控、设备管理、统计分析、综合评价、性态预测和维修决策等。

（1）运行监控

对接触网健康指标、跳闸情况、检修预警情况、检修进度情况等结合 GIS，以可视化方式呈现；对供电设备未来可能发生的故障、系统失效、剩余寿命进行告警。

接触网 PHM 系统主页如图 8-26 所示。

（2）设备管理

利用 GIS、BIM 等技术，以二维、卫星地图展示线路、区间的健康情况，区间站场以平面布置图为基础综合展示设备与支柱的维修及缺陷情况,并支持跳转到锚段、支柱、关键设备看板。

设备地图展示界面如图 8-27 所示。

(3)统计分析

分析供电系统表征参数异常、零部件及设备故障等缺陷统计量随时间变化的规律,供电段技术部门通过揭示的规律,有针对性地安排临时修、综合修等维修层次上的维修活动,明确重点关注的维修单元。主要包括缺陷分析、检修分析、健康指标分析。

零部件缺陷分析展示界面如图 8-28 所示。

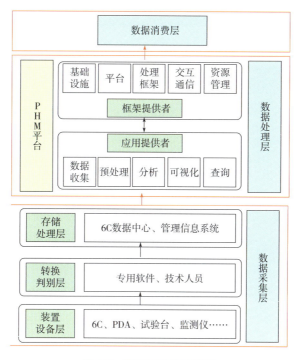

图 8-25　接触网 PHM 系统架构

图 8-26　接触网 PHM 系统主页

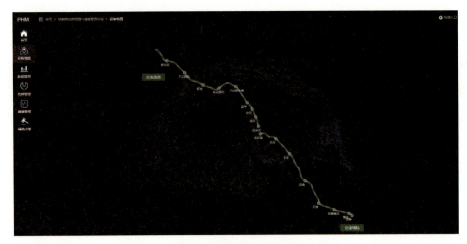

图 8-27 设备地图展示界面

图 8-28 零部件缺陷分析展示界面

（4）综合评价

针对供电系统当前服役状态，根据系统可信性程度，评估系统状态，能够根据计算的健康度判断在役设备状态所处等级，即健康状态、功能降低状态、不能工作状态。

综合评价展示界面如图 8-29 所示。

（5）性态预测

缺陷变化规律预测：在指定的线路内，不同的运行工况与环境参数条件下，分析系统表征参数异常、零部件及设备故障等缺陷统计量随时间变化的规律，技术部门通过揭示的规律，有针对性地安排临时修、综合修等维修层次上的维修活动，明确重点关注的维修单元。

故障预测是预测故障发生的可能性。在限定的时间区间内，根据运行工况、外部环境以及已发现的故障或参数异常等信息，推断所关注的设备及零部件发生故障的概率，然后根据预测的概率大小并考虑故障引发事故的可能性，明确特定范围内预防性维修时的检查重点。

维修前剩余时间估计是根据接触网综合修维修周期内接触网系统可靠性、可用性以及临时修等信息，估计系统健康状态、功能降低状态（如亚健康、轻度病态、中度病态等）的驻留时间，预测接触网系统维修前剩余时间，即接触网系统处于当前可用状态直至系统必须进行维修时的总工作持续时间，使供电段技术部门可根据估计的维修前剩余时间调整维修策略。

图 8-29 综合评价展示界面

零部件剩余寿命估计是抽检多个具有相同运行工况及材质的关键零部件按照《电气化铁路接触网零部件技术条件》（TB/T 2073—2020）、《电气化铁路接触网零部件试验方法》（TB/T 2074—2020）、现行《电气化铁路接触网零部件》（TB/T 2075）进行振动试验，结束后再进行疲劳试验，但不限定疲劳试验次数直至试品断裂，根据每个试品实际疲劳试验次数的平均值，判断其在该运行工况下的疲劳损伤程度。根据关键零部件检验数据结果，综合预估零部件剩余寿命。

缺陷预测、剩余寿命预测的展示界面分别如图 8-30、图 8-31 所示。

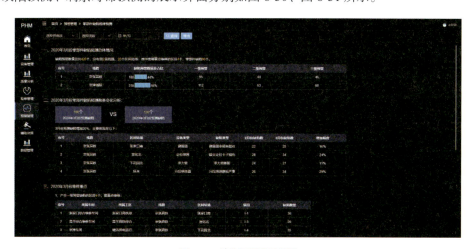

图 8-30 缺陷预测展示界面

（6）维修决策

根据预测情况，制定最优的维修方案，包括维修区段、重点维修设备、预估维修资源及成本等。维修前分析报告、维修后评价报告的展示界面分别如图 8-32、图 8-33 所示。

图 8-31 剩余寿命预测展示界面

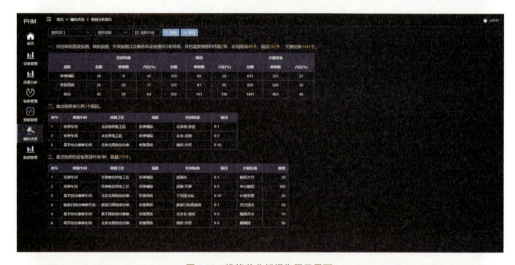

图 8-32 维修前分析报告展示界面

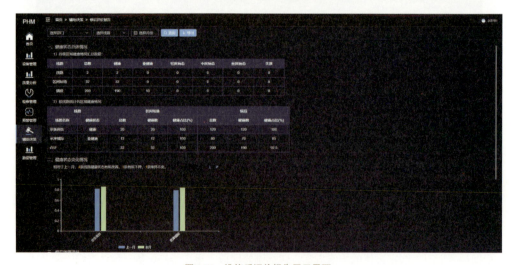

图 8-33 维修后评价报告展示界面

3）变电 PHM 系统

变电 PHM 系统是铁路智能牵引供电系统的重要组成部分，通过采集和存储智能供电设备在线监测数据、离线试验与检修数据、综自系统数据、所亭环境数据等，构成牵引变电大数据平台；在此基础上充分利用现代信号处理技术、大数据技术、人工智能技术及先进推理模型，实现所亭内关键供电设备的故障快速诊断与预警、健康状态监测与评估、运行可靠性及风险评估，为铁路供电系统的主动运维提供辅助维修决策。

变电 PHM 系统能够为掌握设备的服役性态演变规律、发展趋势及故障机理提供数据支持；能够将供电设备的事后故障诊断提前至事故发生前的故障预警与预测；能够实现供电设备状态的全面监测与评估，包括设备健康状态的评估、运行可靠性及风险评估；能够为铁路供电系统从定期修到状态修的实现提供依据与辅助决策。

变电 PHM 系统由基础数据源、硬件平台及软件平台 3 大部分组成。

（1）基础数据源

变电 PHM 系统的基础数据源包括在线运营数据、离线数据以及设备履历数据三大类。其中：

①在线运营数据。

SCADA 信息、综合自动化信息。

牵引变压器：温度在线监测数据、油色谱在线监测数据、局部放电监测数据等。

GIS 设备：温度在线监测数据、SF6 气体在线监测数据、局部放电监测数据等。

断路器：动作特性在线监测数据、分合闸线圈回路通路监测数据等。

互感器：二次侧电气量监测数据、绝缘在线监测数据、温度在线监测数据等。

避雷器：放电次数监测数据、泄漏电流监测数据等。

馈线电缆：温度在线监测数据、局部放电监测数据等。

②离线数据。

离线检测数据，包括设备投运前的预防性试验数据，以及大修周期内的预防性试验数据等。

事件记录数据，包括定性和定量描述的故障记录（故障时间、程度、处理情况等）、保护动作信息、开关动作次数等。

维修记录信息，包括日常巡检记录、周期修记录、故障抢修记录等，同时包含定量的维修信息（维修时间、维修程度、维修人员、工具、备件管理等）。

统计信息，包含 SCADA 系统、维修管理系统等生成的或人工记录的一段时间内的多种统计、报表数据等。

③基本履历信息。

设备出厂时的基本参数信息，包括设备类型、额定参数、绝缘水平等。

（2）硬件平台

变电 PHM 系统硬件平台主要包括服务器、工作站及网络设备等，是变电 PHM 系统数据采集与存储，以及实现 PHM 功能的硬件载体。

（3）软件平台

变电 PHM 系统软件平台主要包括数据库、操作系统及 PHM 软件，是变电 PHM 系统实现其功能的人机交互接口。

变电 PHM 系统构成如图 8-34 所示。

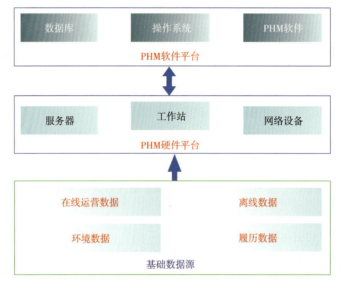

图 8-34　变电 PHM 系统构成

变电 PHM 系统功能包括系统首页、诊断评估、在线监测、试验数据、检修数据、统计分析等。

①系统首页。

系统首页通过地图、柱状图、饼图等方式分别对健康状态、健康挡位评估、诊断评估、故障预测、故障报警和零部件损坏情况做了统计分析，直观地反映供电段管辖范围内所亭的运行情况。

变电 PHM 系统首页如图 8-35 所示。

②诊断评估。

诊断评估包括健康评估、故障诊断、故障预警、可靠性及风险评估、维修决策 5 个部分。

健康评估是对供电设备及牵引变电所、分区所、开闭所、AT 所当前服役状态进行衡量。健康评估功能针对的主要供电设备应包括牵引变压器、断路器、开关柜、隔离开关、避雷器等。通过对能够反映设备健康状态的性能指标进行加权求和，得到设备的健康分值；同时，对变电所内不同设备的健康分值进行加权求和，得到变电所的健康分值。不同的健康分值反映设备的健康状态，设备及变电所健康状态可划分为正常、注意、异常、严重异常和失效 5 个等级。

故障诊断功能针对的主要对象应包括牵引变压器、断路器、开关柜、隔离开关、避雷器等。通过分析、处理各供电设备的在线监测数据、离线检测数据，利用智能算法或专家诊断系统判断设备当前的故障类型和/或故障位置和/或故障时间和/或故障原因等。同时，故障诊断功能还应能根据变电所内各保护动作信息、断路器分合状态，利用先进推理模型，判断牵引供电系统的故障设备。

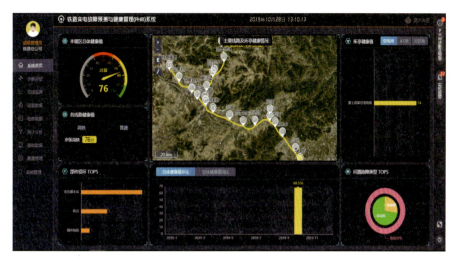

图 8-35　变电 PHM 系统首页

故障预警功能针对的主要对象应包括牵引变压器、断路器、开关柜、隔离开关、避雷器等。综合供电设备的在线监测数据和离线检测数据的变化情况，分析设备状态变化趋势，在设备故障的潜伏期或早期及时发现故障隐患，识别可能的故障类型及其严重程度；综合判断故障发展变化趋势，在故障后果表现之前及时进行故障预警。

可靠性及风险评估功能综合考虑设备性能衰退、服役环境、人为维修活动等因素，并利用供电设备的在线监测数据、离线检测数据以及历史故障与检修信息，对设备的可靠性及风险进行分析评估，得到供电设备及变电所的相关可靠性指标及风险评估指标。设备的可靠性指标表征设备的可靠运行性能，风险评估指标表征设备故障后果造成的损失严重程度。

维修决策功能根据设备当前的健康状态，以全寿命周期内检修成本最低和系统整体可靠性最高为优化目标，通过优化综合检修周期和维修方式，获得最优维修方案。优化调整综合检修周期、维修方式、人员配备、计划维修次数等，从而减少维修人力、费用，减少计划性检查，降低故障率，提高系统可靠性。

所亭健康评估、所亭设备监测信息、变电设备诊断评估详情，分别如图 8-36、图 8-37、图 8-38 所示。

③在线监测。

系统应能实现各供电设备全寿命周期内在线运营数据、环境监测数据的快速、高效采集与存储。各设备需要采集的数据信息具体如下。

牵引变压器：温度在线监测数据、油色谱在线监测数据、局部放电监测数据等。

GIS 设备：温度在线监测数据、SF6 气体在线监测数据、局部放电监测数据等。

图 8-36　所亭健康评估一览

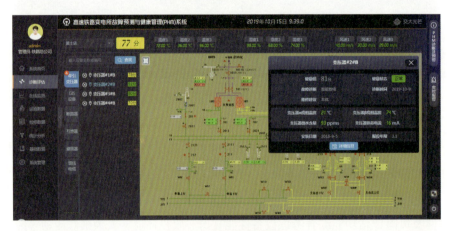

图 8-37　所亭设备监测信息

图 8-38　变电设备诊断评估详情

断路器：动作特性在线监测数据、分合闸线圈回路通路监测数据等。

互感器：二次侧电气量监测数据、绝缘在线监测数据、温度在线监测数据等。

避雷器：放电次数监测数据、泄漏电流监测数据等。

馈线电缆：温度在线监测数据、局部放电监测数据等。

系统采用曲线图的方式对在线监测数据进行展现，一屏最多可同时显示5组监测量的曲线波形图，且游标能查看同一时刻不同监测量的监测值。

设备在线监测详情如图8-39所示。

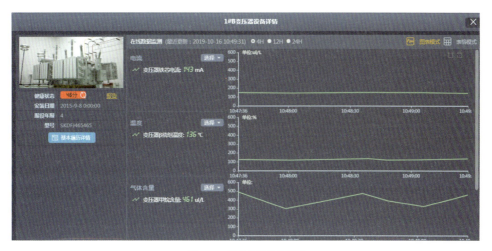

图8-39　设备在线监测详情

④试验数据。

包括试验报告数据管理和试验模板配置两部分功能，实现变电所试验数据数据填报、编辑、删除、上报、审核及在线查看的功能，提供试验模板定制和修改功能。

试验报告详情如图8-40所示。

图8-40　试验报告详情

⑤检修数据。

检修数据包括变电设备检修记录管理、变电设备缺陷记录、保护装置动作及断路器跳闸记录、设备开关状态等，提供检修记录、缺陷记录、跳闸记录、开关状态的新增、修改、删除和查询等功能。

检修记录管理如图8-41所示。

图 8-41　检修记录管理

⑥统计分析。

对于系统中包含的各类在线运营数据、离线数据、环境数据及设备履历数据，系统应能提供全维度的查询功能、报表统计分析，以及基本的数据特征分析和出具评估报告等功能。

系统应能对各功能模块的历史输出结果提供全维度的查询功能、报表统计分析，以及基本的数据特征分析和出具评估报告等功能。

系统应支持按不同的时间和空间粒度进行统计，支持按年、月、周、日等时间周期对一类或多类数据进行统计分析，支持按全路、局内、段内、供电车间内的变电所进行不同级别的分类数据统计分析。

系统应支持对一元或多元特征在各种时间和空间参数组合条件下的极大值、极小值、均值、方差、标准差等统计特征进行对比分析，并能通过直方图、条形图、曲线图等对分析结果直观展示。

设备健康状态统计分析、所亭内设备健康详情统计分析分别如图 8-42、图 8-43 所示。

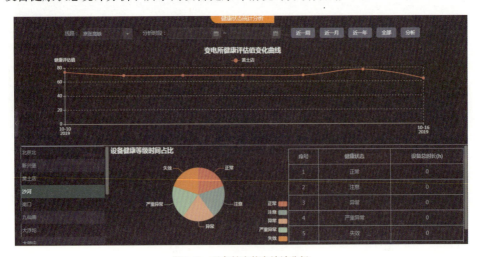

图 8-42　设备健康状态统计分析

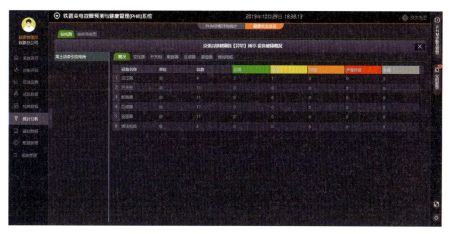

图 8-43　所亭内设备健康详情统计分析

8.4.5　智能巡检系统设计

京张高铁智能巡检系统以接触网一杆一档系统数据管理为基础，实现接触网设备全生命周期数据记录及趋势分析，并结合物联网技术和智能移动终端，对牵引供电设备巡视、巡检等数据形成智能采集和统一管理，推进智能巡检进程。

一杆一档结构如图 8-44 所示。

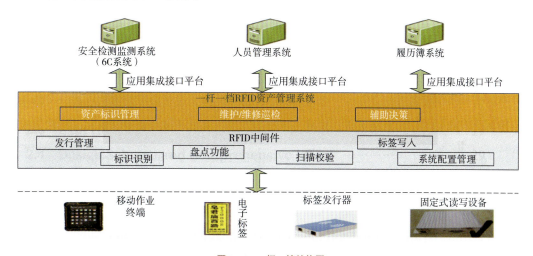

图 8-44　一杆一档结构图

智能巡检系统由一杆一档管控平台和智能移动终端系统组成。一杆一档系统是铁路牵引供电管理信息系统的重要应用组成，可实现接触网设备履历的现场在线查询、电子作业书、现场检修改、抢修路线规划等功能。一杆一档系统以接触网支柱为基本单元，通过扫描二维码获取线别、区间（站场）、接触悬挂锚段、支柱信息、支持装置、定位装置、接触悬挂等信息，全面记录接触网设备生命周期内的基本参数及变化情况，准确反映接触网设备的运行状态，便于统计分析、检索查询历史数据，指导日常运营维护。

智能移动终端系统基于当前广泛应用的信息处理移动终端系统平台——Android系统，综合物联网技术和智能移动终端技术，结合GPS、3G/4G无线通信等技术，开发应用于铁路供电运营管理的智能移动App终端处理系统。通过该智能移动终端系统，实现铁路供电接触网巡视、检修以及干部工作写实等日常现场工作的智能移动数据采集和数据管理，可有效盯控沿线工作人员工作状态，提高日常生产维护管理数据上报的及时性和准确性，提高工作效率。

京张高铁接触网一杆一档系统展示如图8-45所示。

图8-45　京张高铁接触网一杆一档系统展示

8.4.6　智能牵引供电运行检修管理系统成效

（1）全线成系统设置供电安全检测监测系统6C装置，提高了供电安全性、可靠性，对高速铁路的牵引供电设备进行全方位、全覆盖的综合检测监测，通过检测监测数据的分析结果与供电设备运行检修工作的紧密结合，发挥了良好的作用，降低了事故概率，缩短了故障查找时间和检修时间，提高了劳动效率。

（2）设置了绝缘子状态在线监测装置，实现对绝缘子绝缘状态动态评测，掌握绝缘子污秽情况，为绝缘子实施状态修提供数据支撑。

（3）供电线上网点设置具备测温功能的视频监控装置，实现了检测设备与接触网非接触式监测，通过自动监控，能够实时掌握供电线与接触网的连接状态。

（4）在车站设置接触网张力补偿状态在线监测装置，实现对接触网张力补偿状态、坠陀失效、断线等情况实时监测。

（5）在八达岭隧道进出口、官厅水库特大桥钢桁梁区段、东花园隧道进出口设置接触线振动及定位点抬升量监测装置，实现了对接触线定位抬升量的在线监控分析，统计振动频率、幅值，检测结果用于指导接触网的运行维修。

（6）牵引供电故障预测与健康管理系统（PHM）实现供电设备的全寿命周期管理。运营管理人员可以有针对性地安排设备检修，调整采购策略，尽量采购质量优良的厂家设备；运营管理人员可以掌握铁路线路的维修完成情况，从而指导安排维修任务和维修重点；运营管理人员可以掌握频发的缺陷及各类缺陷走势，安排专项排查，及时调整检修工作安排；实现了牵引供电设备健康状态评估、质量评价及可维修性评价。

8.5　BIM 技术在牵引供电专业智能设计中的应用

利用 BIM 在信息化、可视化、协同设计等方面的优势，对京张高铁电气化工程设计、施工过程中的关键环节进行针对性研究，构建牵引变电、接触网设施构件库，建立变电所、接触网 BIM 模型，优化复杂架构的结构，优化电缆走向，通过碰撞检查等方法研究房建等专业的接口设计，对防雷接地进行验证和可视化模拟，实现在工程完成前对各所总体设计及细部设计方案的可视化验证和优化。

8.5.1　设备元件模块化建模

1）变电设备元件模块化建模

根据京张变电所亭和设备设施的特点，对牵引变电主要设备设施进行全面梳理，构建了全套牵引变电设备设施构件库，实现模型的统一组织管理，实现牵引变电设备模型的快速调用和自动化更新。牵引变电设施构件库如图 8-46 所示。

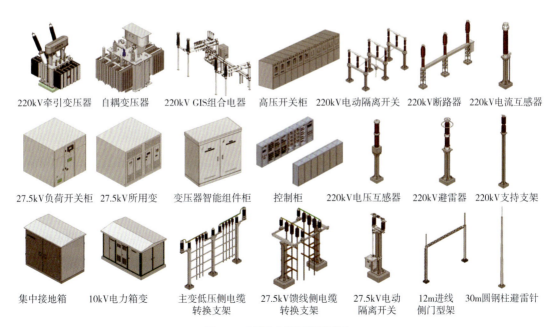

图 8-46　牵引变电设备设施构件库

2）接触网元件模块化建模

接触网专业根据招标情况和二维图纸建立接触网的零件单元库，主要有：

（1）基础：H 型钢柱基础、等径圆钢管柱基础、隧道预埋槽道基础、拉线基础等。

（2）支柱：H 型钢柱、等径圆钢管柱、隧道吊柱、硬横梁吊柱等。

（3）腕臂结构：平腕臂、斜腕臂、腕臂支撑等。

（4）定位装置：定位管、定位管支撑、定位器、定位线夹等。

（5）接触悬挂：接触线、承力索、整体吊弦、弹性吊索、电连接等。

（6）补偿装置。

（7）附加导线。

（8）标识牌等。

单元库中的单元根据使用的不同，又分为参数化单元和非参数化单元。例如，支柱（吊柱）、基础、硬横梁、腕臂装配等为参数化单元；支柱基础、预埋槽道、附加线悬挂等为非参数化单元。

接触网单元库如图 8-47 所示。

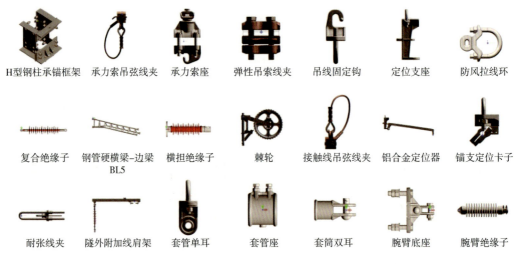

图 8-47 接触网单元库

8.5.2 设计优化

1）电缆排布优化

利用 BIM 技术对牵引变电所亭的一次电缆、控制电缆模拟敷设，优化开关柜及控制屏排列，实现电缆在电缆沟与夹层中的统一规划，优化电缆室内外排列、走向、分层，实现电缆准确连接，有效减少电缆交叉，使电缆敷设顺直、平整、美观，简化施工过程。

一次电缆主要包括主变高压侧进线、主变低压侧至 27.5kV 开关柜、27.5kV 开关柜至上网架构之间电缆，控制电缆主要包含控制屏柜各被控设备之间的控制电缆。通过结合房建专业、结构专业的 BIM 模型进行协同工作，实现一次电缆和控制电缆在电缆桥架和电缆支架的顺序布置，一次电缆敷设模拟图如图 8-48 所示。

智能牵引供电系统设计

图 8-48　一次电缆敷设模拟图

2）接触网设计优化

京张高铁接触网采用 BIM 技术进行设计,能够快速检查设计方案中存在问题,及时优化设计方案,提高设计质量。在传统的二维设计中,因为二维设计没有直观表达效果,在一定程度上带来了图纸信息模糊、缺失、误差,甚至产生部分差错。而这些问题都要在施工过程才能被发现,给工程造成许多损失及浪费。

京张高铁接触网 BIM 设计采用了参数化建模技术。参数化建模提供了常规 3D 模型无法实现的灵活性。参数化建模使复杂元素易于编辑,而无须手动重建。通过调整设计参数可以随时调整设计模型,实时查看设计结果。

例如,在站场内多股道并行区段有可能存在接触网反定位管与其他吊柱冲突的现象,通过 BIM 技术建立模型,可及时发现问题并修改。

接触网位置优化如图 8-49 所示。

图 8-49　接触网位置优化

在隧道口等附加导线转角偏大的工点,通过 BIM 模型,实时查看附加导线走向及与隧道洞门及导线之间的位置关系,优化附加导线路径(图 8-50)。

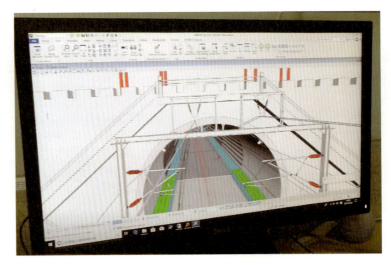

图 8-50　接触网附加导线路径优化

8.5.3　碰撞检查

结合土建模型和牵引变电所模型，利用 Bentley 软件对房屋、结构、场坪、电缆沟等模型与电气模型进行碰撞检查，发现项目中各专业设计内容的冲突，及时发现并修改高程错误、位置冲突、接口预留错误等问题，避免现场返工。碰撞检查结果如图 8-51 所示。

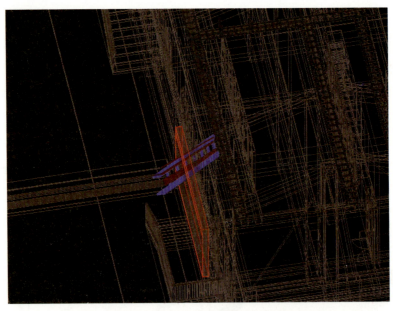

图 8-51　碰撞检查结果（预留孔洞不满足电缆桥架铺设要求）

在模型建造的过程中，利用三维模型直观性可视化的优点，设计师很容易发现设计过程中的错误、与其他专业之间的碰撞，以及各构件之间的空间位置问题等。在三维模型建立过程中优化设计方案，减少设计变更。

接触网支柱与声屏障距离检查如图 8-52 所示。

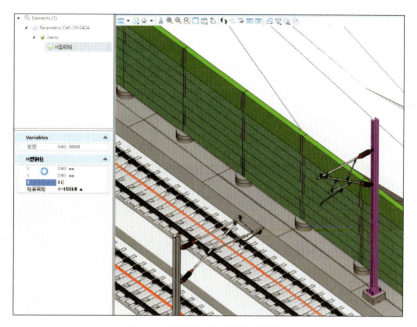

图 8-52 接触网支柱与声屏障距离检查

模型建立后,开展碰撞检测,发现碰撞点审查确认后,进行三维模型的修改并保留完整的碰撞检测报告和修改记录。碰撞检测是利用 BIM 软件中面向对象设计的功能,在掌握构件的空间几何尺寸后,通过约定的标准及计算,发挥计算机对庞大数据的处理能力,实现直观的碰撞点反应。应用过程中的碰撞大致有实体碰撞、延伸碰撞、功能性阻碍等。

接触网基础与路基电缆槽冲突如图 8-53 所示。

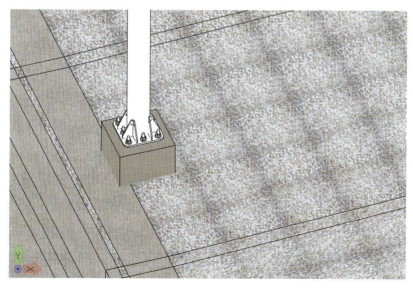

图 8-53 接触网基础与路基电缆槽冲突

8.5.4 漫游展示

根据牵引变电所 BIM 模型,利用 LumenRT 对牵引变电所施工细部工艺进行渲染,将复杂工艺分步骤拆分，按施工时间节点输出整体渲染效果图及三维动画，在施工开始前对施工人员进行培训，提高施工人员技术水平，提升工程质量。全室外牵引变电所 BIM 模型渲染效果图如图 8-54 所示。

图 8-54　全室外牵引变电所 BIM 模型渲染效果图

传统二维设计的接触网系统成果为一张张的平面图，使用相对简化、专业性的图形符号代替很难表达的空间预感、辅助决策，读懂平面图需要极高的专业知识储备和设计施工经验。采用二维设计表达庞大复杂的接触网系统工程信息本身并不符合人类的认知和思维习惯，专业人士也会因为表达繁杂而出现设计纰漏。BIM 设计完全解决了这个问题，设计人员所做即所见，与现场 1:1 比例呈现，有助于前期设计构想和后期设计更改等。

传统接触网设计以二维设计为基础，接触网平面布置图、接触网腕臂安装、下锚安装、附加导线、设备安装等均为二维设计，施工人员在施工时，不易提早发现设计中存在的问题。接触网三维模型包含了真实的模型信息，在施工前就能看到施工完成后的接触网系统全貌（图 8-55）。

京张高铁接触网通过采用 BIM 设计完全解决了这个问题，设计人员所做即所见，与现场 1:1 比例呈现（图 8-56），有助于前期设计构想和后期设计更改等。

图 8-55　接触网漫游展示（1）

图 8-56　接触网漫游展示（2）

8.5.5　BIM 技术应用成效

通过 BIM 技术在京张高铁变电设计中的应用，建立了全线各牵引变电所、分区所、AT 所 BIM 模型，对各所架构类型、设备布置形式、电缆沟设计、电缆敷设等重点细部工程进行模拟优化，以便于实现牵引变电所各项细部工程的品质提升。

京张高铁变电所亭 BIM 模型建模深度达到 LOD3.0，满足方案预演及施工准备要求，部分模型深度达到 LOD4.0，满足施工预演及指导施工要求。在各所模型基础上进行与土建专业的协同设计，对电缆敷设、电缆支架布置等进行优化，实现各专业设计模型间无碰撞，使牵引变电所架构布置形式更加美观化，电缆敷设顺直通畅，提升了工程质量，减少现场施工的冲突，有效提高了施工效率。

通过 BIM 技术在京张高铁接触网设计中的应用，实现了接触网专业的设计优化。

（1）利用协同设计平台，使项目的各参与方基于同一平台开展协同工作，进行三维状态下的施工预演，减少专业间交叉碰撞情况的发生，有效减少设计中的失误，加快施工进度。

（2）在三维状态下进行接触网支柱及装配的可视化智能布置，减轻了设计人员的工作负担，同时也避免了因为接触网支柱、零件众多，导线走向复杂，限界要求精度高，人工建模容易产生错误的问题。提高了设计效率，降低了人工投入。

（3）实现了接触网的可视化设计，提高了设计效率。

通过总装模型对站前、站后专业的模型在统一的场景中进行渲染，用形象的虚拟可视化三维模型，更加准确地反映现场实际情况。设计人员所做即所见，与现场 1∶1 比例呈现，有助于前期设计构想和后期设计更改。

第 9 章

智能高铁设计展望

OUTLOOK OF THE DESIGN IN THE INTELLIGENT HIGH-SPEED RAILWAY

智能高铁已成为当前世界高速铁路发展的重要方向，中国将在未来20年里释放出庞大的社会经济需求，这为智能高铁的发展创造了千载难逢的机遇和得天独厚的条件。

总体来看，我国铁路领域信息化、智能化水平相对较高，在顶层设计、关键技术和创新应用方面率先开展研究并取得初步成果，尤其在铁路运行控制、行车组织方面都处于世界前列，智能高铁发展的重点是提升面向客货运输用户的服务水平，强化与综合交通运输服务体系的互联互通，加强先进技术装备应用。

创造和革新是设计的本质。随着京张高铁智能设计的成功运用和智能科技的不断进步，在总结经验的基础上如何进一步推动智能高铁设计技术的发展是一项重要课题。

智能高铁设计技术必将伴随着高铁智能技术领域的快速发展而迎来更加广阔的未来，人工智能、大数据、区块链、物联网、5G通信技术、碳化硅、新能源、石墨烯、AR、VR、XR、北斗卫星等在新材料、新技术、新装备、新工艺的不断发展和进步，影响着高铁技术的发展前景，在不远的将来，我们将会看到一个新型高铁设计场景的到来。

未来的高速铁路将会更高速、更安全、更舒适、更便捷、更智能，全面融入智慧交通，让人们的出行变成一种体验、一种享受、一种愉悦。

智能高铁设计技术将会与时代新技术紧密融合，带来一场全面全过程地设计革新，这些设计技术将先进性、经济性与可实施性巧妙融合，以一体化、可视化的方式，创造出"所见即所施""所施必先见"的新一代设计技术。

智能设计通过数字化模型协同设计，综合运用基于雷达的深层地质探测以及遥感大数据智能解译技术，实现智能选线、测绘、勘探应用，进而实现勘察设计一体化，并进一步向施工延伸，实现设计施工一体化以及施工运维一体化。

在通信设计领域，将传统通信技术与人工智能、云计算等技术相融合，升级传统铁路调度通信、应急通信、视频监控技术，实现智能调度通信、全景式智能应急通信、多场景智能视频监控，不断挖掘运营安全、养护维修、旅客服务等新通信应用，为下一代列控、自动驾驶、列车接近预警等行车安全相关系统提供低时延、高可靠的通信传输通道，开创新一代智能通信应用领域。

在信息设计领域，通过集成信息处理和智能信息调度方法实现对旅客服务信息的智能化管理，提升旅客服务与生产管控质量。建设综合交通智慧枢纽，系统对接地铁、公交等交通方式，实现行程规划、提供预订服务、站内引导、便捷换乘、应急协同联动，打通客站站内导航与路外导航的壁垒，实现家到站台的一贯式导航。结合视频融合技术的发展，通过对视频流的拼接和调整，精准匹配融合3D模型场景，实现视频的三维立体沉浸式展示。通过细化能源计量，实现环境感知、能源检测、智能控制的闭环管理，形成节能技术新手段。

在信号设计领域，在目前自动驾驶技术的基础上，向列车无人驾驶（DTO）和全自动无人驾驶（UTO）方向发展，实现列车运行控制的全面自主化、无人化。

在电力设计领域，全面实施技术成熟、安全可靠的运维手段和监测技术，实现铁路电力智能供电系统。在牵引供电设计领域，继续深化发展智能供电调度系统、智能一次设备、广域测控系统、辅助监控系统、供电检测监测系统，广泛应用现代先进的测量、传感、控制、人工智能等技术，全面实现对牵引供电设施的实时健康管理，推动智能供电运维不断向前发展。

智能高铁技术的发展是一个长期、持续、渐进的过程，需要铁路工作者在国铁集团智能高铁发展战略指导下，积极探索设计技术，不断开展技术攻关，为"交通强国""走出去"等国家战略的实施奠定坚实的技术支撑。

专业名词缩写中英文对照表

序号	专业名词缩写	中文全称	英文全称
1	ABD	建筑设计软件	AECOsim Building Designer
2	API	应用程序接口	Application Programming Interface
3	APP	手机软件	application
4	ATO	列车自动驾驶	Automatic Train Operation
5	ATP	列车超速防护	Automatic Train Protection
6	B/S	浏览器/服务器	Browser/Server
7	BACnet	建筑自动化与控制网络	Building Automation and Control networks
8	BAS	环境与设备监控系统	Building Automation System
9	BAS	机电设备监控系统	Building Automatic System
10	BBU	基带处理单元	Base Band Unit
11	BIM	建筑信息模型	Building Information Modeling
12	CCS	通信控制服务器	Communication and Control Server
13	CE	用户边缘设备	Customer Edge
14	CSM	铁路信号集中监测系统	Centralized Signaling Monitoring System
15	CTC	调度集中	Centralized Traffic Control
16	CTCS	中国列车运行控制系统	Chinese Train Control System
17	CTCS-2	中国列车运行控制系统2级	Chinese Train Control System Level 2
18	CTCS-3	中国列车运行控制系统3级	Chinese Train Control System Level 3
19	CVR	视频中心存储	Central Video Recorder
20	DBLink	数据库链接	Database Link
21	DEM	数字高程模型	Digital Elevation Model
22	DMS	列控设备动态监测系统	Dynamic Monitoring System of Train Control Equipment
23	DVR	数字视频录像机	Digital Video Recorder
24	EIB	电气安装总线	Electrical Installation Bus

续上表

序 号	专业名词缩写	中 文 全 称	英 文 全 称
25	FAS	火灾报警系统	Fire Alarm System
26	Flex	基于 flash 的脚本语言	Adobe Flex
27	Ftp	文件传输协议	File Transfer Protocol
28	GGSN	网关 GPRS 支持节点	Gateway GPRS Support Node
29	GIS	地理信息系统	Geographic Information System
30	GIS	气体绝缘金属封闭开关设备	Gas Insulated Switchgear
31	GNSS	全球导航卫星系统	Global Navigation Satellite System
32	GOA	自动化等级	Grade of Automation
33	GPRS	通用分组无线业务	General Packet Radio Service
34	GPS	全球定位系统	Global Positioning System
35	GPU	图形处理器	Graphics Processing Unit
36	GSM-R	铁路综合数字移动通信系统	Global System for Mobile Communications – Railway
37	Hadoop	海杜普	Hadoop Distributed File System
38	HTTP	超文本传输协议	Hyper Text Transfer Protocol
39	iBeacon	蓝牙信标	iBeacon
40	IED	智能电子装置	Intelligent Electronic Device
41	IFC	工业基础分类	Industry Foundation Classes
42	IFD	国际字典框架	International Framework for Dictionaries
43	IOS	苹果公司开放的移动操作系统	IOS
44	IP	网际互连协议	Internet Protocol
45	JavaScript	前端解释性脚步语言	JavaScript
46	KVM	设备终端集成	Keyboard Video Mouse
47	LED	发光二极管	light-emitting diode
48	MIMO	多入多出技术	Multiple Input Multiple Output
49	NSA	非独立组网	Non-Stand Alone
50	OCR	光学字符识别	Optical Character Recognition
51	OGC	开放地理空间信息联盟	Open Geospatial Consortium
52	ONVIF	开放网络视频接口论坛	Open Network Video Interface Forum
53	OPC	对象链接与嵌入的过程控制	OLE for Process Control
54	OTN	光传送网	Optical Transport Network
55	PDA	手持终端	Personal Digital Assistant
56	PE	服务商边缘设备	Provider Edge
57	PHM	故障预测与健康管理系统	Prognosis and Health Management System
58	PLC	可编程逻辑控制器	Programmable Logic Controller

续上表

序号	专业名词缩写	中文全称	英文全称
59	POI	多系统接入平台（在公网覆盖通信中专用设备的简称）	Point of Interface
60	POI	兴趣点（站内信息导航中专用）	Point of Interest
61	POS	—	Packet over Sonnet
62	PSAM	终端安全控制模块	Purchase Secure Access Module
63	PSCADA	电力系统的数据采集与监视控制	Power Supervisory Control And Data Acquisition
64	PWMIS	工务管理信息系统	Public works management information system
65	RBC	无线闭塞中心	Radio Block Center
66	REST	数据交互服务架构	Representational State Transfer
67	RFID	射频识别技术	Radio Frequency Identification
68	RFID	射频识别	Radio Frequency Identification
69	RGB	红绿蓝	Red Green Blue
70	RQD	岩体质量指标	Rock Quality Designation
71	RRU	射频拉远单元	Remote Radio Unit
72	RTSP	实时流传输协议	Real Time Streaming Protocol
73	SAN	存储区域网络	Storage Area Network
74	SCADA	数据采集与监视控制	Supervisory Control and Data Acquisition
75	Silverlight	基于.Net的脚本语言	Microsoft SilverLight
76	SOAP	数据交互服务协议	Simple Object Access Protocol
77	TCC	列车控制中心	Train Control Center
78	TCP/IP	传输控制协议/网际协议	Transmission Control Protocol/Internet Protocol
79	TDCS	列车调度指挥系统	Train Dispatching Command System
80	TDMS	运输调度运行系统	Transport Dispatching Management Information System
81	TSRS	临时限速服务器	Temporary Speed Restriction Server
82	UHF	特高频	Ultra High Frequency
83	UPS	不间断电源	Uninterruptible Power Supply
84	UWB	超宽带技术	Ultra-Wide Band
85	VIP	贵宾	Very Important Person
86	VPN	虚拟专用网络	Virtual Private Network
87	VR	虚拟现实	Virtual Reality
88	WebService	数据交互服务接口	Web Service
89	Wi-Fi	无线通信技术	Wi-Fi
90	2D	平面场景	2-Dimension

续上表

序 号	专业名词缩写	中 文 全 称	英 文 全 称
91	3D	空间场景	3-Dimension
92	4G	第四代移动通信技术	the 4th Generation Mobile Communication Technology

参考文献

[1] 肖人彬, 周济, 查建中. 智能设计: 概念、发展与实践 [J]. 中国机械工程, 1997, 8 (2).

[2] 聂宁, 官科, 钟章队. 德国铁路 4.0 战略 [J]. 中国铁路, 2017 (5).

[3] 宁滨, 莫志松, 李开成. 高速铁路信号系统智能技术应用及发展 [J]. 铁道学报, 2019, 41 (3): 1-9.

[4] 程剑锋, 冯凯, 李科. 高速铁路 CTCS3+ATO 列控系统技术研究 [J]. 中国铁路, 2019, 679 (01): 80-83.

[5] 中国国家铁路集团有限公司. 高速铁路 ATO 系统总体暂行技术规范: TJ/DW202—2019 [S], 2019.

[6] 中国国家铁路集团有限公司. 高速铁路 ATO 系统与 GSM-R 网络接口暂行技术条件: TJ/DW 217—2019 [S], 2019.

[7] 中国国家铁路集团有限公司. 高速铁路 ATO 系统列控中心相关功能及接口暂行技术条件: TJ/DW 220—2019 [S], 2019.

[8] 中国国家铁路集团有限公司. 高速铁路 ATO 系统应答器设置及应用暂行技术条件: TJ/DW 221—2019 [S], 2019.

[9] 黄康, 应志鹏, 苗义烽. 高速铁路行车调度技术发展历程及展望 [J]. 铁道通信信号, 2019.

[10] 中国国家铁路集团有限公司. 智能调度集中系统暂行技术条件: TJ/DW208—2019 [S], 2019.

[11] 马建军, 李平, 邵赛, 等. 智能高速铁路关键技术研究及发展路线图探讨 [J]. 中国铁路, 2020 (07): 1-8.

[12] 中国国家铁路集团有限公司. 智能高速铁路体系架构1.0: TJ/QT 008—2020. 北京: 中国国家铁路集团有限公司, 2020.